날마다 양식으로 읽는
웨스트민스터 표준교리

I

김병훈 지음

날마다 양식으로 읽는
웨스트민스터 표준교리

발행일 2024년 12월 31일

지은이 김병훈
펴낸이 김기영

펴낸곳 도서출판 영음사
주 소 서울특별시 강남구 광평로 56길 8-13, 1406호
전 화 02-3412-0901
팩 스 02-3412-1409
이메일 biblecomen@daum.net
등 록 2008년 4월 21일 제2021-000311호

ISBN 978-89-7304-191-6(03230)

※ 신저작권법에 의하여 보호받는 저작물이므로 무단 전재와 무단 복제를 금합니다.
※ 책 값은 뒷표지에 있습니다.
※ 잘못된 책은 구입처에서 교환하여 드립니다.

날마다
양식으로 읽는
웨스트민스터
표준교리

I

김병훈 지음

"전하, 제 말을 믿으시기 바랍니다. 하나님의 교회는 요리문답이 없이는 결코 보존되지 않을 것입니다. 이것은 알곡이 죽지 않도록 보존하고, 그것을 계속해서 번성하게 하는 씨앗과도 같습니다"
- 존 칼빈, 에드워드 6세에게 보낸 서한 중에서

도서출판 **영음사**

머리말

장로교회 신앙표준문서, 『웨스트민스터 신앙고백서』, 『웨스트민스터 대요리문답』, 『웨스트민스터 소요리문답』이 대한예수교장로회 합신 교단 신학연구위원회의 새로운 번역으로 2024년 11월에 출간되었다. 이것은 대단히 기쁜 일이다. 그동안에도 번역본이 몇 가지 있었으나 신학연구위원회가 신학의 진술 내용을 깊이 살피면서 공동의 작업으로 번역을 한 것은 이것이 처음이다. 과연 문장의 진술이 무엇을 의미하는지를 헤아리기가 쉽게 잘 번역이 되어 있어 교회에서 사용하기가 아주 유용하다는 점에서 크게 칭찬할 만하다.

신앙표준문서의 중요성에 대해서는 달리 말할 필요가 없다. 흔히들 신앙표준문서를 읽고 학습하는 일에 대하여 부담감을 갖는 목회자나 교인들을 만난다. 이것은 번역문서가 잘 읽히도록 번역되지 않은 탓이 제일 크다. 그리고 교리의 중요성을 강조하는 분들 가운데 일부가 먼저 알고 있는 교리 지식을 잣대로 예수님께서 사랑하는 교회와 교인들을 판단하며 비방하거나 심지어 정죄까지 하는 경직된 태도를 보인 탓도 있다. 성경의 가르침에 바르게 기반하는 교리는 예수 그리스도의 복음을 향해 집중된다. 따라서 교리의 지식은 경건의 지식과 동일한 실체이며 동일한 열매를 맺게끔 되어 있다.

과연 지식은 사람을 교만하게 하는 위험성이 크다. 그러나 성경의 올바른 지식이 사람을 교만하게 할 수 없듯이, 교리의 충만한 지식도 사람을 교만하게 할 수는 없다. 오히려 교리를 잘 학습하여 성경의 복음에 대한 체계적인 이해를 갖추어 그리스도의 복음의 풍요로움과 확실성을 더욱 확고히 하여야 한다. 그리하여 교회의 모든 가르침이 성경의 올바른 이해 위에 굳건히 서도록 하여 그리스도의 양무리가 영적 양식으로 배부르게 하며, 온갖 이단과 사이비로부터 양무리를 보호하는 책임을 다하여야 한다.

종교개혁자들의 교회 개혁 운동은 "오직 성경만으로"를 신앙의 표준으로 삼으며, 성경이 가르치는 바에 충실한 신앙표준문서를 작성하고 이를 고백하며 가르치는 노력을 통해 추진되었다. 종교개혁이 추구했던 성경에 일치하는 신앙 운동의 성공은 사실상 신앙표준문서를 읽고 학습하여 교회를 하나님 말씀의 토대 위에 견실하게 세우는 일에 달려 있었다. 칼빈은 영국 국교회를 개신교회로 전환하기 위해 노력하는 영국 왕 에드워드 6세에게 다음과 같이 신앙표준문서를 요리문답으로 가르칠 필요를 역설하였다.

그럼에도 참으로, 지나친 방종을 허용하는 열광주의자들의 경박함을 피하고, 또한 엉뚱하며 새로운 교리 일체에 대해 문을 닫는 것은 옳으며 적절합니다. 그러나 하나님께서 우리에게 지시하신 대로의 방법이 좋으며 적절합니다. 첫째로, 주교와 신부들이 따르기로 맹세한, 이들 모두가 설교해야 할 확립된 교리 내용이 있어야 합니다.…다음으로, 그들 모두(주교와 신부)는 어린아이들과 무지한 사람들의 교육을 위한 공통된 신조를 가지고 있어야 하며, 이들로 하여금 올바른 교리를 잘 알 수 있도록 도와야 합니다.…전하, 제 말을 믿으시기 바랍니다. 하나님의 교회는 요리문답이 없이는 결코 보존되지 않을 것입니다. 이것(요리문답)은 알곡이 죽지 않도록 보존하고, 그것을 계속해서 번성하게 하는 씨앗과도 같습니다.[1]

칼빈이 이렇게 절절한 마음으로 편지를 쓰는 까닭은 교회가 부패하지 않고 그 진리의 토대가 쉽게 무너지지 않게 하는 일에 있어서 신앙의 표준을 가르치는 일이 너무나도 중요하다고 판단하기 때문이다.

과연 그렇다. 요리문답을 포함하는 신앙표준문서를 가르치는 일은 하나님의 교회를 진리 가운데 보존하기 위하여 필수적이다. 우리나라 교회가 처음부터 지금까지 칼빈의 이 권면을 따라 실천해 왔다면 지금 이 나라에 있는 그 많은 이단과 사이비는 훨씬 줄었을 것이다. 2023년 어느 통계자료에 의하면 우리나라 교회 출석자 추정 수는 약 550만 명이다. 개신교인이라 말하지만 교회를 출석하지 않는 소위 '가나안' 교인은 약 200만 명에 이르는 것으로 추정된다. 그리고 이단에 속한 자의 수가 약 50만 명으로 추정된다. 전체 교인의 10%가 이단에 속해 있는 것이다.[2]

---

[1] "Vray est cependant quil est bon et expedient dobvier a la legerete des espritz fantastiques qui se permettent trop de license, de fermer aussi la porte a toutes curiositez et doctrines novelles; mais le moyen y est bon et propre tel que Dieu nous la monstre. Cest premierement quil y ait une somme resoulue de la doctrine que tous doibvent prescher, laquelle tous prelatz et cures iurent de suyvre, … Apres quil y ayt ung formulaire commun dinstruction pour les petis enfans et les rudes du peuple, qui soit pour leur rendre la bonne doctrine familiere, … Croyez, Monseigneur, que iamais lEglise de Dieu ne se conservera sans Cathechisme. Car cest comme la semence, pour garder que le bon grain ne perisse, mais quil se multiplié daage en aage." CO, 13. 71-72. 영역은 다음을 참조. John Calvin, "Letter to the Protector Somerset," (Geneva, 22. Oct, 1548), in Jules Bonnet compiled., *Letters of John Calvin* vol. II (Edingurgh: Thomas Constable and Co., 1857), 177.

[2] https://www.christiandaily.co.kr/news/127327 (2024.12.12.에 접속)
https://www.christiandaily.co.kr/news/123033 (2024.12.12.에 접속)

그런데 교회의 장래에 대한 기대는 밝아 보이지 않는다. 이단도 이단이지만, 소위 '가나안' 교인의 수가 점차 늘어날 것을 염려하게 되고, 특별히 세대별 교인 수를 분류해 보면 젊은 세대의 교인 분포도는 현저히 떨어진다. 어떻게 해야 할까? 젊은 세대가 교회를 떠나는 여러 이유 가운데 가장 많이 지적되는 것은 목회자에 대한 존경심의 상실이다. 목회자에게서 권위주의적인 태도, 도덕적 실패, 물질주의적 탐욕의 모습을 보면서 큰 실망감에 교회를 떠난다. 이것에 이어서 제시되는 또 다른 이유는 젊은 세대가 묻는 신앙의 질문에 대해 만족스러운 설명을 듣지 못한 실망감이다. 이 두 이유는 사실 하나로 묶여 있다. 칼빈이 말한 대로 하나님을 아는 지식은 그것이 바로 경건으로 연결되기 때문이다. 성경과 교리를 통해 하나님을 알아가는 참된 지식이 없다면 경건의 실천적 삶도 없는 것이다. 젊은 세대가 교회를 떠나지 않게 하는 길은 성경과 바른 교리의 지식을 가르치어 신앙의 질문들에 답을 주고 신앙체계를 확립하면서, 이 토대 위에서 경건의 삶을 살아가는 일에 성실함을 보이는 것에 있다.

이 책은 이러한 목회와 신앙의 과제를 이행하는 데에 작은 기여를 할 것으로 기대하는 마음으로 만들어졌다. 매일 하루의 분량을 읽어 가면 1년 365일에 웨스트민스터 신앙표준문서인 신앙고백서, 대요리문답, 소요리문답 전 분량을 다 읽게 된다. 이 일을 매년 반복하여 행하면 결코 무시할 수 없는 견고한 교리 이해가 세워지게 된다. 처음에는 낯설겠지만 익숙해지면서 어느새 진리를 분별하는 능력을 갖추게 될 것이다. 그리고 이 진리의 말씀에 따라 살기를 바라며 함부로 흐트러진 삶을 살아가지 않도록 기준을 제시해 주게 될 것이다. 지교회의 온 성도가 각각 이 책을 자신의 교리 양식으로 삼아 날마다 하루 분량을 읽어 가는 영적 문화는 목회자의 큰 자랑이며 큰 상급이 될 것이다. 특별히 목회자는 주님의 양 무리 가운데 젊은 세대의 신앙을 세워야 하는 목양의 책임을 이

행하는 데에 적지 않은 도움을 얻게 될 것이다.

무엇보다도 가족이 함께 읽으면 더없이 좋다. 한자리에 가족이 매일 모여 읽는 것이 가장 좋겠지만, 사정이 어려우면 각각 읽더라도 주일에 한자리에서 일주일의 분량에 대한 나눔을 갖는다면 가정의 신앙은 든든히 세워질 것이다. 부모는 자녀의 신앙을 지도할 책임의 상당 부분을 이 책을 함께 매일의 분량을 읽어 가는 노력으로 이행하는 기쁨과 감사가 있게 될 것이다. 적어도 자녀가 성장하면서 신앙을 떠나는 일을 걱정하는 바가 크게 줄어들 것이다.

우리나라 교회를 사랑하시는 하나님의 은혜에 감사와 찬송을 올리며, 이 책이 각 교회마다 널리 사용되어 기대하는 영적 유익들이 폭넓게 향유되기를 간절히 바라며 기도한다.

끝으로 이 책에서 사용된 모든 웨스트민스터 신앙표준문서는 신학연구위원회(합신)에서 수고한 귀한 번역을 사용하였음을 밝히며 합신 총회에 깊은 감사의 인사를 드린다. 번역을 위하여 오랜 시간을 함께 수고한 신학연구위원 여러분을 향한 특별한 감사의 마음이 더욱 뜨겁다. 그리고 어려운 출판 상황에도 불구하고 우리나라 교회가 건강한 신앙 위에 든든히 서기를 바라는 열정으로 이 책을 출판하는 「도서출판 영음사」에 진심을 담아 감사를 드린다.

더 많은 읽기를 바라는 독자는 이 책을 구성하면서 참고한 책들을 살펴보면 도움을 받을 것이다. 특별히 〈일년 통독 일정표〉 작성은 Morton H. Smith, *Harmony of the Westminster Confession and Catechisms: 350th Anniversary of the Westminster Assembly 1643-1993* (Greenville, SC: Southern Presbyterian Press, 1990. 4th Reprint, 1999)를 토대로 약간의 수정을 하였다. 교리 해설과 적용 질문을 위

해서는 여러 책을 참조하는 가운데 특별히 다음 책들의 도움이 컸다. J. V. Fesko, *The Theology of the Westminster Standards: Historical Context and Theological Insights* (Wheaton, IL: Crossway, 2014); James Fisher, *The Assembly's Shorter Catechism Explained, by way of Question and Answer* (Staffs, U.K.: Berith Publication, 1998; reprinted 2003, 2005, 2006); Archibald Alexander Hodge, *The Westminster Confession: A Commentary* (Edinburgh, Scotland; Calisle, Penn: Banner of Truth Trust, 2002); Joseph A. Pipa, *The Westminster Confession of Faith Study Book: A Study Guide for Churches.* (Fearn, U.K.: Christian Focus, Revised 2012); Clark R. Scott, *Recovering the Reformed Confession: Our Theology, Piety, and Practice* (Phillipsburg, NJ: P&R Pub., 2008); Robert Shaw, *The Reformed Faith: An Exposition of The Westminster Confession of Faith* (Fearn, Ross-shire, Scotland: Christian Heritage; Revised edition, 2008); R. C. Sproul, *Truths We Confess* (hillipsburg, NJ: P&R Publishing Co., 2006); Chad Van Dixhoorn, *Confessing the Faith* (Edinburgh, Scotland: Banner of Truth, 2014); Thomas Vincent, *Explanation of the Assembly's Shorter Catechism.* (Philadelphia, PN: Presbyterian Board of Publication, 1854); J. Geerhardus Vos, *The Westminster Larger Catechism* (Phillipsburg, NJ: P&R Publishing Co., 2002); Thomas Watson, *A Body of Practical Divinity, in a Series of Sermons on the Shorter Catechism.* (422Philadelphia, PN: Thoams Wardle, 1833. First published 1686); Alexander Whyte, *An Exposition on the Shorter Catechism* (Fearn, U.K.: Christian Focus, Revised 2012); G. I. Williamson, *The Westminster Confession of Faith: for Study Classes* (Phillipsburg, NJ: P&R Publishing Co., 1964. 2004 2nd Edition); 정요

석,『웨스트민스터 신앙고백, 삶을 읽다』 상, 하 (서울: 크리스천 르네상스, 2022); 신호섭,『웨스트민스터 소요리문답 강해』 (서울: 좋은 씨앗, 2024).

김병훈 목사
합동신학대학원대학교 조직신학 석좌교수
나그네 교회(합신) 담임목사
2024. 12. 12.

사용 안내

이 책은 날마다 〈신앙표준문서 하루 양식〉, 〈말씀 요절〉, 〈교리 해설〉, 〈적용 질문〉의 네 부분으로 구성된 분량을 읽도록 되어 있다. 신앙표준문서를 읽고, 관련된 성경 요절이 무엇인지를 살피고, 이제 신앙표준문서의 교리에 대하여 설명을 들으며, 신앙 실천과 연관된 질문에 대해 답하도록 하는 진행이다.

진행을 위하여 제안하는 한 가지 순서는 이러하다.

1. 시작 기도: 신앙의 도리를 깨달아 알고 자신에게 주어지는 실천적 적용을 위하여 성령 하나님의 도우심을 구한다.

2. 표준신앙문서 읽기: 천천히 또박또박 읽는다. 주어와 서술어, 그리고 수식어의 글 형식과 특징을 살펴보는 의식을 가지고 읽는다. 가급적 소리 내어 읽으면 좋다.

3. 말씀 요절: 표준신앙문서에 표시되어 있는 각주에 속한 요절이 신앙표준문서의 어떤 내용과 연결되는지를 확인하며 성경 말씀을 읽는다.

4. 교리 해설: 오늘 읽은 교리에 대한 이해를 더하기 위하여 교리 해설을 읽는다. 중요하다고 생각되거나 모르는 부분에 줄을 치거나 형광펜 등으로 표시한다. 내년에 다시 읽을 때 그 부분이 올해보다 더 잘 이해되었는지를 비교해 본다. 그렇게 수년을 해마다 반복하여 읽어 가면 어느새 교리와 그 설명이 자신의 언어로 설명할 수 있을 만큼 자신의 것이 되어 있음을 확인하게 될 것이다. 이해가 얼른 오지 않는 부분을 만나면 표시만 해두고 넘어간다. 다음 날에도 같은 주제로 설명이 이어지고 있는 경우가 많으므로 그날에 도움을 받을 수 있다. 그렇지 않더라도 한 해가 지나고 다음 해에는 이해가 되지 않은 부분 가운데 상당한 양이 이해되는 경험을 하게 될 것이다. 교리는 서로 상관적으로 호응하며 연결되어 있기 때문이다. 이것은 또한 하나님의 말씀인 성경의 진리가 그렇게 연결되어 있기 때문이다. 성경은 정당한 문법적 이해를 토대로 한 문해력의 바탕 위에서 신학적으로 해석해야 한다. 이를 토대로 구성된 교리 또한 동일한 이치를 따르기 때문에 이해가 되지 않는 부분 때문에 어려움을 겪지 말고 매일 매일 읽어나가도록 한다.

5. 적용 질문: 교리의 이해를 더하기 위한 질문이나, 또는 단지 지식에 머물지 않도록 하는 신앙 실천과 관련한 질문이 주어진다. 질문의 답을 교리 해설에서 학습한 바를 통해 찾아본다. 그리고 자신과 주변에서 겪는 여러 경험과 관련하여 질문에 대한 답을 정리해 보면서 자신의 신앙의 시각을 새롭게 하는 기회로 삼는다.

6. 마침 기도: 학습을 통해 배운 은혜에 감사하고 찬송하며, 자신에게 적용되는 교훈과 관련한 실천을 위해 기도한다.

교회는 이 책의 순서에 따라 한 달 동안의 읽기 진행표를 만들어 교인으로 하여금 한 달에 한 번씩 실행 여부를 표시한 후에 제출토록 하고 이를 칭찬하고 격려할 수 있다.

날마다
양식으로 읽는
웨스트민스터
표준교리

I

도서출판 영음사

목차

1장. 사람에게 주어진 목적 21

1월 1일: 사람에게 주어진 첫째가며 가장 높은 목적은 무엇입니까? 22

2장. 성경 27

1월 2일: 하나님의 계시와 성경의 필요성 28
1월 3일: 신앙과 순종의 유일한 규범 33
1월 4일: 하나님의 말씀인 정경 38
1월 5일: 하나님의 말씀이 아닌 외경 42
1월 6일: 성경 계시의 권위 46
1월 7일: 성경 계시의 진정성: 외적 증거 50
1월 8일: 성경 계시의 진정성: 내적 증거 55
1월 9일: 성경의 핵심 교훈 60
1월 10일: 성경 계시의 충분성 64
1월 11일: 성경 계시의 명료성 68
1월 12일: 성경 계시의 영감, 내용의 보전과 번역 72
1월 13일: 성경 계시의 해석의 규칙 77
1월 14일: 성경 교리 결정의 최종적 권위 81

3장. 삼위일체 하나님 · 85

1월 15일: 하나님 - 성경의 요약 · 86
1월 16일: 살아계시고 참되신 한 분 하나님 · 90
1월 17일: 하나님의 본질 · 95
1월 18일: 비공유적 속성: 자존성, 무한성, 불변성, 광대성, 영원성, · 100
　　　　　불가해성
1월 19일: 공유적 속성: 전능성, 전지성, 거룩성, 인격성, 사랑, · 105
　　　　　은혜, 긍휼, 오래 참으심, 선, 진실함, 공의로우심
1월 20일: 하나님의 충분성, 영광, 존재의 근원, 주권, 전지성, · 109
　　　　　거룩성, 예배 받으심의 합당성
1월 21일: 위격의 복수성과 동등성 · 114
1월 22일: 세 위격의 특성 · 119
1월 23일: 세 위격의 동등성에 대한 성경의 표현 · 124

4장. 하나님의 영원한 작정 · 129

1월 24일: 작정의 정의와 대상 · 130
1월 25일: 죄, 자유의지와 우발성에 관련한 작정의 방식 · 135
1월 26일: 작정과 예지의 상관성 · 140
1월 27일: 작정의 두 사실, 생명 또는 죽음 · 146
1월 28일: 천사와 사람을 향한 특별한 작정 · 151
1월 29일: 작정의 불변성 · 156
1월 30일: 선택 작정의 이유와 목적 · 161
1월 31일: 선택 작정의 실행 방편들과 이의 실행에 따른 결과들 · 165

2월 1일: 간과 작정의 이유와 목적　　　　　　　　　　　　*170*
2월 2일: 예정 교리의 신비와 목회적 신중성　　　　　　　*175*
2월 3일: 작정의 실행 방식　　　　　　　　　　　　　　　*180*

5장. 창조　　　　　　　　　　　　　　　　　　　　　　*185*

2월 4일: 창조 사역의 정의　　　　　　　　　　　　　　　*186*
2월 5일: 창조의 목적　　　　　　　　　　　　　　　　　　*190*
2월 6일: 천사의 창조　　　　　　　　　　　　　　　　　　*196*
2월 7일: 사람의 창조 - 남자와 여자　　　　　　　　　　　*202*
2월 8일: 사람의 창조 - 하나님의 형상　　　　　　　　　　*208*

6장. 섭리　　　　　　　　　　　　　　　　　　　　　　*213*

2월 9일: 섭리 - 간단한 의미　　　　　　　　　　　　　　*214*
2월 10일: 섭리 - 자세한 의미　　　　　　　　　　　　　　*220*
2월 11일: 제 1 원인과 제 2 원인　　　　　　　　　　　　 *226*
2월 12일: 통상 섭리와 비상 섭리　　　　　　　　　　　　*231*
2월 13일: 천사를 향한 섭리　　　　　　　　　　　　　　　*236*
2월 14일: 악의 허용과 죄악성의 기원　　　　　　　　　　*241*
2월 15일: '신자의 죄'의 허용과 그 목적　　　　　　　　　*247*
2월 16일: '악인의 죄'의 허용과 그 목적　　　　　　　　　*252*
2월 17일: 일반 섭리와 교회를 위한 특별 섭리　　　　　　*258*
2월 18일: 죄의 정의　　　　　　　　　　　　　　　　　　*263*
2월 19일: 사람의 첫 범죄　　　　　　　　　　　　　　　　*268*

2월 20일: 첫 범죄의 허용과 그 목적	*273*
2월 21일: 타락이 초래한 상태	*278*
2월 22일: 타락으로 인한 죄의 결과	*282*
2월 23일: 아담의 타락과 그의 후손	*287*
2월 24일: 아담과 하와의 타락이 이들 후손에 미친 결과	*293*
2월 25일: 첫 범죄로 인한 죄악성과 자범죄의 기원	*298*
2월 26일: 원죄와 자범죄	*303*
2월 27일: 원초적 부패와 무능력, 그리고 자범죄	*308*
2월 28/29일: 중생자와 원죄	*313*

웨스트민스터 신앙표준문서 일 년 통독 일정표   *319*

날마다 양식으로 읽는
웨스트민스터 표준교리 I

1장.

사람에게
주어진 목적

1월 1일

사람에게 주어진 첫째가며 가장 높은 목적은 무엇입니까?

소요리문답 1
대요리문답 1

소요리문답 1:

문1. 사람에게 주어진 첫째가는 목적은 무엇입니까?

답. 사람에게 주어진 첫째가는 목적은 영원토록 하나님을 영화롭게 함과[1] 즐거워함입니다.[2]

1) 고전 10:31; 롬 11:36.
2) 시 73:24~28.

대요리문답 1:

문1. 사람에게 주어진 첫째가며 가장 높은 목적은 무엇입니까?

답. 사람에게 주어진 첫째가며 가장 높은 목적은

> 대요리문답 1: 영원토록 하나님을 영화롭게 함과[1] 온전히 즐거워함입니다.[2]
>
> 1) 롬 11:36; 고전 10:31.
> 2) 시 73:24~28; 요 17:21~23.

🌙 말씀 요절

시 73:24-28 주의 교훈으로 나를 인도하시고 후에는 영광으로 나를 영접하시리니 하늘에서는 주 외에 누가 내게 있으리요 땅에서는 주 밖에 내가 사모할 이 없나이다 내 육체와 마음은 쇠약하나 하나님은 내 마음의 반석이시요 영원한 분깃이시라 무릇 주를 멀리하는 자는 망하리니 음녀 같이 주를 떠난 자를 주께서 다 멸하셨나이다 하나님께 가까이 함이 내게 복이라 내가 주 여호와를 나의 피난처로 삼아 주의 모든 행적을 전파하리이다

🌙 교리 해설

사람의 생명은 스스로 있는 것이 아닙니다. 창조주 하나님께서 주신 것입니다. 피조물인 사람이 가장 복된 삶을 사는 것은 창조주 하나님께서 부여하신 목적을 따라 사는 데에 있습니다. 그 목적은 하나님을 영화롭게 하고 하나님을 온전히 즐거워하는 일입니다. 이 목적은 사람이 자신의 필요를 따라 스스로 정한 것이 아니라, 창조주 하나님께서 부여하신

것입니다. 하나님께서 사람이 영화롭게 하는 일과 즐거워하는 일을 필요로 하시지 않습니다. 하나님께서는 스스로 영광스로우시며 스스로 기쁨 가운데 거하십니다. 하나님께서는 어떤 점에서도 무엇인가 부족하지 않으십니다. 하나님을 영화롭게 하고 온전히 즐거워하는 목적을 사람에게 두신 것은 그것이 피조물인 사람의 가장 큰 복이기 때문입니다. 이 큰 복을 주시고자 하시는 하나님의 사랑 때문입니다. 하나님을 영화롭게 하는 것은 창조주 하나님의 지혜와 권능의 영광을, 또한 선택한 백성을 향한 하나님의 긍휼의 영광과 악인을 향한 하나님의 공의의 영광을 찬양하는 것입니다. 따라서 하나님만을 사모하고 하나님께 가까이 나가기를 즐거워하며 하나님께서 행하신 모든 일과 교훈의 말씀을 고백하고 전파하는 것입니다. 일상의 생활 가운데 경험하고 인지하는 하나님의 섭리를 감사하고, 특별히 예배 가운데 하나님의 은혜를 높이고 그로 인하여 구원을 즐거워하는 일이 인생의 가장 큰 목적이며 사명이며 또한 이유입니다.

적용 질문

1. 여러분은 일상의 모든 생활 가운데 하나님을 생각하며 살아가십니까?

2. 여러분은 어떤 생활 경험과 상황에서 만족감을 가지며 또는 반대로 불만스러움과 불안을 느끼십니까?

3. 여러분의 의식과 감정과 선택을 통해 하나님을 영화롭게 하는 것이

라고 할 만한 것이 무엇입니까?

4. 하나님을 즐거워하십니까? 그것이 여러분의 생활 속에서 언제 경험되며 어떻게 나타납니까?

날마다 양식으로 읽는
웨스트민스터 표준교리 I

2장.

성경

1월 2일

하나님의 계시와 성경의 필요성

대요리문답 2
신앙고백서 1.1

대요리문답 2:

문2. 하나님께서 계신다는 것이 어떻게 나타납니까?

답. 사람 안에 있는 본성의 빛과 하나님께서 하시는 일들이 하나님이 계신다는 것을 분명히 선포합니다.[1] 그러나 사람을 구원하기 위해서는 하나님의 말씀과 성령 하나님만이 하나님을 실로 충분하고도 효과 있게 계시하십니다.[2]

1) 롬 1:19~20; 시 19:1~3; 행 17:28.
2) 고전 2:9~10; 딤후 3:15~17; 사 59:21.

신앙고백서 1.1

본성의 빛과 창조와 섭리의 일들은 사람이 핑계할 수 없을 정도로 하나님의 선하심과 지혜와 능력을 너무나도 명백하게 나타내고 있다.[1] 그럼에도 이것들은 하나님과 그분의 뜻에 관하여 구원에 필요한 지식을 줄 정도로 충분하지는 않다.[2] 그래서 주님께서 여러 시대에 여러 모양으로 자신의 교회에 자신을 계시하고 자신의 뜻을 선포하기를 기뻐하셨다.[3] 그리고 후에는 진리를 더 잘 보존하고 전파하며, 육신의 부패 및 사탄과 세상의 악의에 맞서 교회를 더욱 견고하게 세우고 위로하기 위하여 바로 그 모든 것을 기록하기를 기뻐하셨다.[4] 이로 인하여 성경은 반드시 필요하게 되었다.[5] 그리고 하나님께서 자신의 뜻을 자기 백성에게 계시하시던 이전 방식들은 이제 중지되었다.[6]

1) 롬 2:14~15; 1:19~20; 시 19:1~3; 롬 1:32; 2:1.
2) 고전 1:21; 2:13~14.
3) 히 1:1.
4) 잠 22:19~21; 눅 1:3~4; 롬 15:4; 마 4:4, 7, 10; 사 8:19~20.
5) 딤후 3:15; 벧후 1:19.
6) 히 1:1~2.

◀ **말씀 요절**

롬 1:19-20, 32 이는 하나님을 알 만한 것이 그들 속에 보임이라 하나님께서 이를 그들에게 보이셨느니라 창세로부터 그의 보이지 아니하는 것들 곧 그의 영원하신 능력과 신성이 그가 만드신 만물에 분명히 보여 알려졌나니 그러므로 그들이 핑계하지 못할지니라 … 그들이 이같은 일을 행하는 자는 사형에 해당한다고 하나님께서 정하심을 알고도 자기들만 행할 뿐 아니라 또한 그런 일을 행하는 자들을 옳다 하느니라

고전 1:21 하나님의 지혜에 있어서는 이 세상이 자기 지혜로 하나님을 알지 못하므로 하나님께서 전도의 미련한 것으로 믿는 자들을 구원하시기를 기뻐하셨도다

딤후 3:15 또 어려서부터 성경을 알았나니 성경은 능히 너로 하여금 그리스도 예수 안에 있는 믿음으로 말미암아 구원에 이르는 지혜가 있게 하느니라

◀ **교리 해설**

사람들이 하나님을 인지하지 못한다고 합니다. 그러나 이것은 하나님께서 자신을 나타내 보이지 않으셨기 때문이 아닙니다. 하나님께서는 사람의 본성, 특별히 이성과 감성과 양심 속에 하나님에 대한 빛을 비추셨습니다. 그리고 창조하신 만물과 그 만물을 보존하시고 활동케 하시며 이끌어 가시는 섭리 가운데 또한 그분 자신의 선하심과 지혜와 능력을 분명하게 보이시고 계십니다. 이러한 본성의 빛과 창조와 섭리 가운데

나타내신 하나님의 속성을 자연계시라고 합니다. 이러한 자연계시를 통해서 사람은 그의 이성으로 하나님의 존재에 대한 이성적 추론을 할 수 있으며, 하나님에 대한 종교적 감정을 피하지 못하고, 죄악을 대하여 양심의 떨림과 거리낌을 느낍니다.

그러나 이러한 인식의 힘은 사람이 타락한 이후로 바르게 작용하지 못합니다. 타락으로 인하여 영적으로 부패한 사람은 하나님을 인지하는 모든 감각과 판단이 왜곡되어버렸기 때문입니다. 이러한 '죄의 인지적 효과 또는 영향'으로 인하여 어렴풋하게라도 설명을 하지 못할 정도로 영적 안목이 어두워졌으며, 하나님에 대한 그 어떤 종류의 감각 또는 인식으로는 하나님에 대하여 바르게 안다고 할 수 없습니다. 오히려 거짓된 이해를 가질 뿐입니다.

그런데 중요한 것은 이러한 인식의 제한과 왜곡이 하나님을 모른다고 할 핑계가 되지 못한다는 사실입니다. 하나님께서는 충분히 자신을 나타내셨고, 사람은 비록 죄 가운데 있다고 하여도 종교성 자체를 완전히 부인하지 못하며, 이러한 제한과 왜곡은 자신의 타락으로 인한 것일 뿐이기 때문입니다. 구원에 관련한 지식에 있어서 자연계시의 한계는 뚜렷합니다. 본성의 빛과 창조와 섭리의 일 가운데는 죄악으로 인하여 받아야 할 영원한 형벌에서 구원을 받는 지식이 분명하게 또한 충분히 나타나 있지 않기 때문입니다. 그리하여 구원을 위하여 하나님께서는 자신과 자신의 뜻을 교회에 계시하셨습니다. 이것을 특별계시라고 합니다. 하나님께서는 이 특별계시가 기록되어 보존되게 하셨으니, 그 결과가 성경입니다. 구원에 관한 모든 지식은 성경에서만 얻을 수 있습니다. 또한 성경은 하나님의 선하심과 지혜와 능력에 관한 자연계시의 왜곡된 이해를 교정하며 올바르게 인도합니다. 그리고 가장 중요한 것은 하나님의 계시에 대한 올바른 이해는 성령 하나님의 은혜로 가능하다는 사실입니다. 결국 성령 하나님의 은혜로 영적인 안목이 열릴 때라야 자연

계시나 성경에 기록된 특별계시를 효과 있게 알게 됩니다.

적용 질문

1. 하나님께서는 과연 존재하신다고 믿으십니까? 그러하시다면 무엇에 근거한 믿음입니까? 그렇지 않고 의심이 든다면 어떤 이유 때문입니까?

2. 여러분은 우주와 사람과 역사를 돌아볼 때 하나님의 선하심과 지혜와 능력을 볼 수 있습니까? 그렇다면 무엇을 통해 그러합니까? 아니라면 그 이유는 무엇입니까?

3. 다른 종교를 통해 구원을 받을 수 있겠습니까? 다른 종교의 윤리적으로 선한 가르침이 구원으로 이끌지는 못합니까?

4. 구원을 받기 위해 필요한 지식을 얻기 위하여 성경이 반드시 필요한 이유는 무엇입니까?

1월 / 3일

신앙과 순종의 유일한 규범

소요리문답 2
소요리문답 3

소요리문답 2:

문2. 하나님께서는 우리가 어떻게 그분을 영화롭게 하고 즐거워할지를 지도하시기 위하여 어떤 규범을 주셨습니까?

답. 구약과 신약성경에 있는 하나님의 말씀이[1] 어떻게 하나님을 영화롭게 하고 즐거워할지를 우리에게 지도하는 유일한 규범입니다.[2]

1) 딤후 3:16; 엡 2:20.
2) 요일 1:3~4.

소요리문답 3:

문3. 하나님의 말씀은 무엇입니까?

답. 하나님의 말씀은 구약과 신약성경이며,[1] 신앙과 순종을 위한 유일한 규범입니다.[2]

1) 딤후 3:16; 벧후 1:19~21.
2) 엡 2:20; 계 22:18~19; 사 8:20; 눅 16:29, 31; 갈 1:8~9; 딤후 3:15~16.

◀ 말씀 요절

딤후 3:16-17 모든 성경은 하나님의 감동으로 된 것으로 교훈과 책망과 바르게 함과 의로 교육하기에 유익하니 이는 하나님의 사람으로 온전하게 하며 모든 선한 일을 행할 능력을 갖추게 하려 함이라

계 22:18-19 내가 이 두루마리의 예언의 말씀을 듣는 모든 사람에게 증언하노니 만일 누구든지 이것들 외에 더하면 하나님이 이 두루마리에 기록된 재앙들을 그에게 더하실 것이요 만일 누구든지 이 두루마리의 예언의 말씀에서 제하여 버리면 하나님이 이 두루마리에 기록된 생명나무와 및 거룩한 성에 참여함을 제하여 버리시리라

◀ 교리 해설

오직 구원에 관한 지식은 기록된 하나님의 말씀인 성경을 통해서 알 수

있습니다. 하나님의 말씀인 성경은 구약과 신약성경으로 구성되어 있습니다. 이 성경에 담긴 하나님의 말씀은 하나님께서 어떠한 분이시며 무엇을 행하셨는지 그리고 장차 어떠한 일을 행한 것인지를 가르쳐줍니다. 그리하여 구원의 진리를 배우고 이를 통하여 하나님의 은혜로 구원을 받은 하나님의 자녀이며 백성으로 어떻게 하나님을 영화롭게 하고 즐거워할지를 알게 됩니다.

성경의 교훈을 벗어나거나 무시한 채 사람이 임의로 채택한 방식으로 하나님을 영화롭게 할 수가 없습니다. 아무리 종교적 의도가 하나님께 영광을 돌리는 데에 있다고 하더라도 그 방식이 사람이 스스로 고안한 것이라면 역사상 존재한 모든 종교 양상에서 보듯이 각종의 우상숭배에 모양을 취하거나 성경이 말씀하지 않는 형태로 뒤범벅이 되어 있습니다. 하나님께서는 이러한 것을 통해 영광을 받으시기보다는 도리어 역겨워하시며 진노하십니다.

하나님을 즐거워하는 방식도 하나님께서 베푸신 은혜를 바르게 알고 그것으로 인하여 기뻐하는 것이어야 합니다. 사람이 부패한 욕망을 만족하는 방식에 종교성을 덧입혀서 그것으로 하나님을 즐거워한다는 것은 실제로는 자신을 즐거워하는 것에 지나지 않습니다. 그럼에도 이를 들어서 하나님을 즐거워한다고 하면 도리어 악한 일에 악을 더하는 것이 됩니다.

성경에는 하나님의 이름을 부르는 구약 백성들이 하나님 앞에서 이러한 오류를 범한 사례가 적나라하게 제시되고 있으며, 또한 이를 바르게 시정하는 선지자들의 책망이 많이 기록되어 있습니다. 또한 예수님께서도 하나님을 섬기는 예라고 하면서 하나님의 뜻을 거슬러 그리스도의 제자들을 출교하고 죽이는 일이 있을 것임을 교훈하셨습니다.(요 16:2) 성경은 이러한 사례를 제시하면서 하나님께서 보이신 영광과 하나님의 구원의 은혜와 교회를 돌보심을 교훈합니다. 이것을 통해 하나님께 돌리는 합당한 영광이 무엇인지를 바르게 배워 찬송하도록 하며, 또한 하나님의 은혜를 굳게 신뢰하고 이를 즐거워하는 마땅한 신앙의 양태를 교훈합니다. 그러하므로 성경은 신앙이 무엇인지, 또 무엇을 신앙하는 것인지를 교훈하고, 그 교훈에 순종해야 할 규범을 보여줍니다. 올바른 규범에 일치하는 신앙과 순종이 하나님을 합당히 영화롭게 하는 것이며 즐거워하는 것입니다. 요컨대 모든 신자는 올바른 성경관을 가져야 합니다. 성경이 하나님의 자녀를 온전하게 하며 선한 일을 행할 능력을 갖추도록 교훈과 책망과 바르게 함과 의로 교육하기에 유익하다는 사실을 굳게 믿어야 합니다. 그리고 이 성경에 어떤 말을 더하거나 감하지 않은 채 그대로 믿어야 합니다. 왜냐하면 성경은 하나님의 감동으로 기록된 하나님의 말씀이기 때문입니다. 이 성경관을 부인하면 하나님을 영화롭게 하며 즐거워할 규범을 부인하는 것이며, 결국 성경의 교훈을 믿지 않고 순종 또한 하지 않는 죄를 범하게 됩니다.

◐ 적용 질문

1. 여러분이 하나님을 영화롭게 하는 방식은 무엇에 근거합니까? 여러분이 하나님을 즐거워하는 방식이나 이유는 어떠한 근거를 가지고 있습니까?

2. 여러분의 판단에 하나님의 영광을 돌린다고 하지만 방식이 잘못되었다고 할 것을 보거나 경험한 적이 있습니까?

3. 여러분은 하나님을 즐거워한다고 하는 주변 분들에게서 세상의 권

력, 돈, 쾌락을 더욱 즐거워하는 모습을 본 적이 있습니까? 이러한 모습이 적절하지 않게 여겨집니까? 하나님을 즐거워하는 것은 어떠한 것이어야 합니까?

4. 올바른 신앙생활을 위하여 성경을 공부하여야 한다는 주장에 대하여 여러분의 생각은 무엇입니까? 성경을 공부하는 일이 신앙생활에 있어서 중요한 까닭은 무엇입니까? 여러분은 어떠한 이유로, 무엇을 얻고자 성경을 공부하십니까?

1월 4일

하나님의 말씀인 정경

신앙고백서 1.2

신앙고백서 1.2: 성경, 즉 기록된 하나님의 말씀이라는 이름 아래 포함된 것은 현재 구약과 신약의 모든 책이다. 이 책들은 다음과 같다. 구약: 창세기, 출애굽기, 레위기, 민수기, 신명기, 여호수아, 사사기, 룻기, 사무엘상, 사무엘하, 열왕기상, 열왕기하, 역대상, 역대하, 에스라, 느헤미야, 에스더, 욥기, 시편, 잠언, 전도서, 아가, 이사야, 예레미야, 예레미야애가, 에스겔, 다니엘, 호세아, 요엘, 아모스, 오바댜, 요나, 미가, 나훔, 하박국, 스바냐, 학개, 스가랴, 말라기. 신약: 마태복음, 마가복음, 누가복음, 요한복음, 사도행전, 로마서, 고린도전서, 고린도후서, 갈라디아서, 에베소서, 빌립보서, 골로새서, 데살로니가전서, 데살로니가후서, 디모데

> **신앙고백서 1.2:** 전서, 디모데후서, 디도서, 빌레몬서, 히브리서, 야고보서, 베드로전서, 베드로후서, 요한일서, 요한이서, 요한삼서, 유다서, 요한계시록. 이 모든 책은 하나님의 영감에 의하여 믿음과 생활의 규범으로 주어졌다.[1]
>
> 1) 눅 16:29, 31; 엡 2:20; 계 22:18~19; 딤후 3:16.

말씀 요절

엡 2:20 너희는 사도들과 선지자들의 터 위에 세우심을 입은 자라 그리스도 예수께서 친히 모퉁잇돌이 되셨느니라

눅 16:29 아브라함이 이르되 그들에게 모세와 선지자들이 있으니 그들에게 들을지니라

계 22:18-19 내가 이 두루마리의 예언의 말씀을 듣는 모든 사람에게 증언하노니 만일 누구든지 이것들 외에 더하면 하나님이 이 두루마리에 기록된 재앙들을 그에게 더하실 것이요 만일 누구든지 이 두루마리의 예언의 말씀에서 제하여 버리면 하나님이 이 두루마리에 기록된 생명나무와 및 거룩한 성에 참여함을 제하여 버리시리라

◀ **교리 해설**

하나님의 말씀은 신앙과 순종의 유일한 규범입니다. 이러한 하나님의 말씀은 성경에서 읽습니다. 성경은 하나님의 말씀을 기록한 책이기 때문입니다. 성경이 기록된 하나님의 말씀이라는 사실은 매우 중요한 의미를 갖습니다. 성경이 하나님의 기록된 말씀이라는 사실은 성경을 읽은 어떤 독자가 단지 주관적으로 감명을 받아서 이것을 하나님의 말씀이라고 받겠다고 하여 하나님의 말씀으로 여겨지는 것이 아니라는 사실을 전달합니다. 성경은 하나님께서 성경의 저자들을 영감하시고 이들을 사용하시어 기록하게 하신 하나님의 말씀입니다. 그렇기 때문에 신앙과 순종의 표준적인 절대 규범의 권위를 갖습니다.

어떤 방식으로 영감하셨는지를 궁금하게 여기는 분들이 많습니다. 아무도 영감의 방식을 정확하게 알 수는 없습니다. 그러나 사람 저자가 하나님의 말씀을 기록할 때 그는 자신의 지식과 의도를 가지고 글을 쓰고 있지만 그의 문체와 단어와 그것을 통해 전달하는 의미를 담는 문장은 하나님께서 성령으로 영감하신 결과라고 고백합니다. 단어 하나하나의 선택에 하나님께서 영감하셨다고 믿으며 (이를 축자영감이라고 합니다), 또한 글을 쓰는 일에 사람 저자의 인격성과 특징을 그대로 자연스럽게 사용하셨다고 믿습니다.(이를 유기적 영감이라고 하며 기계적 영감을 부인합니다) 그 결과 성경은 전체적인 의미로나 단어와 문장 전체가 다 영감 된 하나님의 말씀인 것입니다. 이렇게 영감으로 기록된 하나님의 말씀은 모두 66권이며, 구약 39권과 신약 27권으로 이루어져 있습니다. 이 66권만이 하나님의 영감에 의하여 믿음과 생활의 규범으로 주어진 것임을 고백합니다.

◖ 적용 질문

1. 여러분은 성경이 하나님의 감동으로 된 하나님의 말씀임을 믿으십니까?

2. 여러분은 성경이 영감된 하나님의 말씀이라는 고유하며 특별한 특징을 어떻게 설명하십니까?

3. 여러분은 단어 하나하나가 하나님께서 영감하시어 글 저자로 하여금 사용하도록 한 것이라고 생각하십니까? 곧 축자영감을 믿으십니까? 왜 축자영감이 옳다고 생각하십니까?

4. 축자영감을 믿는 것은 곧 기계적 영감을 믿는 것일까요? 유기적 영감과 기계적 영감의 차이를 설명하실 수 있습니까?

5. 여러분은 성경을 읽으면서 66권의 성경 각 권이 모두 하나님의 영감으로 기록된 말씀이라고 믿으십니까? 그렇지 않다면 어떠한 이유 때문입니까?

1월 5일

하나님의 말씀이 아닌 외경

신앙고백서 1.3

신앙고백서 1.3: 보통 외경이라 불리는 책들은 하나님의 영감으로 된 것이 아니므로 정경인 성경의 일부가 전혀 아니다. 따라서 이것들은 하나님의 교회에서 어떤 권위도 가지지 못하며, 단지 사람들이 쓴 다른 글과 같은 것일 뿐이며, 이와 다르게 인정을 받아서도 안 되며 사용되어서도 안 된다.[1]

1) 눅 24:27, 44; 롬 3:2; 벧후 1:21.

◖ 말씀 요절

눅 24:27, 44 이에 모세와 모든 선지자의 글로 시작하여 모든 성경에 쓴 바 자기에 관한 것을 자세히 설명하시니라 또 이르시되 내가 너희와 함께 있을 때에 너희에게 말한 바 곧 모세의 율법과 선지자의 글과 시편에 나를 가리켜 기록된 모든 것이 이루어져야 하리라 한 말이 이것이라 하시고

벧후 1:21 예언은 언제든지 사람의 뜻으로 낸 것이 아니요 오직 성령의 감동하심을 받은 사람들이 하나님께 받아 말한 것임이라

◖ 교리 해설

성경은 단 한 권의 책이 아닙니다. 성경은 구약 39권과 신약 27권, 모두 합하여 66권으로 되어 있습니다. 교회는 이 66권을 유일하게 기록된 하나님의 말씀으로 인정하며 정경으로 일컫습니다. 그런데 천주교인들이 사용하는 성경에는 있으나 개신교회에서 사용하는 성경에는 없는 책들이 있습니다. 이것은 66권의 정경과 구분하여 외경이라고 불리는 책들입니다. 외경은 정경이 아닙니다. 정경은 본래 유대인을 통하여 이어져 내려온 히브리어 성경인 반면에, 외경은 기원전 250년 경에 히브리어 성경을 그리스어로 번역한 '70인역'이라고 알려진 번역본에 추가로 더하여진 7권의 책들입니다. 천주교회는 이 책들을 정경과 함께 성경에 포함하여 신앙과 생활의 규범으로 인정합니다. 종교개혁 이후에 개신교회가 정경으로 확정한 구약성경 39권은 기원후 90년 경 얌니아 회의에서 정경으로 결정된 것입니다. 그리고 신약 27권은 기원후 393년 히포회의

와 397년 카르타고 회의에서 공식적으로 확정되었습니다. 교회가 회의를 통하여 정경을 결정하였다는 사실이 마치 사람이 자신들의 뜻에 따라서 어떤 책이 하나님의 말씀인지를 결정한 것을 뜻하는 것으로 오해할 수 있습니다. 그러나 사실은 사람들이 자신의 소견에 따라서 임의로 하나님의 말씀인지를 결정한 것이 아닙니다. 하나님께서 사람들이 과연 하나님의 말씀인 것으로 믿고 받은 것을 교회를 통하여 확증하고 선포하도록 하신 것입니다. 성경을 읽고 성령 하나님에 의하여 이것이 과연 하나님의 말씀이라고 감동을 받은 결과를 반영한 것입니다.

요컨대 성경의 저자인 성령 하나님께서 사람 저자가 기록한 각 권의 책을 영감하시고, 교회로 하여금 그 책을 읽고서 그 마음에 감동을 받아 하나님의 말씀이라는 공통된 인식을 갖게끔 하시고 이것을 정경으로 확정하게 하신 것입니다. 정경은 여호와 하나님만이 유일한 하나님이심을 말하는 신학적 통일성을 가지고 있으며, 스스로 하나님의 말씀임을 증언하고 있고, 또 예수님과 사도들에 의하여 하나님 말씀으로 인정을 받았으며, 성령 하나님에 의한 영적 감동을 준다는 공통성을 갖습니다. 교회는 정경 이외에 외경을 비롯한 다른 어떤 책도 하나님의 말씀의 권위를 가진 것으로 인정하지 않으며 또한 교리와 신앙의 규범으로 삼지 않습니다. 교회는 외경을 단지 사람들이 쓴 글과 같은 것으로 여깁니다.

◖ **적용 질문**

1. 여러분은 천주교 신자들이 사용하는 성경에서 개신교회의 정경 66권 이외에 외경이라고 하는 책들이 포함되어 있음을 본 적이 있습니까?

2. 여러분의 성경에는 없는 외경들을 근거로 연옥설이나 죽은 조상들에게 기도하는 행위와 같은 교리를 정당화 하고 있는 사실을 들어본 적이 있습니까? 이러한 교리들이 하나님의 말씀에 합당한 것으로 인정할 수 있습니까?

3. 개신교회의 교리와 다른 교리를 천주교회가 주장할 경우, 여러분은 어떻게 대응하십니까? 그것이 정경에 근거한 것인지를 묻는다면 이것은 합리적이며 정당한 태도일까요?

1월 6일

계시의 권위

신앙고백서 1.4

신앙고백서 1.4

성경의 권위는 우리가 성경을 믿고 순종해야 하는 이유이다. 이 성경의 권위는 어떤 사람이나 교회의 증언에 의존하는 것이 아니며(진리 자체이자) 성경의 저자이신 하나님께만 전적으로 의존한다. 그러므로 우리는 성경을 받아들여야 한다. 왜냐하면 성경은 하나님의 말씀이기 때문이다.[1]

1) 벧후 1:19, 21; 딤후 3:16; 요일 5:9; 살전 2:13.

◖ 말씀 요절

벧후 1:21   예언은 언제든지 사람의 뜻으로 낸 것이 아니요 오직 성령의 감동하심을 받은 사람들이 하나님께 받아 말한 것임이라

요일 5:9   만일 우리가 사람들의 증언을 받을진대 하나님의 증거는 더욱 크도다 하나님의 증거는 이것이니 그의 아들에 대하여 증언하신 것이니라

살전 2:13   이러므로 우리가 하나님께 끊임없이 감사함은 너희가 우리에게 들은 바 하나님의 말씀을 받을 때에 사람의 말로 받지 아니하고 하나님의 말씀으로 받음이니 진실로 그러하도다 이 말씀이 또한 너희 믿는 자 가운데에서 역사하느니라

◖ 교리 해설

성경은 하나님의 말씀이므로 당연히 그에 합당한 권위를 갖습니다. 성경의 권위에 순종하는 이유는 성경이 하나님의 말씀이라고 공포한 교회의 증언의 권위 때문이 아닙니다. 교회는 단지 성경이 하나님의 말씀이라는 사실을 성령 하나님이 주시는 영적 감동과 성경의 교훈의 탁월성으로 인하여 고백하고 공포할 따름입니다. 교회로 하여금 이렇게 성경이 하나님의 말씀이라고 고백하게 하시는 하나님의 권위로 인하여 성경은 우리가 순종해야 할 권위를 갖습니다. 천주교회는 어느 책이 성경인가를 교회가 결정한 것인 만큼 성경의 존재와 권위를 증거하는 권위가 교회에 있다고 주장합니다. 그러나 개혁교회는 성경의 권위는 성경 스

스로 증거하는 바대로 하나님의 말씀이라는 사실에 근거하는 것임을 고백합니다. 성경은 교회에 의하여 인정받지 못한다고 하여도 여전히 하나님의 말씀인 것입니다. 예수님께서는 율법이나 선지자를 폐하러 온 것이 아니라 완전하게 하려 함이라 하시고 천지가 없어지기 전에는 율법의 일점일획도 결코 없어지지 아니하고 다 이룰 것이라고 말씀하셨습니다(마 5:17-18). 예수님의 이러한 말씀은 오류가 없으십니다. 왜냐하면 예수님은 하나님의 아들이시며 지식에 오류가 없으시기 때문입니다. 그런데 예수님에 관한 이러한 사실은 바로 성경에 의하여 또한 증언되고 있습니다. 예수님의 신적 권위와 성경의 신적 권위는 서로 연결되어 있습니다. 이제 예수 그리스도의 구원을 믿는 믿음은 바로 성경의 권위에 기초하며, 이 성경의 권위는 바로 예수 그리스도의 권위에 또한 기초합니다. 교회나 사람의 권위나 증언은 성경의 권위에 대한 증언이기는 하지만 권위의 근거는 아닌 것입니다.

적용 질문

1. 여러분은 성경이 하나님의 말씀이라고 믿으십니까? 여러분은 성경의 교훈에 대하여 어떠한 태도로 반응하십니까?

2. 만일 어떤 사람이 많은 사람이 기대한 바와는 다르게 도덕적으로 큰 실망을 준다면, 여러분은 그 사람의 가르침에 대하여 어떠한 평가를 내리시겠습니까?

3. 만일 도덕적으로 실망을 주거나 오류를 옳다고 우기는 고집을 부리

는 어떤 사람이 성경을 하나님의 말씀이라고 말한다면 여러분은 그 사람이 말한 바대로 성경을 하나님의 말씀이라고 믿을 수 있습니까?

4. 사람이나 교회의 증언이 아니라 성경 스스로 하나님의 말씀의 권위를 나타낸다는 말을 인정하십니까? 여러분은 어떻게 그러한지 설명하시기 바랍니다.

1월 7일

계시의 진정성: 외적 증거

대요리문답 4
신앙고백서 1.5

대요리문답 4:

문4. 성경이 하나님의 말씀이라는 것은 어떻게 나타납니까?

답. 성경은 그 자체가 하나님의 말씀임을 명백하게 드러냅니다. 성경의 장엄함과[1] 순수함,[2] 모든 부분의 일치와[3] 모든 영광을 하나님께 돌리는 전체의 목적,[4] 또한 죄인임을 드러내어 회개시키며, 신자를 위로하며 구원에 이르도록 세우는 그 빛과 능력이 성경 자체가 하나님의 말씀임을 명백하게 드러냅니다.[5] 그러나 성경으로, 또한 성경과 함께 사람의 마음 안에서 증언하시는 성령 하나님만이 성경이 하나님의 말씀임을 온전히 설득하실 수 있습니다.[6]

대요리문답 4:

1) 호 8:12; 고전 2:6~7, 13; 시 119:18, 129.
2) 시 12:6; 119:140.
3) 행 10:43; 26:22, 27.
4) 롬 3:19.
5) 행 18:28; 히 4:12; 약 1:18; 시 19:7~9; 롬 15:4; 행 20:32.
6) 요 16:13~14; 20:31; 요일 2:20, 27.

신앙고백서 1.5

우리는 교회의 증언에 의해 감동되고 이끌리어 성경을 높이 여기고 경외심으로 대할 수 있다.[1] 그리고 하늘에 속한 내용, 교훈의 감화력, 문체의 장엄함, 모든 부분의 조화로움, (모든 영광을 하나님께 돌리는) 전체 목적, 사람을 구원하는 유일한 길을 충분히 보여줌, 그 밖의 비교할 수 없는 많은 탁월함, 그리고 전체의 완전함 등은 성경 스스로가 하나님의 말씀임을 풍성하게 증언하는 논거들이다. 그럼에도 성경이 무오한 진리이며 신적 권위를 가지고 있음을 완전하게 인정하고 확신하는 것은 우리 마음속에 말씀에 의하여 또한 말씀과 함께 증언하시는 성령 하나님의 내적 사역으로 말미암는다.[2]

1) 딤전 3:15.
2) 요일 2:20, 27; 요 16:13~14; 고전 2:10~12; 사 59:21.

◖ **말씀 요절**

히 4:12 하나님의 말씀은 살아 있고 활력이 있어 좌우에 날선 어떤 검보다도 예리하여 혼과 영과 및 관절과 골수를 찔러 쪼개기까지 하며 또 마음의 생각과 뜻을 판단하나니

시 19:7-10 여호와의 율법은 완전하여 영혼을 소성시키며 여호와의 증거는 확실하여 우둔한 자를 지혜롭게 하며 여호와의 교훈은 정직하여 마음을 기쁘게 하고 여호와의 계명은 순결하여 눈을 밝게 하시도다 여호와를 경외하는 도는 정결하여 영원까지 이르고 여호와의 법도 진실하여 다 의로우니 금 곧 많은 순금보다 더 사모할 것이며 꿀과 송이꿀보다 더 달도다

◖ **교리 해설**

성경은 스스로 하나님의 말씀임을 나타내 보임으로써 신적 권위를 증언합니다. 그런데 성경이 하나님의 말씀이라는 사실을 어떻게 알 수 있을까요? 두 가지 측면에 알 수 있습니다. 하나는 성경이 보여주는 객관적인 외적 증거들을 통해 알 수 있습니다. 다른 하나는 그러한 증거를 보고 성경이 하나님의 말씀임을 인정하도록 이끌리는 내적 증거입니다. 오늘 읽는 교리를 통해서 먼저 객관적인 외적 증거를 살펴봅니다. 성경을 읽으면 성경이 여러 파편적인 에피소드나 다양한 장르의 글들이 그저 모여진 책이 아니라는 것을 깨닫게 됩니다. 성경은 각 권을 쓴 사람 저자가 무려 40여 명에 이릅니다. 이들은 왕, 목동, 어부, 학자 등 직업도 다양합니다. 그리고 구약의 모세 오경은 주전 약 1450여년 전에 기록되

었고, 구약성경 전체 기록 기간이 무려 약 1,100년에 이릅니다. 신약은 약 60여 년 사이에 기록되었습니다. 그런데 특별한 점은 성경의 각 권을 관통하고 있는 신학적 통일성입니다. 마치 한 저자가 각 권의 저자의 특성을 사용하여 다양한 문학 장르에 걸쳐서 그 오랜 시기를 조율하고 있듯이 성경은 기록한 교훈을 유지하고 있습니다. 성경의 교훈은 하나님의 영광을 높이는 목적을 향하여 각 부분이 모여서 조화를 이룹니다. 또한 만물의 기원과 생명, 현세에 대한 관점, 죄에서 구원 받는 길, 죽음 이후에 겪을 일, 역사의 종말, 그리고 세상의 갱신과 같은 실로 깊은 영적 진리를 전하고 있습니다. 이러한 사실을 전하는 성경의 문체의 장엄함과 아름다움은 빼어나며, 또 사람이 사는 현실에 대한 정확한 관점과 이해를 열어줍니다. 그야말로 성경은 사람에게 필요한 모든 질문의 답을 제시합니다. 이러한 외적 증거는 수많은 사람을 회개로 이끌었고 구원을 받도록 하였습니다.

◀ 적용 질문

1. 성경이 하나님의 말씀이라고 믿는 여러분의 믿음의 증거로 무엇을 제시하실 수 있습니까?

2. 어떤 사람이 성경이 하나님의 말씀이라는 증거를 제시하면 그도 하나님을 믿겠다고 말할 때, 여러분은 어떻게 답하십니까?

3. 여러분은 성경의 여러 특징을 고려할 때 성경과 비교할 만한 책으로 예시할 만한 것을 말할 수 있습니까?

4. 여러분은 성경을 읽으면서 과연 66권의 성경이 마치 한 권의 책과 같이 통일된 교훈을 준다는 놀라운 사실을 깨닫습니까? 그러하시다면 어떻게 그런 깨달음을 갖게 되었습니까?

1월 8일

계시의 진정성: 내적 증거

대요리문답 4
신앙고백서 1.5

대요리문답 4:

문4. 성경이 하나님의 말씀이라는 것은 어떻게 나타납니까?

답. 성경은 그 자체가 하나님의 말씀임을 명백하게 드러냅니다. 성경의 장엄함과[1] 순수함,[2] 모든 부분의 일치와[3] 모든 영광을 하나님께 돌리는 전체의 목적,[4] 또한 죄인임을 드러내어 회개시키며, 신자를 위로하며 구원에 이르도록 세우는 그 빛과 능력이 성경 자체가 하나님의 말씀임을 명백하게 드러냅니다.[5] 그러나 성경으로, 또한 성경과 함께 사람의 마음 안에서 증언하시는 성령 하나님만이 성경이 하나님의 말씀임을 온전히 설득하실 수 있습니다.[6]

| 대요리문답 4: | 1) 호 8:12; 고전 2:6~7, 13; 시 119:18, 129.
2) 시 12:6; 119:140.
3) 행 10:43; 26:22, 27.
4) 롬 3:19.
5) 행 18:28; 히 4:12; 약 1:18; 시 19:7~9; 롬 15:4; 행 20:32.
6) 요 16:13~14; 20:31; 요일 2:20, 27. |

| 신앙고백서 1.5 | 우리는 교회의 증언에 의해 감동되고 이끌리어 성경을 높이 여기고 경외심으로 대할 수 있다.[1] 그리고 하늘에 속한 내용, 교훈의 감화력, 문체의 장엄함, 모든 부분의 조화로움, (모든 영광을 하나님께 돌리는) 전체 목적, 사람을 구원하는 유일한 길을 충분히 보여 줌, 그 밖의 비교할 수 없는 많은 탁월함, 그리고 전체의 완전함 등은 성경 스스로가 하나님의 말씀임을 풍성하게 증언하는 논거들이다. 그럼에도 성경이 무오한 진리이며 신적 권위를 가지고 있음을 완전하게 인정하고 확신하는 것은 우리 마음속에 말씀에 의하여 또한 말씀과 함께 증언하시는 성령 하나님의 내적 사역으로 말미암는다.[2]

1) 딤전 3:15.
2) 요일 2:20, 27; 요 16:13~14; 고전 2:10~12; 사 59:21. |

◗ 말씀 요절

요일 2:20, 27 너희는 거룩하신 자에게서 기름 부음을 받고 모든 것을 아느니라 너희는 주께 받은 바 기름 부음이 너희 안에 거하나니 아무도 너희를 가르칠 필요가 없고 오직 그의 기름 부음이 모든 것을 너희에게 가르치며 또 참되고 거짓이 없으니 너희를 가르치신 그대로 주 안에 거하라

고전 2:10-12 오직 하나님이 성령으로 이것을 우리에게 보이셨으니 성령은 모든 것 곧 하나님의 깊은 것까지도 통달하시느니라 사람의 일을 사람의 속에 있는 영 외에 누가 알리요 이와 같이 하나님의 일도 하나님의 영 외에는 아무도 알지 못하느니라 우리가 세상의 영을 받지 아니하고 오직 하나님으로부터 온 영을 받았으니 이는 우리로 하여금 하나님께서 우리에게 은혜로 주신 것들을 알게 하려 하심이라

◗ 교리 해설

성경이 하나님의 말씀이라는 사실은 성경이 보여주는 객관적인 외적 증거들을 통해 잘 드러납니다. 성경의 저자가 무려 40여명에 이르며 이들이 살던 시기가 약 1,100년에 걸쳐 있으며 직업도 다양하고 저자들 가운데는 유대인이기도 하지만 이방인도 있다는 사실을 볼 때, 누구라도 성경은 여러 글을 잡다하게 모은 책 정도가 아닐까 여길 수 있습니다. 그러나 놀랍게도 한 저자가 쓴 것처럼 역사를 관통하여 흐르는 통일성을 보게 됩니다. 그리고 영적 사실에 대한 놀랍게도 탁월한 설명을 대하게 되며, 이로 인하여 성경을 읽은 많은 사람이 회개하고 하나님께로 돌아

와 구원에 이르게 합니다.

그렇지만 이러한 증거는 모두 외적인 것입니다. 성경 밖에 있다는 의미에서 외적인 것이 아니라 사람의 정신적이며 영적인 내면에서 울리는 증거와 비교하여 볼 때 외적입니다. 성경이 하나님의 말씀임을 보여주는 증거는 외적인 것 이외에 더욱 본질적인 것이 있으니 곧 내적인 증거입니다. 내적 증거는 두 가지 사실과 관련하여 성령 하나님에 의하여 주어집니다. 첫째로 성경은 사람 저자에 의하여 기록되었지만 동시에 이들에게 신적 감동을 주어 이들로 하여금 기록하게 하시는 말씀이 하나님의 무오한 말씀이 되도록 하시는 성령 하나님 또한 성경의 저자이십니다. 둘째로 성령 하나님께서는 성경을 읽는 자로 하여금 성경의 교훈이 과연 하나님의 말씀임을 깨닫는 도움을 주십니다. 성경이 가르치는 영적 진리는 타락한 인간의 이성으로 헤아릴 수 없는 진리이기 때문입니다. 사람은 본래 하나님과 그분의 교훈을 오류 없이 이해하며 이를 기뻐하고 즐거워하는 상태로 지음을 받았으나 타락 이후에 이 모든 일에 있어서 비뚤어진 상태에 처하여 있습니다. 그러하기에 성경의 교훈을 읽을 때 그 교훈을 마음에 깨달아 기뻐하며 순종하게 되는 일은 성령 하나님의 은혜로 가능하게 됩니다.

적용 질문

1. 여러분은 성경을 읽으면서 그 말씀이 과연 하나님의 말씀이라는 감동을 경험한 적이 있습니까? 그렇다면 무엇 때문이었습니까? 만일 그러한 일이 아직 없다면 무엇이 그러한 경험을 방해한다고 생각합니까?

2. 여러분이 성경을 읽을 때 어떤 마음의 준비를 하십니까? 그냥 다른 책을 읽듯이 내용을 머리로 이해하려 읽으십니까? 아니면 다른 책과 달리 성경을 읽을 때 마음에 내적으로 준비하는 일이 있습니까?

3. 성경의 말씀은 성령 하나님의 은혜로 깨달아지는 것이기 때문에 성령 하나님의 도움을 구하여야 한다고 할 때, 성경을 연구하는 일은 불필요한 일이겠습니까?

4. 성령 하나님께서 깨우치실 것이기 때문에 아무에게도 가르침을 받을 필요가 없다고 주장하는 사람에 대해서 어떻게 반응을 하십니까?

1월 9일

성경의 핵심교훈

소요리문답 3
대요리문답 5

소요리문답 3:

문3. 성경은 무엇을 가장 중요하게 가르칩니까?

답. 성경은 사람이 하나님에 대하여 무엇을 믿어야 하는지, 그리고 하나님께서 사람에게 어떤 의무를 요구하시는지를 가장 중요하게 가르칩니다.[1]

1) 딤후 1:13; 3:16.

대요리문답 5:

문5. 성경은 무엇을 가장 중요하게 가르칩니까?

답. 성경은 사람이 하나님에 대하여 무엇을 믿어야 하는지, 그리고 하나님께서 사람에게 어떤 의무를

| 대요리문답 5: | 요구하시는지를 가장 중요하게 가르칩니다.[1]

1) 딤후 1:13. |

◖ 말씀 요절

딤후 1:13-14 너는 그리스도 예수 안에 있는 믿음과 사랑으로써 내게 들은 바 바른 말을 본받아 지키고 우리 안에 거하시는 성령으로 말미암아 네게 부탁한 아름다운 것을 지키라

딤후 3:16-17 모든 성경은 하나님의 감동으로 된 것으로 교훈과 책망과 바르게 함과 의로 교육하기에 유익하니 이는 하나님의 사람으로 온전하게 하며 모든 선한 일을 행할 능력을 갖추게 하려 함이라

◖ 교리 해설

사람에게 주어진 첫째가며 가장 높은 목적은 하나님을 영원토록 영화롭게 하며 또한 온전히 즐거워하는 것입니다. 이렇게 되려면 어떻게 하여야 할까요? 사람이 임의로 판단하여 무엇인가를 행하면서 하나님께서 이것을 기뻐하실 것이라고 주장하는 것은 근거가 없는 잘못된 일일 가능성이 높습니다. 사람의 판단은 하나님과 관련한 영적 일에 있어서 신뢰할 만하지 않습니다. 타락 이후에 사람은 죄가 인지력에 미치는 영향 때문에 영적 진리를 굴절해서 봅니다. 뿐만 아니라 중생자라 할지라도

오직 특별계시인 성경의 교훈을 따라 사색할 때라야 하나님께서 기뻐하시는 일을 올바르게 분별할 수가 있습니다. 하나님을 영화롭게 하려면 신자는 성경을 배워야 합니다. 성경은 하나님이 어떠한 분이신지를 알려주며, 하나님께서 우리를 위하여 행하신 일들을 가르쳐줍니다. 애굽을 떠난 후에 모세가 하나님의 계명을 받으려고 시내산에 올라가 있는 동안 광야에 있던 이스라엘 백성은 아론을 부추겨서 금송아지를 만들었습니다. 이들은 여호와 하나님을 떠나려는 의도에서 이 우상을 만든 것이 아니었습니다. 모세가 없는 상황에 보이지 않는 하나님을 믿는 것이 불안하여 금송아지라는 형상을 통해서 여호와 하나님을 부르며 믿고자 한 것이었습니다.

그렇다면 이들의 동기는 인정할만하지 않을까요? 그렇지 않습니다. 이들은 하나님을 어떤 방편으로든지 형상화하는 것이 하나님께 영광을 돌리는 일이기는커녕 합당하다고조차 할 수 없는 일입니다. 성경은 이러한 사실을 전하면서 하나님을 바르게 아는 일에 대해 교훈합니다. 하나님께서 사랑하는 자녀인 그리스도의 교회를 위하여 행하신 일을 아는 것과 그 일을 통해서 나타내시는 하나님의 속성을 아는 지식도 성경을 통해서만 알게 됩니다. 그리고 하나님께서 사람에게 요구하시는 일을 성경을 통해서 배웁니다. 예수 그리스도를 믿고 돌이켜 회개하여 구원을 받는 일이야말로 하나님께서 각별하게 전하시는 성경의 말씀입니다. 하나님께서는 그리스도로 말미암아 이루어지는 구원사역을 통해 그분 자신의 백성을 모으시며 성령 하나님의 인도하심을 따라 하나님께서 명하시는 교훈을 순종하며 살아가도록 하십니다. 이 모든 사실은 오직 성경에 기록되어 있습니다. 사람이 자신이 원하는 바를 얻고자 하여 성경을 읽는 것은 성경의 교훈을 바르게 받는 것이 아닙니다.

적용 질문

1. 여러분은 성경을 읽으면서 무엇을 구합니까?

2. 여러분이 성경을 통해서 이전에 가졌던 하나님에 대한 생각이 변화되었습니까? 아니면 성경에 나타난 하나님을 이해할 수 없어서 신앙에 어려움을 겪습니까?

3. 만일 어떤 사람이 성경을 읽으면서 하나님께서 명하시고 행하시는 일에 대하여 불합리하다거나 부당하다고 여긴다면, 여러분은 그분에게 어떠한 말을 하시겠습니까?

4. 어떤 분이 성경이 가르치는 바에 따라 충실히 믿고 순종한다면, 여러분은 그분의 신앙생활은 어떠하다고 판단하시겠습니까? 그 이유는 무엇입니까? 여러분은 무엇을 배울 수 있겠습니까?

1월 10일

계시의 충분성

신앙고백서 1.6

신앙고백서 1.6

하나님 자신의 영광, 사람의 구원, 믿음, 그리고 생활에 필요한 모든 것과 관련한 하나님의 전체 경륜은 성경에 분명하게 기록되어 있거나, 또한 적절하고 필연적인 논리적 귀결에 의하여 성경으로부터 추론될 수 있다. 그러나 성령의 새로운 계시에 의해서든지, 사람의 전통에 의해서든지, 어떤 것이라도 어느 때이건 성경에 추가되어서는 안 된다.[1] 그럼에도 말씀에 계시된 일들을 구원에 이르도록 이해하기 위해서는 성령 하나님의 내적 조명이 필요함을 인정한다.[2] 그리고 하나님을 예배하는 것과 교회 정치에 관해서는, 사람의 활동이나 사회 공동체들과 공통되는 상황들이 일부 있는데, 이 상황들은 본성의 빛과 기독교적 분별

> **신앙고백서 1.6**
>
> 에 의해서 정해야 함을 인정한다. 그런데 이것들은 항상 지켜야 하는 말씀의 일반 규범을 따라야 한다.[3]
>
> 1) 딤후 3:15~17; 갈 1:8~9; 살후 2:2.
> 2) 요 6:45; 고전 2:9~12.
> 3) 고전 11:13~14; 14:26, 40.

말씀 요절

갈 1:8-9 그러나 우리나 혹은 하늘로부터 온 천사라도 우리가 너희에게 전한 복음 외에 다른 복음을 전하면 저주를 받을지어다 우리가 전에 말하였거니와 내가 지금 다시 말하노니 만일 누구든지 너희가 받은 것 외에 다른 복음을 전하면 저주를 받을지어다

고전 14:26, 40 그런즉 형제들아 어찌할까 너희가 모일 때에 각각 찬송시도 있으며 가르치는 말씀도 있으며 계시도 있으며 방언도 있으며 통역함도 있나니 모든 것을 덕을 세우기 위하여 하라 … 모든 것을 품위 있게 하고 질서 있게 하라

교리 해설

하나님의 말씀인 성경이 교훈하는 핵심 사항이 하나님에 대하여 믿어야 할 것과 또 하나님께서 사람에게 요구하시는 의무에 관한 것이라고 할

때, 과연 이것을 알기 위하여 어떤 특별한 초월적 계시가 추가적으로 필요하지 않습니다. 성경은 이미 그 자체로 하나님의 영광과 구원에 필요한 모든 사실들, 그리고 신자로 살아가는 데에 필요한 영적 교훈들을 충분하게 담고 있으며 전합니다. 어떠한 사실은 성경에 기록된 것으로 충분히 알 수 있으며, 또 어떤 일은 성경에 기록된 내용을 토대로 하여 적절하고도 필연적인 논리적 귀결을 통하여 충분히 전달됩니다. 이를테면 예수님께서는 아브라함, 이삭, 야곱이 모두 살아있는 자들이라는 논증을 펴시며 죽은 자의 부활이 있음을 가르치셨습니다. 이때 하나님이 죽은 자의 하나님이 아니시고 산 자의 하나님이시라는 사실과 아브라함, 이삭, 야곱의 하나님이시라는 사실을 이어 풀어주셨습니다.

이단들은 마치 성경에 무엇이 부족한 듯이 추가적인 계시가 있어야 한다고 주장합니다. 흔히 이단은 성경 이외에 교주라고 할 자가 하늘의 계시를 받았다고 주장하는 경전을 내세웁니다. 그리고 이 경전은 성경에 없는 내용을 주장할 때 근거로 사용됩니다. 더 나아가 이 경전으로 성경 해석의 기준을 삼습니다. 이것에 대하여 성경은 사도가 전한 복음 이외에 다른 것을 더하는 것으로 저주를 받을 것이라고 경고합니다.(갈 1:8-9)

그리고 천주교회가 정경 이외에 외경을 하나님의 말씀으로 인정하여 외경에 근거한 교리를 세우면서 그리스도의 복음을 훼손한다면 이 또한 잘못입니다. 연옥설이나 마리아의 중보적 공로나 베드로와 같은 많은 죽은 성인들의 공로에 의지하는 행위는 결국 예수 그리스도의 공로만으로 구원받는 복음을 훼손합니다. 또한 천주교회가 성경과 동등한 계시로 여기는 교회 전통을 내세우는 일 또한 같은 이치로 잘못입니다. 하나님을 알고 하나님께서 행하시는 은혜의 일들을 알고, 하나님께서 기뻐하시는 일을 알고 순종하는 데에 필요한 모든 영적 사실은 이미 기록된 성경으로 충분합니다. 새롭게 추가되어야 할 어떤 계시도 필요하지 않으며, 어떤 교회 전통을 계시로 여겨 의지하지 말아야 합니다.

성경에서 뚜렷하게 말씀하지 않으시는 일들에 대하여서는 이성의 빛과 기독교적 사리분별과 지혜를 따라서 결정할 수 있습니다. 교회 정치 조직을 구성하는 방식이나 하나님께 예배하는 시간이나 장소를 결정하는 일이나 사회와 관련하여 교회가 하여야 하는 일 등에 대하여서는 기독교적 교훈에 어긋나지 않는 범위 안에서 사리에 맡도록 분별하여 결정하면 됩니다. 이러한 일과 관련한 사안은 성경의 교훈이 불충분하다고 할 사항이 아닙니다.

적용 질문

1. 여러분은 구원을 위하여 알아야 할 핵심적인 주요 가르침을 성경을 통해서 배우며 깨닫습니까?

2. 여러분은 성경을 읽어도 알지 못하는 영적 일에 대한 질문을 가지고 있습니까? 이것은 성경에서 가르치지 않고 있기 때문입니까? 아니면 성경에 관하여 적절하고도 필연적인 논리적 귀결을 이끌어낸 설명을 듣지 못한 까닭입니까?

3. 성경에 없는 것조차 잘 가르쳐준다고 주장하는 사람이나 단체를 주변에서 본 적이 있습니까? 이들은 어떠한 사람들입니까?

4. 예배 시간이나 장소를 결정할 때 여러분의 교회는 어떠한 방식을 따릅니까?

1월 11일

성경 계시의 명료성

신앙고백서 1.7

신앙고백서 1.7:

7. 성경에 있는 모든 내용은 그 자체로 똑같이 명백한 것은 아니며, 또한 모든 사람에게 똑같이 분명한 것도 아니다.[1] 그렇지만 구원받기 위하여 알고 믿고 지켜야 할 필요가 있는 것들은, 학식이 있는 사람뿐만 아니라 그렇지 않은 사람도 보통의 수단을 적절히 사용하면 충분히 이해할 정도로, 성경 곳곳에 분명하게 제시되어 있고 밝혀져 있다.[2]

1) 벧후 3:16.
2) 시 119:105, 130.

◖ 말씀 요절

벧후 3:16 또 그 모든 편지에도 이런 일에 관하여 말하였으되 그 중에 알기 어려운 것이 더러 있으니 무식한 자들과 굳세지 못한 자들이 다른 성경과 같이 그것도 억지로 풀다가 스스로 멸망에 이르느니라

시 119:105, 130 주의 말씀은 내 발에 등이요 내 길에 빛이니이다 … 주의 말씀을 열면 빛이 비치어 우둔한 사람들을 깨닫게 하나이다

◖ 교리 해설

성경은 하나님의 영광과 구원에 필요한 내용을 충분히 담고 있으며, 성경 이외에 다른 특별한 계시나 전통에 근거한 새로운 내용이 필요하지 않습니다. 그렇다면 성경을 잘 배워 그 뜻을 익히는 일이 중요하겠습니다. 그런데 많은 분들이 성경이 어렵다고 합니다. 과연 성경에는 어려운 부분이 있습니다. 이것을 억지로 푸는 일은 무식한 일이며 또한 신앙에 손상을 입는 위험한 사태를 초래할 수 있습니다. 성경 말씀 가운데 어떤 내용은 그대로 명백하지만, 이를테면 삼위일체론과 같은 교리는 적절하고도 필연적인 논리 추론을 통해서 이해하여야 합니다. 이러한 경우에는 성경 전체의 내용과 신학을 통일성 있게 알고 있지 않으면 억지 설명을 하는 결과를 낳을 수 있고, 진리에서 떠나 멸망에 이를 수가 있 습니다.

하지만 성경의 모든 부분이 어려운 것은 아닙니다. 알기 쉬운 부분이 훨씬 많습니다. 그리고 반드시 알아야 할 기본 교훈들은 명료하여 알기가 쉽습니다. 이러한 기본 교훈을 알기 위하여 반드시 목사나 사제나 학자나 다른 특별한 능력을 가진 사람의 도움을 받을 필요가 없습니다. 스

스로 성경을 손에 들고 부지런히 그리고 주의 깊게 읽으면 됩니다. 천주교회는 성경에는 불명료하고 신비로운 부분이 너무 많아서 교회가 가르치는 권위 있는 판단을 따라 읽지 않으면 성경을 바르게 이해하지 못한다고 주장합니다. 결국 신자가 직접 하나님의 말씀을 대하여 구원에 합당한 기본 교훈을 얻는 일을 방해합니다. 이와 달리 개혁교회는 누구라도 구원에 관한 도리를 알고자 하는 진지함을 가지고 성령 하나님의 도움을 구하는 기도로 성경을 읽으면, 구원에 필요한 기본 교훈을 대부분 명료하게 알 수 있다고 고백합니다.

성경을 읽기 위하여 기본적인 문해력과 같은 보통의 수단이 필요한 것은 당연합니다. 또 먼저 성경을 이해한 사람의 도움을 받으면 좀 더 쉬울 수 있음을 부인할 수 없습니다. 그리고 사람에 따라서 잘못 해석할 수도 있습니다. 이것은 어떤 종류의 문헌에도 해당하는 일반적인 사실입니다. 성경도 예외가 아닙니다. 하지만 보통의 수단을 적절히 갖추고 있으면 구원에 필수적인 기본 교훈들을 아는 데 어려움이 없을 만큼 성경은 그 뜻을 명료하게 제시합니다.

◖ **적용 질문**

1. 여러분은 성경을 읽을 때 어렵게 느껴집니까? 아니면 성경의 뜻이 잘 이해되면서 달콤하게 다가옵니까?

2. 여러분은 성경을 읽을 때 목사나 다른 교인의 도움을 받은 적이 있습니까? 이러한 도움이 없이 성경을 읽으면 바르게 이해한 것인지 의심이 듭니까? 그 의심의 이유는 무엇입니까?

3. 성경을 읽는 도중에 어려운 부분이 나오면 어떻게 하십니까? 나중에 알게 될 것을 기대하면서, 어려운 부분을 넘어서 계속 읽어갑니까? 아니면 목사나 다른 교인에게 묻습니까?

4. 성경을 나름대로 이해한 부분이 나중에 잘못 이해한 것으로 드러난 경험이 있습니까? 만일 그런 일이 있었다면, 그 원인은 무엇이겠습니까?

1월 / 12일

성경 계시의 영감, 내용의 보전과 번역

신앙고백서 1.8

신앙고백서 1.8

(하나님의 옛 백성의 모국어인) 히브리어로 기록된 구약성경과 (신약성경이 기록되던 당시 여러 나라에 가장 일반적으로 알려진) 그리스어로 기록된 신약성경은, 하나님에 의해 직접 영감된 것이며, 하나님의 유례없는 보호와 섭리에 의해 모든 시대에 걸쳐 순수하게 보전되었으므로 본래 내용 그대로다.[1] 그러므로 신앙과 관련한 모든 논쟁에 있어서 교회는 궁극적으로 원어 성경에 호소해야 한다.[2] 그러나 성경에 대한 권리와 관심을 가지고, 하나님을 경외하는 가운데 성경을 읽고 연구하도록 명령을 받은 하나님의 백성 모두가 원어를 알지는 못하기 때문에,[3] 성경이 전수된 각 나라의 통상적인 언어로 번역되어야만 하며,[4] 그

> **신앙고백서 1.8**
>
> 리하여 하나님의 말씀이 모든 사람 안에 풍성히 거하여, 이들이 하나님을 합당한 방식으로 예배하며,[5] 성경이 주는 인내와 위로를 통하여 소망을 가질 수 있도록 하여야 한다.[6]
>
> 1) 마 5:18.
> 2) 사 8:20; 행 15:15; 요 5:39, 46.
> 3) 요 5:39.
> 4) 고전 14:6, 9, 11~12, 24, 27~28.
> 5) 골 3:16.
> 6) 롬 15:4.

◐ 말씀 요절

마 5:18 진실로 너희에게 이르노니 천지가 없어지기 전에는 율법의 일점 일획도 결코 없어지지 아니하고 다 이루리라

행 15:14-15 하나님이 처음으로 이방인 중에서 자기 이름을 위할 백성을 취하시려고 그들을 돌보신 것을 시므온이 말하였으니 선지자들의 말씀이 이와 일치하도다

요 5:39 너희가 성경에서 영생을 얻는 줄 생각하고 성경을 연구하거니와 이 성경이 곧 내게 대하여 증언하는 것이니라

◀ 교리 해설

하나님께서 직접 영감하신 성경은 그 원본이 남아있지 않습니다. 그러나 원본의 내용을 밝히기에 충분히 많은 사본이 존재합니다. 구약의 원본은 꼼꼼하기 이를 데 없는 유대 랍비들에 의하여 필사되어 잘 보존되었으며, 신약의 사본은 원본의 기록 이후 2~3세대 안에 기록되었고 그 수가 중요한 것만 2,300여 개이며 전체적으로 5,000개에 이릅니다. 따라서 원본을 완전히 복구할 수는 없지만, 교리상의 차이를 일으킬 만한 것은 없는 수준으로 내용적으로는 순전한 상태로 복구가 되었습니다. 여기에는 하나님께서 그분의 말씀을 보전하시는 특별한 섭리가 있었습니다.

사본 성경은 번역본이 아닙니다. 그것은 원본을 필사하였기 때문에 원본의 언어로 되어 있습니다. 따라서 사본으로 복구한 성경의 원문을 읽을 수 없는 신자를 위하여 성경은 번역되어야 합니다. 하나님의 백성은 하나님의 말씀을 읽고 배워야 합니다. 이것은 하나님께서 명하신 것입니다(신 31:11 "온 이스라엘이 네 하나님 여호와 앞 그가 택하신 곳에 모일 때에 이 율법을 낭독하여 온 이스라엘에게 들게 할지니"). 이 의무에 대하여 이의를 제기할 신자는 아무도 없습니다. 신자는 하나님을 영화롭게 하며 그분으로 인하여 즐거워하기 위하여 성경을 읽어야 합니다. 다른 방법은 없습니다. 만일 성경을 읽지 않으면 교회와 신자는 사탄의 공격에 대적하여 자신을 지킬 수가 없게 됩니다.

현실적으로 아주 소수의 신자만이 성경을 기록한 원본의 언어를 학습하여 이해합니다. 구약의 히브리어와 신약의 그리스어를 모든 신자가 학습하여 성경을 읽는 일이 현실적으로 어렵기 때문에 교회는 성경을 각 민족의 통상적인 언어로 번역하여 성경을 읽을 수 있도록 하여야 합니다. 그리하여 교회는 성경을 가지고 신자를 가르쳐서 하나님의 말씀의 풍성한 지혜와 지식을 갖추고 구원의 은혜를 잘 깨닫도록 해야 합니다. 그렇게 하지 않으면 성경의 지식이 없는 신자들이 이단의 거짓 가르침에 넘어지는 일이 있게 될 것입니다. 이런 일을 방지하고 모든 신자가 하나님을 합당한 방식으로 예배하며, 슬프고 고단한 인생의 길에서 신앙의 인내와 그리스도의 위로를 받아 소망 가운데 살아갈 수가 있게끔 교회는 성경을 번역하고 성도로 하여금 읽어 그 말씀을 배우도록 가르쳐야 합니다.

그런데 한 가지 주의하여야 할 점이 있습니다. 성도들이 사용하는 번역본이 서로 다를 때, 또 번역된 성경을 토대로 그 뜻이 의미하는 바에 대하여 이견이 생길 때는 어떻게 하여야 할까요? 그러한 문제가 발생하면 번역 성경이 아니라 원문을 살펴서 결정하여야 합니다. 이것은 신앙과 관련한 중요한 교리의 결정은 원문의 뜻을 분별하기 위한 최대한의 노력을 통하여 이루어져야 하기 때문입니다. 번역은 번역자의 번역 기준에 따라 영향받지 않을 수 없기 때문에 공교회의 교리 결정은 원문으로 하는 것이 옳습니다.

◀ 적용 질문

1. 여러분은 성경을 읽으면서 이 성경이 우리의 언어로 번역되어 있다는 사실에 감사를 드립니까?

2. 여러분은 원본이 없을 때 어떻게 하면 그 원본에 최대한 가깝게 복원할 수 있겠습니까? 시험 문제를 공개하지 않아도 시험을 치른 후에 그 문제를 복원할 방법이 있겠습니까?

3. 성경을 읽어 그것을 통하여 알리시는 하나님의 뜻을 알기 위해 여러분은 어떠한 노력을 하십니까?

4. 주변에 이단의 거짓된 가르침에 빠진 분들을 보면서, 여러분은 어떠한 대비가 있어야 하겠다고 생각하십니까?

1월 13일

성경 계시의 해석의 규칙

신앙고백서 1.9

신앙고백서 1.9: 성경 해석의 무오한 규칙은 성경 자체이다. 그러므로 어떤 성경이든지 참되며 완전한 의미에 대해 의문이 있을 때는 (그 의미는 여러 가지가 아니라 단지 하나뿐인데), 더 분명하게 말씀하고 있는 다른 곳들을 연구하여 알아낼 수 있다.[1]

1) 벧후 1:20~21; 행 15:15~16.

◐ **말씀 요절**

행 15:14-18 하나님이 처음으로 이방인 중에서 자기 이름을 위할 백성을 취하시려고 그들을 돌보신 것을 시므온이 말하였으니 선지자들의 말씀이 이와 일치하도다 기록된 바 이 후에 내가 돌아와서 다윗의 무너진 장막을 다시 지으며 또 그 허물어진 것을 다시 지어 일으키리니 이는 그 남은 사람들과 내 이름으로 일컬음을 받는 모든 이방인들로 주를 찾게 하려 함이라 하셨으니 즉 예로부터 이것을 알게 하시는 주의 말씀이라 함과 같으니라

벧후 1:20-21 먼저 알 것은 성경의 모든 예언은 사사로이 풀 것이 아니니 예언은 언제든지 사람의 뜻으로 낸 것이 아니요 오직 성령의 감동하심을 받은 사람들이 하나님께 받아 말한 것임이라

◐ **교리 해설**

성경을 읽는 것도 중요하지만 우리가 읽은 말씀의 뜻을 밝히 알기 위하여서는 해석의 노력이 필요합니다. 성경은 어떻게 해석해야 할까요? 성경의 해석은 일단 다른 문서들과 같이 문법과 구문의 분석을 통해서 문장이 말하는 바를 읽어내어야 합니다. 그런데 그것만으로는 충분하지가 않습니다. 다른 문서들은 우리가 이미 아는 경험을 공유하는 가운데 글이 전개되는 경우가 많기 때문에, 대체로 문법과 구문의 분해를 통해서 정리하여 논리의 흐름을 파악하면 그 뜻을 아는 데에 장애물이 없습니다. 그렇지만 조금 난해하다고 하는 책들이나 철학책들은 사용하는 단어의 의미 규정이 사뭇 다를 수 있고 또 전개되는 사상이 생소하여 해석

에 어려움을 겪을 수 있습니다.

성경은 어떠할까요? 성경에 담긴 일상의 경험을 넘어서는 사실들, 하나님이 어떠한 분이신지, 하나님께서 행하시는 일의 방식, 그리고 구원에 관련한 사실들은 특별한 교훈을 주기 때문에 해석을 사사로이 해서는 안 됩니다. 더구나 예언과 성취, 성경 66권 전체를 관통하며 흐르는 중요한 신학적 주제, 특별히 그리스도 중심적 사건과 교훈의 전개와 같은 주제를 이해하는 것은 성경을 읽는 중요한 해석의 틀입니다. 예를 들어 임마누엘이라는 단어로 표현되는 개념은 창세 때에 아담과 하와가 누렸으나, 타락으로 인하여 상실한 복을 가리킵니다. 성경은 임마누엘의 복을 다시 회복하는 구원의 예언과 성취의 역사를 모세의 율법과 시편과 선지서, 그리고 신약 전체에 걸쳐서 전개하고 있습니다. 요한계시록은 임마누엘의 복의 완성으로 마칩니다. 이러한 해석의 안목으로 성경을 읽는 것은 매우 중요합니다. 사람이 성경을 자신의 필요에 따라서 맞추어 임의로 해석하는 것은 적절한 성경 읽기가 아닙니다. 이를테면 기복신앙이나 번영신학, 또는 해방신학이나 퀴어신학을 열어가는 것은 성경의 올바른 해석이 아닙니다. 성경은 그러한 것을 가르치지 않기 때문입니다. 오히려 성경의 교훈에 어긋나는 잘못된 해석입니다.

그러면 이러한 오류를 범하지 않을 방법이 있습니까? 한 가지 원칙을 잘 지켜가야 합니다. 그것은 성경 해석의 규칙을 성경에서 찾는 것입니다. 곧 명확한 구절을 통해서 불분명한 구절을 풀어내는 절차를 따라가는 것입니다. 성경을 읽을 때 성경 밖의 어떤 관점을 성경에 부여하면서 성경 해석의 열쇠를 성경 밖에서 구하는 일이 없어야 합니다. 이렇게 하는 일은 성경의 권위를 제한하며, 이 열쇠를 가진 사람이 하나님의 말씀을 규정하는 절대 권위를 행사합니다. 성경은 성경 스스로 계시하는 규칙을 따라야 하니, 곧 '성경의 유비'라는 해석입니다. 어려운 구절을 만날 때 그것을 이미 그 의미가 명확하게 드러난 구절을 근거로 성경 전체의 복음과 신앙의 교훈에 어긋나지 않는 해석을 하는 길을 따라갑니다. 성경의 어떤 구절에 근거하여 편향된 해석을 주장하지 않아야 합니다. 이러한 해석 원리를 '신앙의 유비'라고 합니다.

적용 질문

1. 여러분은 성경을 읽으면서 그 의미가 무엇인지 어려움을 겪을 때 어떻게 하십니까?

2. 성경 구절에 대한 해석이 이런 것이었나 싶게 특이한 해석을 주장하는 경우를 만나면 어떻게 하는 것이 좋겠습니까?

3. 만일 히브리 사람들이 출애굽한 사건은 가혹한 노동 때문에 애굽에 저항했던 노동 운동과 같은 것이라고 주장하는 해석을 만나게 된다면, 여러분은 어떻게 판단하시겠습니까?

4. 사도행전 15장에서 하나님께서 이방인 중에서 구원받을 백성을 이끌어 내셨다는 베드로의 증언을 아모스 9장 말씀의 성취라고 설명한 야고보의 해석은 성경 해석에 있어서 어떠한 원칙을 보여줍니까?

1월 14일

성경 교리 결정의 최종적 권위

신앙고백서 1.10

신앙고백서 1.10

신앙과 관련한 모든 논쟁은 최고의 재판관에 의하여 결정되어야 하며, 또 교회 회의들의 모든 결정, 고대 저자들의 견해, 사람들의 가르침, 사사로운 사상은 최고의 재판관에 의해 검토되어야 한다. 우리가 따라야 할 판단을 내리시는 그 최고의 재판관은 성경에서 말씀하시는 성령 하나님 이외에 다른 어떤 것일 수 없다.[1]

1) 마 22:29, 31; 엡 2:20; 행 28:25.

◖ **말씀 요절**

마 22:29 예수께서 대답하여 이르시되 너희가 성경도, 하나님의 능력도 알지 못하는 고로 오해하였도다

엡 2:20 너희는 사도들과 선지자들의 터 위에 세우심을 입은 자라 그리스도 예수께서 친히 모퉁잇돌이 되셨느니라

행 28:25 서로 맞지 아니하여 흩어질 때에 바울이 한 말로 이르되 성령이 선지자 이사야를 통하여 너희 조상들에게 말씀하신 것이 옳도다

◖ **교리 해설**

성경을 다 같이 믿고 있지만 끝내 해석을 달리하는 경우가 있습니다. 그러한 차이를 좁히기 위하여 서로 기도하고 토론하지만 결국 차이를 좁히지 못할 경우에는 교파를 달리하게 됩니다. 하나의 교회인 그리스도의 교회가 여러 교파로 다르게 나타나고 있는 것은 바로 이러한 이유 때문입니다. 그러나 이러한 차이를 넘어서서 그리스도의 보편교회가 인정할 수 없는 잘못된 해석이 있습니다. 이것은 정통 교리에서 벗어나는 것이며 이단으로 정죄 됩니다.

　사람이 하는 해석이므로 서로 차이가 있을 수 있는데, 정통과 이단으로 분리하는 것은 지나친 일이 아닐까요? 그렇지 않습니다. 그러면 우리의 신앙과 관련한 의문이나 논쟁이 있어서 그것을 결정하여 믿음의 도리를 확정해야 할 때 무엇으로 하여야 하는 것일까요? 오늘 읽은 신앙고백서는 어떠한 교리적 판결도 최고의 재판관이신 성령 하나님에 의하

여 내려져야 하며 결정되어야 한다고 가르칩니다. 신앙과 관련한 논쟁이 있을 때, 결론을 내리시는 최고의 재판관은 성령 하나님이시므로 정통과 이단의 분리는 지나친 것이 아닙니다.

그러면 성령 하나님에 의하여 내려지는 판결을 어떻게 확인할 수 있습니까? 그것은 두 가지 측면에서 확인합니다. 하나는 성령 하나님께서 성경의 저자이시므로 성경의 객관적이며 올바른 해석에 근거한 주장인지를 살피는 일입니다. 성경 해석의 근거가 명확하다면 그것은 성경의 저자이신 성령 하나님의 판결을 받을만한 것이라고 인정될 수 있습니다. 그리고 또 다른 하나는 이러한 해석에 동의하고 이것에서 영적인 감동과 교훈을 받는 내적인 확신입니다. 이러한 확신은 단순한 이성적 판단을 넘어섭니다. 성령 하나님께서 내적으로 깨닫는 은혜를 주시고 설득하여 이끌어 가신 결과이기 때문입니다. 그래서 과연 어떤 논증에 담겨 있는 성경의 해석이 단어 하나하나와 문장 한 줄 한 줄, 그리고 구문론적 이해와 문맥을 따르고 있으며, 성경의 유비와 신앙의 유비에 의하여 신학적 해석을 정당하게 반영하고 있다면, 그리고 무엇보다도 그렇게 다가온 성경의 뜻이 과연 하나님의 말씀이라고 내적으로 설득되는 감동을 준다면, 그 논증은 옳다고 할 수 있으며, 그 판단은 최고의 재판관이신 성령 하나님에 의한 것이라고 말할 수 있습니다. 이 판단은 교회가 부여한 권위 때문이 아니라, 성경의 근거와 성령 하나님의 조명하심에 있습니다.

또한 사사로운 견해와 공적 신앙을 구별하여야 합니다. 역사상 앞서 활동했던 신학자들, 고대 저술가들의 주장들은 모두 사사로운 견해입니다. 이들의 학문적 권위가 높다고 하여도 그 권위 때문에 이들의 주장이 옳다고 판단하여서는 안 됩니다. 이들의 주장은 하나의 사사로운 의견일 뿐입니다. 심지어는 어느 시대의 교회나 교파가 결정한 공적 신조일지라도 그것이 신조라는 이유로 신조의 모든 교훈이 옳다고 판단해서도 안 됩니다. 지금 우리가 읽고 있는 웨스트민스터 신앙표준문서들도 교회의 권위에 호소하며 장로교회가 공적으로 승인하는 신조이니 옳다고 판단해서는 안 됩니다. 웨스트민스터 신앙표준문서가 신뢰를 받는 까닭은 위에서 말한 두 가지 측면에서 성령 하나님의 판결에 따른 옳은 교훈을 가르친다고 판단되기 때문입니다.

적용 질문

1. 우리는 그리스도의 교회가 교파별로 다양한 모습을 가지고 있음을 봅니다. 여러분은 이러한 차이가 어디에서 온다고 생각하십니까?

2. 교파의 차이가 어쩔 수 없다면 우리는 성령 하나님의 최종적 판결을 알 수 없는 것이 아닐까요? 정통교회와 이단을 분리하는 것이 정당하겠습니까?

3. 여러분은 어떤 잘못된 주장을 전한 목사님이나 신학자의 사사로운 견해를 그들이 가지고 있는 어떤 권위 때문에 옳다고 받아들인 적은 없으십니까? 주변에서 그러한 분을 보신 적이 있습니까? 이러할 경우 어떻게 말해주어야 할까요?

4. 웨스트민스터 신앙표준문서를 날마다 읽어 1년에 통독하는 일이 중요하며 필요하다고 생각하십니까? 그 이유를 설명해 보시기 바랍니다.

날마다 양식으로 읽는
웨스트민스터 표준교리 I

3장.

삼위일체 하나님

1월 15일

성경의 요약

대요리문답 6

대요리문답 6:

문6. 성경은 하나님에 대하여 무엇을 알려줍니까?

답. 성경은 하나님이 어떤 분이신지,[1] 하나님의 위격들과 작정,[2] 그리고 그 작정의 실행에 대하여 알려줍니다.[3]

1) 히 11:6.
2) 행 15:14~15, 18.
3) 행 4:27~28.

◀ 말씀 요절

히 11:6   믿음이 없이는 하나님을 기쁘시게 하지 못하나니 하나님께 나아가는 자는 반드시 그가 계신 것과 또한 그가 자기를 찾는 자들에게 상 주시는 이심을 믿어야 할지니라

행 4:27-28   과연 헤롯과 본디오 빌라도는 이방인과 이스라엘 백성과 합세하여 하나님께서 기름 부으신 거룩한 종 예수를 거슬러 하나님의 권능과 뜻대로 이루려고 예정하신 그것을 행하려고 이 성에 모였나이다

◀ 교리 해설

성경을 읽으면 크게 네 가지 사실을 알게 됩니다. 하나는 하나님이 어떤 분이시며 무엇을 행하셨고 행하시는지를 압니다. 다른 하나는 하나님의 존재의 신비로움입니다. 곧 하나님께서 한 분이시지만 세 위격으로 계신다는 사실입니다. 또 다른 하나는 하나님께서 이 세상을 창조하시고 다스리시는 모든 일을 영원 안에서 이미 작정하셨다는 놀라운 사실입니다. 끝으로 하나님께서 그 작정을 따라 이 세상을 만드시고 또한 다스리시는 섭리를 실행하고 계신다는 사실입니다.

그런데 성경은 하나님이 정말로 계신가라는 질문을 의식하고서 이에 대한 논쟁을 제공하고 있지는 않습니다. 다만 하나님께서 자신을 자연과 양심, 그리고 성경에 계시하고 계신다는 것만을 말해줍니다. 요컨대 성경은 하나님이 계신다는 사실을 믿음으로 아는 것임을 말해줍니다. 하나님을 믿지 않는 자의 안목에서는 하나님이 계신다는 어떤 증거도 찾지 못할 것입니다. 그러나 믿음으로 나가는 자는 하나님이 계신다

는 증거를 하나님이 나타내신 계시를 통해서 보게 됩니다. 따라서 성경을 읽는 첫 관문은 하나님이 계신다는 전제이며 믿음입니다. 여기에서 출발합니다. 그러면 성경에서 하나님께서 행하시는 놀라운 일에 대한 것을 보게 됩니다. 이와 관련하여 우주의 창조, 하나님의 형상인 사람의 존귀와 타락, 그리스도의 구원 사역, 다시 오실 재림과 종말에 대한 모든 가르침이 열어지게 됩니다. 하나님께서 계신다는 것을 믿지 않는다면 이 모든 비밀은 알 수 없는 어둠에 묻히고, 무신론자는 구원의 길로 영원히 나가지 못합니다. 하나님이 없다고 하는 무신론자나 또 하나님이 계신지 알 수 없다고 하는 불가지론자가 우주와 인간, 그리고 역사를 설명함에 있어서 하나님이 계시지 않는다는 믿음이 하나님이 계신다는 믿음보다 더 설득력 있는 설명을 제공한다는 주장을 과연 납득시킬 수 있을까요? 그렇지 못합니다. 성경은 이 세상의 모든 것이 사실 하나님을 가리키고 있음을 교훈합니다. 그러하기에 마음에 하나님이 없다 하는 자를 가리켜 어리석은 자라고 규정합니다(시편 14:1; 53:1). 하나님께서 행하신 일을 보지 못하고, 그 모든 일을 영원 안에서 작정하시고 실행하시는 섭리의 손길을 보지 못합니다. 하나님께서는 이러한 이들을 어리석고 부패하여 악을 행하는 자라고 판결을 내리십니다. 내가 보지 못한다고 하여 계시지 않은 것이 아닙니다. 오히려 계시는 분을 왜 보지 못하는지를 생각해보아야 합니다. 그 이유는 결국 믿음을 거부하는 자신의 어리석음에 있습니다. 믿음은 불합리하지 않습니다. 하나님께서 보이시는 증거를 받아들이는 믿음은 그 안에 합리성을 거스르지 않고 포함합니다. 반면에 불신앙은 그것의 합리성을 전적으로 부인합니다.

◀ 적용 질문

1. 여러분은 하나님이 계신다는 사실을 무엇을 통해서 아십니까?

2. 하나님이 계신다는 것을 믿고 성경을 읽는 것과 그렇지 않은 것의 차이를 설명해보시기 바랍니다. 여러분 스스로 이러한 차이를 경험하신 적은 없습니까?

3. 여러분은 사람들로부터 하나님이 믿어지지 않으니 내게 증거를 보여달라는 요구를 받아보신 적이 있으십니까? 무엇이라고 말해주어야 하겠습니까?

4. 하나님이 계신다는 것이 결국 믿음의 영역이라면, 그것은 객관적이지 않고 다만 주관적일 뿐일까요? 만일 주관적이라면 하나님은 우리 마음에 계실 뿐, 이 세상과 역사와는 상관이 없는 것이지 않을까요? 하나님이 살아계심을 믿는다는 고백의 의미를 설명해 보셔요.

1월 16일

살아계시고 참되신 한 분 하나님

소요리문답 5
대요리문답 8

소요리문답 5:

문5. 한 분 하나님 외에 다른 신들이 있습니까?

답. 살아계시고 참되신 하나님께서는 오직 한 분 뿐이십니다.[1]

1) 신 6:4; 렘 10:10.

대요리문답 8:

문8. 한 분 하나님 외에 다른 신들이 있습니까?

답. 살아계시고 참되신 하나님은 오직 한 분뿐이십니다.[1]

| 대요리문답 8: | 1) 신 6:4; 고전 8:4, 6; 렘 10:10.

◀ 말씀 요절

신 6:4   이스라엘아 들으라 우리 하나님 여호와는 오직 유일한 여호와이시니

렘 10:10   오직 여호와는 참 하나님이시요 살아 계신 하나님이시요 영원한 왕이시라 그 진노하심에 땅이 진동하며 그 분노하심을 이방이 능히 당하지 못하느니라

고전 8:4   그러므로 우상의 제물을 먹는 일에 대하여는 우리가 우상은 세상에 아무 것도 아니며 또한 하나님은 한 분밖에 없는 줄 아노라

◀ 교리 해설

하나님은 한 분이십니다. 성경에 계시된 바와 같이 하나님으로 예배 받으실 분은 오직 한 분이십니다. 이 한 분만이 살아계시고 참되신 하나님이십니다. 기독교 신자는 유일신론을 믿습니다. 다신론을 부인합니다. 한 분이신 하나님은 여러 신들 가운데 가장 뛰어나신 분이 아닙니다. 하나님만이 유일하신 신이십니다. 다신론의 신들은 사람이 자신의 형상을 투영하여 상상과 고안으로 빚어낸 신관입니다. 이것은 사람이 타락으로 인하여 하나님을 아는 지식이 왜곡된 결과입니다. "너는 나 외에는 다른

신들을 네게 두지 말라"는 십계명의 제 1계명은 이 죄의 성격을 잘 드러냅니다. 얼핏 생각하여 다른 신들을 네게 두지 말라 하신 명령은 마치 여러 신들의 존재를 인정하며 경쟁 관계 안에서 여호와 하나님만을 섬기라는 것으로 오해하는 분들이 있습니다. 그러나 이 말씀은 여호와 하나님만이 살아계시고 참된 하나님이시며, 다른 신들이라 하는 것들은 하나님이 아니라 피조물에 불과하다는 사실을 교훈합니다. 피조물에 불과한 이것들을 하나님으로 섬기지 말라는 말씀입니다. 우상을 만들지 말고 절하지 말라는 금지 명령을 바로 이어서 제 2계명에서 말씀하고 있는 것은 이러한 의미를 잘 전합니다.

신들이라 하는 것들에는 영적인 존재와 물질적인 존재가 있습니다. 영적인 존재는 사탄과 타락한 악한 영들인 것이고, 물질적인 존재는 사람이 그것에 신의 권위를 덧입혀 스스로 억압을 받는 경우의 것들입니다. 영적인 것이든 물질적인 것이든 이러한 것들을 하나님이라 섬기는 것은 우상숭배입니다. 결국 다신론은 우상숭배의 죄악을 피할 수 없습니다. 어떤 이들은 우상은 참된 하나님을 섬기는 하나의 보조적인 수단일 뿐이라고 변명합니다. 그러나 하나님께서는 그것도 하지 말라 하십니다. 이것은 그 수단을 바로 하나님의 자리에 올리는 사람의 부패성 때문이기도 하며, 무엇보다도 하나님을 섬기는 예는 그러한 우상의 수단을 통하는 것이 아니기 때문입니다. 하나님을 물상화(物像化) 하거나 역으로 사물을 신격화(神格化)하는 죄를 범하지 말아야 합니다.

천주교회는 마리아에게 기도하는 것을 가르칩니다. 하나님께 기도할 것을 마리아에게 기도함으로 마리아를 신격화 하는 것이 아니냐는 비판을 받습니다. 천주교회의 변명은 마리아를 하나님으로 신격화하여 기도하는 것이 아니라 단지 전구(轉求)일 뿐이라는 것입니다. 전구라는 말은 하나님께서 또는 예수 그리스도께서 우리의 기도에 더하여 마리아의 간구를 받아 우리를 더욱 변호하고 불쌍히 여기시도록 하는 것을 의미합니다. 그런데 무엇이라고 설명해도 이것은 마리아 상 앞에서 중재의 도움을 구하는 행위입니다. 하나님 앞에서 우리의 중보자로 하나님과 우리 사이에 중재의 은혜를 베푸시는 분은 오직 예수님이십니다. 신자는 하나님 아버지께서 영원 안에서 예수님 안에서 선택하신 하나님의 자녀이며, 목자이신 예수님의 중보의 돌봄을 받는 양입니다. 예수님은 이들을 위하여 속죄와 의의 공로를 이루시고 믿음으로 자신과 연합한 이들을 참으로 중보하시며 중재하십니다. 예수님과 우리 사이에 그 어떤 마리아의 중재와 같은 것은 필요하지 않습니다. 소위 마리아의 중재로 예수님의 중재가 더 증강되지도 않습니다. 예수님의 중재는 완전하시기 때문입니다. 그리고 마리아는 중재자로서 우리를 위한 속죄의 공로를 세운 것이 없습니다. 마리아는 예수님의 중보로 구원을 받는다는 점에서 우리와 다를 바가 없는 사람입니다. 그럼에도 마리아가 육신으로 예수님을 잉태한 어머니라는 사실 때문에, 사람이 마리아를 지극히 공경하여 사람에 불과한 마리아의 공로를 의지하면 결과적으로는 우상숭배의 죄의 경향으로 미끄러집니다. 마리아가 우상은 아닐 수 있지만, 마리아의 형상 앞에서 중재를 구하는 기도를 함으로 우상숭배의 양상을 따라갑니다. 하물며 이미 죽은 모세나 베드로나 바울 그 어떤 믿음의 선진들과 심지어 죽어 천국에 있는 영혼이 모두 의롭다고 믿고, 의로운 이들의 간구를 통하여 예수님께 기도하면 더 효과가 있을 것이라고 믿습니다. 다 불필요한 일이며 성경의 가르침에 어긋나는 잘못된 신학에 근거한 종교 행위입니다. 오직 하나님 한 분만이 참되시며 살아계신다는 믿음은 이러한 신앙 행위들을 근본적으로 금합니다. 오직 예수 그리스도의 중보에 의하여서만 하나님께 나가야 합니다.

◖ **적용 질문**

1. 여러분은 힌두교나 기타 주변 종교에서 여러 신들을 믿는 행위를 보거나 사원들을 방문하신 적이 있습니까? 어떠한 느낌을 받으십니까?

2. 죽은 조상을 섬기는 제사 행위는 어떻게 보아야 하겠습니까?

3. 지금도 주변에서 보는 무당들은 결국 무엇을 섬기는 자들입니까?

4. 마리아나 기타 베드로, 바울과 같은 성인들에게 기도하는 것과 관련해 천주교인과 이야기를 나누어 보신 적이 있습니까? 그런 일이 있다면 이들에게 어떻게 말하는 것이 지혜로운 접근이겠습니까?

1월 17일

하나님의 본질

소요리문답 4
대요리문답 7

소요리문답 4:

문4. 하나님께서는 어떤 분이십니까?

답. 하나님께서는 무한하시고[1] 영원하시며[2] 불변하시는[3] 영이십니다.[4] 그분의 존재와[5] 지혜와[6] 능력과[7] 거룩함과[8] 공의와 선과 진실함에[9] 있어 그러하십니다.

1) 욥 11:7~9.
2) 시 90:2.
3) 약 1:17.
4) 요 4:24.
5) 출 3:14.
6) 시 147:5.
7) 계 4:8.
8) 계 15:4.
9) 출 34:6~7.

대요리문답 7:

문7. 하나님께서는 어떤 분이십니까?

답. 하나님께서는 존재와[1] 영광과[2] 복되심과[3] 완전함에서[4] 본질상 그리고 스스로 무한하신 영이십니다.[5] 즉, 스스로 완전히 충분하시며,[6] 영원하시고,[7] 불변하시며,[8] 불가해한 분이시고,[9] 어디든지 계시며,[10] 전능하시고,[11] 모든 것을 아시며,[12] 지극히 지혜로우시고,[13] 지극히 거룩하시며,[14] 지극히 의로우시고,[15] 지극히 긍휼이 많으시며 은혜로우시고, 오래 참으시며, 선과 진실함이 풍성하십니다.[16]

1) 출 3:14; 욥 11:7~9.   2) 행 7:2.
3) 딤전 6:15.   4) 마 5:48.
5) 요 4:24.   6) 창 17:1.
7) 시 90:2.   8) 말 3:6; 약 1:17.
9) 왕상 8:27.   10) 시 139:1, 10, 13.
11) 계 4:8.   12) 히 4:13; 시 147:5.
13) 롬 16:27.   14) 사 6:3; 계 15:4.
15) 신 32:4.   16) 출 34:6.

◀ 말씀 요절

욥 11:7-9 네가 하나님의 오묘함을 어찌 능히 측량하며 전능자를 어찌 능히 완전히 알겠느냐 하늘보다 높으시니 네가 무엇을 하겠으며 스올보다 깊으시니 네가 어찌 알겠느냐 그의 크심은 땅보다 길고 바다보다 넓

으니라

계 4:8 네 생물은 각각 여섯 날개를 가졌고 그 안과 주위에는 눈들이 가득하더라 그들이 밤낮 쉬지 않고 이르기를 거룩하다 거룩하다 거룩하다 주 하나님 곧 전능하신 이여 전에도 계셨고 이제도 계시고 장차 오실 이시라 하고

약 1:17 온갖 좋은 은사와 온전한 선물이 다 위로부터 빛들의 아버지께로부터 내려오나니 그는 변함도 없으시고 회전하는 그림자도 없으시니라

◖ 교리 해설

하나님은 어떤 분이실까요? 이 질문에 대해 가장 처음 만나는 대답은 적극적인 설명보다는 소극적인 설명, 곧 무엇이 아니시라는 설명입니다. 이를테면 하나님의 속성을 볼 때, 무한하심은 유한성을, 영원하심은 시간의 제한 아래 종속됨을, 불변하심은 변화를 필연적으로 겪는 자연적인 것들과 다르심을 말합니다. 또 불가해성은 사람의 유한한 이성으로 풀어지지 않으심을 뜻합니다. 이러한 설명은 나름대로 무엇인가를 말해주는 듯하지만, 사실 유한한 성질을 반대로 표현하여 말한 것에 지나지 않습니다. 사람이 긍정적으로 혹은 적극적으로 알 수 있는 것을 넘어선 것은 알 수 없는 영역입니다. 이 영역을 부정의 표현으로 말하는 것은 사실상 표현의 제한 때문입니다. 사람이 아는 한계를 넘어서 있는 영역을 속성으로 표현하는 것이기 때문입니다. 이러한 방식으로 표현하는 것을 '부정의 방식'이라고 합니다.

 이것과 달리 하나님에 대한 설명 가운데 완전히 충만하시고, 어디든

지 계시며, 전능하시고, 모든 것을 아시며, 지극히 지혜로우시고, 지극히 거룩하시며, 지극히 의로우시고, 지극히 긍휼이 많으시며 은혜로우시고, 오래 참으시며, 선과 진실함이 풍성하시다는 표현은 유비의 관계 아래 무엇을 말하고 있는가를 짐작할 수 있습니다. 능력, 지혜, 거룩성, 의로우심, 긍휼, 은혜, 오래 참음, 선과 진실함은 사람도 어느 정도 가지고 있거나 알 수 있는 속성입니다. 사람의 속성은 결코 하나님의 속성과 동일할 수 없겠지만 유비의 관계 안에서 사람의 속성은 하나님의 속성에 대해 말해주는 바가 있습니다. 이러한 표현을 가리켜 '탁월함의 방식'이라고 합니다. 그러나 엄밀히 말하면 탁월함의 방식도 하나님에 대해서 알 수 있는 인식의 한계를 넘어섭니다. 왜냐하면 사람은 비록 자신도 가지고 있는 어떤 속성이 있다고 하여도 그 속성의 유한한 범위를 알고 있을 뿐이며, 그것을 넘어서는 가장 지극한 상태나 성질이 무엇인지는 모르기 때문입니다.

그러면 하나님에 대하여 사람이 알 수 있는 것은 아무것도 없는 것일까요? 부정의 방식이나 탁월함의 방식이나 결국 사람이 아는 영역 밖에 있는 것이므로 사람은 하나님을 알 수 없다고 할 수도 있습니다. 그러나 이것은 철학의 대답입니다. 성경은 하나님을 우리의 경험과 언어로 알려줍니다. 여기에는 유비의 관계에 따른 탁월함의 방식도 있고, 대조의 관계에 따른 부정의 방식도 있습니다. 물론 이 둘 가운데 어느 것도 하나님을 완전하게 설명하지 못하지만, 유한한 한계 내에서는 사람에게 의미를 담은 내용을 전달합니다. 부정의 방식을 통해서 사람은 하나님께서 사람을 초월하시며 사람과 같지 않으신 분이심을 알며, 또한 탁월함의 방식을 통해서 사람의 본성과 유비적 방식으로 표현되는 하나님이 어떠한 분이시라는 지식을 가질 수 있습니다. 성경의 계시는 이 두 가지 방식을 사용하며 사람에게 하나님을 알립니다. 이러하기에 비록 제한적이지만 사람은 하나님에 대한 지식을 가질 수 있으며 또한 하나님과의 인격적 교제를 누릴 수 있습니다.

◖ 적용 질문

1. 여러분은 하나님이 어떠한 분이시라고 알고 계십니까?

2. 여러분이 알고 있는 하나님에 대한 지식은 어디에서 나온 것입니까? 여러분 스스로 생각한 것입니까? 아니면 성경이나 철학이나 다른 종교 또는 상식에서 나온 것입니까?

3. 하나님은 무한하시며 우리는 유한합니다. 그런데 우리가 안다고 하는 하나님에 대한 지식은 거짓이 아니라 참일까요? 그것을 어떻게 확인할 수 있습니까?

4. 하나님께서 사람에게 자신의 사랑을 나타내실 때, 그 사랑은 사람이 아는 사랑과 같은 것일까요? 아니면 단지 유비일까요?

1월 18일

비공유적 속성: 자존성, 무한성, 불변성, 광대성, 영원성, 불가해성

신앙고백서 2.1.a

신앙고백서 2.1.a

오직 한 분뿐이시며[1] 살아계시고 참되신 하나님이 계신다.[2] 하나님께서는 존재와 완전함에 있어 무한하시고,[3] 지극히 순수한 영이시며,[4] 눈에 보이지 않으시고,[5] 몸도 부분들도[6] (우리와 같은) 성정(性情, passions)도[7] 없으시며, 불변하시고,[8] 광대하시며,[9] 영원하시고,[10] 불가해하시며,[11]

1) 신 6:4; 고전 8:4, 6.   2) 살전 1:9; 렘 10:10.
3) 욥 11:7~9; 욥 26:14.   4) 요 4:24.
5) 딤전 1:17.
6) 신 4:15~16; 요 4:24 눅 24:39.
7) 행 14:11, 15.   8) 약 1:17; 말 3:6.

> 신앙고백서 2.1.a
> 9) 왕상 8:27; 렘 23:23~24.
> 10) 시 90:2; 딤전 1:17.
> 11) 시 145:3.

◐ 말씀 요절

딤전 1:17 영원하신 왕 곧 썩지 아니하고 보이지 아니하고 홀로 하나이신 하나님께 존귀와 영광이 영원무궁하도록 있을지어다 아멘

신 4:15-16 여호와께서 호렙 산 불길 중에서 너희에게 말씀하시던 날에 너희가 어떤 형상도 보지 못하였은즉 너희는 깊이 삼가라 그리하여 스스로 부패하여 자기를 위해 어떤 형상대로든지 우상을 새겨 만들지 말라 남자의 형상이든지, 여자의 형상이든지

왕상 8:27 하나님이 참으로 땅에 거하시리이까 하늘과 하늘들의 하늘이라도 주를 용납하지 못하겠거든 하물며 내가 건축한 이 성전이오리이까

시 145:3 여호와는 위대하시니 크게 찬양할 것이라 그의 위대하심을 측량하지 못하리로다

◐ 교리 해설

하나님은 모든 피조물은 물론 하나님의 형상으로 지음을 받은 사람과도 근본적으로 다르십니다. 하나님께만 있는 어떤 특별한 속성은 어떤 사

람에게도 없는 하나님만의 고유한 것입니다. 차례로 알아봅니다. 하나님은 영이시므로 사람과 달리 몸이나 어떤 부분들로 이루어진 분이 아니십니다. 또한 지극히 순수한 영이십니다. 그러므로 몸이 그러한 것처럼 각 부분이 모여서 전체를 이루는 방식으로 계시지 않으며, 눈으로 볼 수 있는 분이 아닙니다. 또 여러 부분이 혼합되어 어떤 새로운 결과를 나타내는 방식으로 계시지 않습니다. 하나님께서는 순수한 영이십니다. 이러한 하나님께서는 스스로 계십니다. 하나님은 그분 자신보다 먼저 있거나 또 그분 자신의 원인이 되는 다른 어떤 것 때문에 계시는 분이 아니십니다. 하나님께서는 스스로 존재하시며 또한 존재하는 모든 것의 근원이십니다.

이러하신 하나님의 가장 고유한 특징은 무한성입니다. 무한성은 우선 질적인 측면에서 모든 한계를 초월하시는 완전성을 의미합니다. 이를테면 하나님의 거룩하심과 능력과 선하심과 자비로우심과 공의로우심을 생각할 때, 그것은 어떤 부족이나 결핍이나 한계가 없으시며 각 속성의 모든 가능한 상태가 가장 완전하게 충만히 실현되어 있는 상태를 말합니다. 완전성은 또한 공간과 시간의 측면과 관련하여 무한성으로 설명됩니다. 곧 하나님은 공간이나 시간의 어떤 한계로 제한되지 않으십니다. 공간이나 시간은 모두 하나님께서 세상을 만드시면서 나타난 피조물입니다. 무한하신 하나님께서는 공간의 한계를 초월하실 뿐만 아니라, 모든 공간을 채우시며 모든 공간에 계시는 광대한 분이십니다. 또한 시간의 한계를 초월하실 뿐만 아니라, 모든 시간을 채우시며 모든 시간에 항상 지속적으로 계시는 영원한 분이십니다.

이러한 완전성은 피조세계가 그것의 한계로 하나님을 가둘 수 없음을 말해줍니다. 그러하기에 피조물인 유한한 사람의 이해로 하나님을 파악하거나 규정할 수 없습니다. 하나님은 불가해하신 분입니다. 또한 이처럼 무한하신 하나님께서는 질적으로나 공간적으로나 시간적으로 어떤 변화를 겪지 않으십니다. 이를테면 하나님의 지혜는 무한하시니 그 지혜로운 판단에 변화가 없습니다. 변화란 어떤 기준과 관련하여 좋은 방향이든지 나쁜 방향이든지, 어떤 목적을 향해서 발전하든지 아니든지 하는 것입니다. 완전한 하나님께는 이런 일이 있을 수가 없습니다. 하나님은 불변하십니다.

하지만 하나님의 불변성은 하나님께서 피조물, 특별히 사람과 관계를 맺으시는 일에 있어서 아무런 변화가 없는 것을 뜻하지 않습니다. 사람의 선과 악, 사람과 맺으신 언약과 같이 사람과 관계하시는 하나님께서는 사람의 반응에 따라서 변화되는 말씀이나 행동을 하십니다. 심판을 명하시나 회개하는 자에게 심판을 철회하시고 자비를 베푸십니다. 이러한 변화는 사람과의 관계성에 따른 변화를 말하는 것이므로 하나님의 불변성을 부정하는 것이 아닙니다. 이러한 경우는 그분 자신 안에 있는 변화로 인한 것이 아니기 때문입니다. 다만 그 사람이 하나님께 대한 태도가 관계적인 측면에서 변화하였음을 보여주는 것입니다. 하나님께서 후회하신다는 표현은 하나님께 지혜의 부족이나 실수가 있었음을 말하는 것이 아닙니다. 하나님께 대하여 사람이 행하는 죄악성을 보여주기 위하여 하나님이 마치 사람이라면 어떠하실지를 보여주는 표현입니다. 이러한 표현을 신인동형론적 표현이라고 합니다.

◀ 적용 질문

1. 여러분은 하나님이 무한하시며 완전하신 분이심을 여러분의 삶의 경험 가운데 고백하신 적이 있습니까? 그 사례는 무엇입니까?

2. 하나님을 보여주면 믿겠다는 사람에게 어떻게 대응하면 좋을까요?

3. 하나님께서 사람을 만드신 것을 한탄하셨다는 말씀(창 6:6)은 하나님의 완전성을 부인하는 것이 아닐까요? 여러분은 이러한 질문에 대해 어떻게 말씀하시겠습니까?

4. 하나님께서 마치 사람인 듯이 표현되고 있는 성경 구절을 말씀해보시기 바랍니다. 그 구절이 실제로는 하나님을 직접 표현하고 있는 것이 아니라는 이유를 말씀해보시기 바랍니다.

1월 19일

공유적 속성: 전능성, 전지성, 거룩성, 인격성, 사랑, 은혜, 긍휼, 오래 참으심, 선, 진실함, 공의로우심

신앙고백서 2.1.b

신앙고백서 2.1.b

전능하시고,[12] 지극히 지혜로우시며,[13] 지극히 거룩하시고,[14] 지극히 자유로우시며,[15] 지극히 절대적이시다.[16] 그분 자신의 변치 않으며 지극히 의로운 의지의 경륜에 따라[17] 모든 일을 자신의 영광을 위하여 행하신다.[18] 지극히 사랑하시고,[19] 은혜로우시며, 긍휼이 많으시고, 오래 참으시며, 선과 진실함이 풍성하시고, 불의와 범죄와 죄를 용서하신다.[20] 그리고 그분 자신을 부지런히 찾는 자에게 상을 주신다.[21] 그러면서도 그분의 심판에 있어서 지극히 공의로우시며 지극히 무서우시다.[22] 모든 죄를 미워하시며[23] 죄를 범한 자를 결단코 면죄하지 않으신다.[24]

> 신앙고백서
> 2.1.b
>
> 12) 창 17:1; 계 4:8.
> 13) 롬 16:27.
> 14) 사 6:3; 계 4:8.
> 15) 시 115:3.
> 16) 출 3:14.
> 17) 엡 1:11.
> 18) 잠 16:4; 롬 11:36.
> 19) 요일 4:8, 16.
> 20) 출 34:6, 7.
> 21) 히 11:6.
> 22) 느 9:32~33.
> 23) 시 5:5~6.
> 24) 나 1:2~3; 출 34:7.

◀ 말씀 요절

롬 16:27 지혜로우신 하나님께 예수 그리스도로 말미암아 영광이 세세무궁하도록 있을지어다 아멘

시 115:3 오직 우리 하나님은 하늘에 계셔서 원하시는 모든 것을 행하셨나이다

롬 11:36 이는 만물이 주에게서 나오고 주로 말미암고 주에게로 돌아감이라 그에게 영광이 세세에 있을지어다 아멘

출 34:6-7 여호와께서 그의 앞으로 지나시며 선포하시되 여호와라 여호와라 자비롭고 은혜롭고 노하기를 더디하고 인자와 진실이 많은 하나님이라 인자를 천대까지 베풀며 악과 과실과 죄를 용서하리라 그러나 벌을 면제하지는 아니하고 아버지의 악행을 자손 삼사 대까지 보응하리라

◀ **교리 해설**

하나님께서는 전능하십니다. 무엇이든지 하나님께서 원하시는 바는 그대로 실행하실 능력이 있으십니다. 하나님께서 뜻하지 않으시는 것은 행하지 않으십니다. 악인을 영생으로, 의인을 영벌로 이끄시는 일은 하나님의 뜻과 정반대의 일입니다. 이러한 일은 행하지 않으십니다. 어떤 피조물도 하나님께서 원하지 아니하시는 일을 행하도록 하지 못합니다. 하나님께서는 스스로 원하시는 일은 자유롭게 행하십니다. 하나님의 본성에 어긋나는 일은 하나님의 능력과 연결되지 않습니다. 하나님께서는 스스로 계시는 존재 자체이시기 때문에 하나님이 계시지 않도록 하시는 일은 하나님께서 행하실 수 없습니다. 이런 일은 실제적으로만이 아니라 논리적으로도 불가능합니다. 악을 행하지 않으시는 것도 하나님의 전능성의 제한이 아닙니다. 어떤 어려움이나 고난을 겪게 되면 하나님께서 왜 이런 일에서 보호하지 않으시는지를 물을 때가 있습니다. 이러할 때 가장 먼저 기억해야 할 것은 하나님의 선하심과 진실하심 그리고 지혜로우심입니다. 고난에도 불구하고 하나님의 선하심과 은혜로우심을 붙들고 사랑으로 돌보시는 하나님의 약속의 진실하심을 확신하고 이러한 고난과 어려움을 허락하시는 데에는 하나님의 지혜의 결정이 있음을 굳게 믿어야 합니다. 하나님의 지혜는 고난이나 어려움도 하나님께서 영광을 받으시는 창조의 목적에 일치하는 길이며 그분의 선택을 받은 자들에게 구원과 복을 베푸시기에 가장 합당한 방식이라는 것을 확신하게 합니다.

　악인에 대한 심판을 미루시는 일이 공의에 어긋나 보이지만 사실은 신자로 하여금 회개할 기회를 주시는 오래 참으시는 사랑에서 그렇게 하십니다. 하나님의 긍휼은 실로 커서 신자의 모든 불의와 범죄를 용서하시며 또한 상도 베풀어 주십니다. 신자를 향한 하나님의 선하심은 그대로 긍휼과 자비의 구원으로 이끄시는 은혜 안에서 지혜로운 방편을 통해 마침내 신자로 하여금 최종적으로 구원의 복을 누리게 하십니다. 그러나 마지막 날 악인에게 주어질 최종적인 심판의 형벌에서 알게 되듯이 하나님께서는 죄를 미워하시며 공의로 심판하십니다. 회개하지 않고 여전히 죄 가운데 있는 죄인을 결단코 죄 없다 하지 않으십니다. 죄인을 향해 내리시는 형벌은 지극히 공의로우시며 또한 지극히 무섭습니다.

적용 질문

1. 여러분이 그토록 바라며 기도해온 일이 이루어지지 않을 경우, 여러분을 향한 하나님의 선하심이나 사랑을 의심한 적은 없습니까?

2. 자연재해나 사람의 악으로 인하여 큰 재난과 고통을 당하는 경우를 볼 때, 여러분은 하나님께 대하여 어떤 질문들을 듭습니까? 그 질문에 대한 여러분의 답은 무엇입니까?

3. 악인을 현세에서 바로 심판하지 않으시는 하나님에 대해 불만을 표한 적이 있습니까? 여러분은 하나님께서 여러분의 허물을 어떻게 대해 주시기를 바랍니까?

4. 하나님께서 악인에게 영원한 형벌을 내리시는 일이 공의롭다고 생각하십니까? 여러분이 그 악인에게 악한 일을 당했다고 가정한다면, 여러분의 판단은 어떠하시겠습니까?

1월 20일

하나님의 충분성, 영광, 존재의 근원, 주권, 전지성, 거룩성, 예배 받으심의 합당성

신앙고백서 2.2

신앙고백서 2.2

하나님께서 그분 스스로 자신 안에 모든 생명과[1] 영광과[2] 선과[3] 복을[4] 가지고 계신다. 하나님께서 또한 그분만으로 스스로 완전히 충분하시며, 그분이 만드신 그 어떤 피조물도 필요하지 않으시고,[5] 어떤 영광도 이것들에게서 얻지 않으시며,[6] 오히려 자신의 영광을 이것들 안에, 이것들로써, 이것들에, 이것들 위에 나타내실 뿐이다. 하나님께서 모든 존재의 유일한 근원이시며, 만물이 그에게서 나오고, 그로 말미암으며, 그에게로 돌아간다.[7] 그리고 하나님께서 기뻐하시는 것은 무엇이든지 만물에 의하여, 만물을 위하여, 만물에 행하실 최고의 주권적인 권세를 만물에 대하여 가지고 계신다.[8] 하나님의 눈앞에 만물은 드

> **신앙고백서 2.2**
>
> 러나 있으며 명백하다.[9] 하나님의 지식은 무한하며, 오류가 없고, 피조물에게 의존하지 않는다.[10] 그리하여 하나님께서는 어떤 것도 우연하거나 불확실하지 않다.[11] 하나님께서 자신의 모든 계획과 모든 일과 모든 명령에 있어서 지극히 거룩하시다.[12] 천사들과 사람들과 다른 모든 피조물에게 요구하기를 기뻐하시는 어떤 예배와 섬김과 복종이라도 이 모든 것을 하나님께서 받으시기에 합당하시다.[13]
>
> 1) 요 5:26.
> 2) 행 7:2.
> 3) 시 119:68.
> 4) 딤전 6:15; 롬 9:5.
> 5) 행 17:24, 25.
> 6) 욥 22:2~3.
> 7) 롬 11:36.
> 8) 계 4:11; 딤전 6:15; 단 4:25, 35.
> 9) 히 4:13.
> 10) 롬 11:33~34; 시 147:5.
> 11) 행 15:18; 겔 11:5.
> 12) 시 145:17; 롬 7:12.
> 13) 계 5:12~14.

◐ 말씀 요절

요 5:26 아버지께서 자기 속에 생명이 있음 같이 아들에게도 생명을 주어 그 속에 있게 하셨고

시 119:68 주는 선하사 선을 행하시오니 주의 율례들로 나를 가르치소서

딤전 6:15 기약이 이르면 하나님이 그의 나타나심을 보이시리니 하나님은 복되시고 유일하신 주권자이시며 만왕의 왕이시며 만주의 주시오

롬 11:33-36 깊도다 하나님의 지혜와 지식의 풍성함이여, 그의 판단은 헤아리지 못할 것이며 그의 길은 찾지 못할 것이로다 누가 주의 마음을 알았느냐 누가 그의 모사가 되었느냐 누가 주께 먼저 드려서 갚으심을 받겠느냐 이는 만물이 주에게서 나오고 주로 말미암고 주에게로 돌아감이라 그에게 영광이 세세에 있을지어다 아멘

◀ 교리 해설

하나님께서는 스스로 충분하시며 영광스러우십니다. 흔히들 하나님의 창조를 말하고 창조의 목적이 하나님의 영광을 나타내기 위한 것이라고 말할 때, 이 진리를 오해하여 마치 하나님께서 영광을 받기 위해 어떤 대상을 필요로 하시는 것처럼 생각하는 자들이 있습니다. 그러나 이것은 완전히 잘못된 접근이며 불경건한 생각입니다. 하나님께서는 자신의 존재와 영광을 위하여 그분께서 만드신 어떤 피조물도 필요로 하지 않으십니다. 이러한 것들은 모두 없었던 것이며 하나님께서 창조하시므로 존재하게 된 우연적인 것들입니다. 그러나 스스로 존재이신 하나님께서는 절대적으로 필연적이신 분입니다. 하나님께서는 그분 자신 안에 생명을, 영광을, 선과 복을 가지고 계십니다. 그리하신 하나님께서는 스스로 충분하십니다. 하나님께서 피조물에게서 영광을 받으시기 위하여 창조하셨다는 말은 하나님께서 본래 스스로 가지신 그분의 영광을 피조물 안에, 그것들을 향하여, 그것들을 위하여 나타내 보이심을 뜻하는 것입니다. 모든 만물은 그분에게 속하여 있고, 그분으로 말미암아 존재하며,

그분에게로 돌아갑니다.

그렇기 때문에 어떤 피조물도 하나님보다 우위에 있는 권세를 주장할 수 없습니다. 하나님은 모든 가치와 윤리의 기준이며 모든 일의 옳고 그름의 척도이며 근거입니다. 하나님의 말씀은 선이며 하나님의 일은 옳습니다. 만물의 위치와 만물이 나갈 방향과 목적을 정하실 최고의 권세는 하나님께 있으며 그 권세는 과정과 결과가 항상 옳고 의롭습니다. 사탄은 끊임없이 이 사실을 의심하도록 간계로 시험합니다. 아담과 하와가 사탄의 시험을 당하여 죄를 범하였을 때 사탄이 의심케 한 것은 하나님의 선하심과 의도의 부정직함이었습니다. 선악을 알게 하는 나무의 과실을 먹지 말라는 금령은 사람이 하나님과 같아질 것을 싫어하거나 두려워하여 금하신 것이라고 거짓을 말합니다. 이로 인하여 아담과 하와가 하나님의 선하심을 의심하게 만들었습니다. 이러한 시험에 빠진 사람은 이제 타락하여 마음의 부패한 욕정을 만족시키는 것을 복이라고 여기게 되었습니다. 이러한 죄인은 하나님만이 사람에게 있어서 최고의 기쁨이며 최상의 복이라는 것을 모르며, 더 나아가 이 복을 부인하고 거부합니다.

인생을 살면서 모든 신자는 하나님께서는 모든 것을 아신다는 전지성을 마땅히 고백할 것입니다. 하나님의 지식은 무한하니 모르는 것이 없으시며, 또한 오류가 없으시니 착오나 오해가 없으십니다. 모든 것을 아시는 하나님께서는 피조물의 모든 세계에서 일어나는 사태들을 그의 기쁘신 뜻대로 계획하시고 실행하십니다. 그러한 말과 일을 통해서 자신을 계시하시는 하나님께서는 모든 인격적 피조물, 곧 천사와 사람이 그분의 뜻에 복종하도록 명하시고, 또한 예배를 받으십니다. 이것은 하나님이 기뻐하시는 일이며 모든 사람이 특별히 행하여야 하는 가장 중요한 일입니다.

◀ 적용 질문

1. 하나님께 만물이 속하여 있으며 그분으로 말미암아 존재하고 마침내 그분에게로 돌아간다는 하나님의 충분성은 여러분의 삶에 어떤 의미로 다가옵니까? 인생의 의미를 하나님과 상관없이 찾을 수 있을까요? 여러분은 자신의 인생의 의미를 무엇을 통해 무슨 기준으로 찾으십니까?

2. 여러분은 과연 하나님께서 유일한 선이시며 궁극적인 복이심을 믿으십니까? 여러분의 슬픔과 고통의 경험 속에서도 이 고백을 하실 수 있습니까? 세상에서 일어나고 있는 전쟁과 재해에도 불구하고 이 고백을 하실 수 있습니까? 어떻게 그러하십니까?

3. 하나님께는 우연적인 것이나 불확실한 것이 없다는 사실은 하나님의 어떤 속성에서 비롯되는 것입니까? 하나님의 눈길 아래서 살아가는 인생이라는 의식을 가진 적이 있습니까? 그런 의식을 특별히 경험한 때를 말씀해보시기 바랍니다.

4. 하나님을 예배하는 것이 사람이 누릴 가장 큰 축복이라는 말에 대해 여러분의 판단은 어떠하십니까? 실제로 예배하는 가운데 여러분이 복되다는 각성의 경험이 있습니까?

1월 21일

위격의 복수성과 동등성

소요리문답 6
대요리문답 9
신앙고백서 2.3.a

소요리문답 6:

문6. 하나님께는 몇 위격이 계십니까?

답. 하나님께는 세 위격이 계시니, 성부와 성자와 성령이십니다. 이 삼위는 한 하나님이시며, 본질이 똑같으시고, 능력과 영광이 동등하십니다.[1]

1) 마 28:19.

대요리문답 9:

문9. 하나님께는 몇 위격(位格)이 계십니까?

답. 하나님께는 세 위격이 계시니, 성부와 성자와 성령이십니다. 이 삼위는 참되고 영원한 한 하나님이

| 대요리문답 9: | 시며, 위격적 특성에 의해서 구별되지만 본질이 똑같으시고, 능력과 영광이 동등하십니다.[1] |

1) 마 3:16~17; 28:19; 고후 13:13; 요 10:30.

| 신앙고백서 2.3.a | 하나님의 단일성 안에, 본질과 능력과 영원성이 하나인 세 위격이 계시니, 성부 하나님, 성자 하나님, 성령 하나님이시다.[1] |

1) 마 3:16~17; 28:19; 고후 13:13.

◖ 말씀 요절

마 3:16-17 예수께서 세례를 받으시고 곧 물에서 올라오실새 하늘이 열리고 하나님의 성령이 비둘기 같이 내려 자기 위에 임하심을 보시더니 하늘로부터 소리가 있어 말씀하시되 이는 내 사랑하는 아들이요 내 기뻐하는 자라 하시니라

마 28:19 그러므로 너희는 가서 모든 민족을 제자로 삼아 아버지와 아들과 성령의 이름으로 세례를 베풀고

고후 13:13 주 예수 그리스도의 은혜와 하나님의 사랑과 성령의 교통하심이 너희 무리와 함께 있을지어다

요 10:30   나와 아버지는 하나이니라 하신대

교리 해설

참되고 살아계신 하나님은 오직 한 분이십니다. 그분은 여호와 하나님이십니다. 그런데 하나님께서는 세 위격이 계십니다. 바로 성부와 성자와 성령이십니다. 이 세 위격은 모두 참되고 영원하신 하나님, 곧 성부 하나님, 성자 하나님, 그리고 성령 하나님이십니다. 이것이 삼위일체 교리의 핵심입니다. 어떤 사람들은 삼위일체 교리를 들으면 엉뚱하게 여깁니다. 이성의 합리성에 합당하지 않기 때문입니다. 하나님께서 한 분이시면 세 위격이 아니라 한 위격으로 계셔야 하는 것 아닌가? 또 세 위격으로 계신다면 하나님은 한 분이 아니라 세 분이셔야 하는 것 아닌가? 이러한 질문에 대해 이성은 답하지를 못합니다. 이러한 까닭에 유니테리언 단신론자(unitarians)는 오직 하나님은 한 분이시며 한 위격으로만 계실 뿐이라고 주장합니다. 오직 아버지 하나님만 하나님이시며, 아들 하나님과 성령 하나님은 하나님이 아니시라고 말하는 식으로 풀이하여 나름대로 이성에 따른 합리적 답변을 내놓습니다. 이것은 예수 그리스도와 성령을 하나님이라 칭하는 성경의 가르침에 어긋나는 이단입니다.

그러면 성경에 어긋나게 설명하는 유니테리언 단신론자들의 방식이 아니면서, 과연 삼위일체 교리를 합리적으로 설명하는 일이 가능할까요? 일반적인 관점에서는 확실히 불가능하게 여겨집니다. 그러나 삼위일체 교리가 신비로운 것은 이성에 모순되기 때문이 아니라, 삼위일체 하나님께서 피조물의 영역에서 경험되는 것들을 이해하는 이성을 초월하는 방식으로 존재하시기 때문이라는 점을 유념할 필요가 있습니다. 하나님께서는 한 분으로 존재하신다고 말할 때의 관점이 하나님께서는 세 위격으로 계신다고 말할 때의 관점과 서로 다릅니다. 이렇게 두 관점이 서로 다르게 설명되는 것이 피조물에게서는 찾아볼 수 없는 특별한 존재 방식입니다. 그래서 이성으로는 납득이 안 됩니다. 그러나 그것은 이성에 모순되기 때문에 납득이 안 되는 것이기보다는 이성을 초월하기 때문에 그러한 것입니다. 만일 동일한 관점이나 측면에서 하나이면서 또한 셋이라고 하면 모순일 것입니다. 삼위일체의 경우는 신적 본질, 곧 신성의 측면에서는 한 분을 말하며, 위격의 측면에서는 세 위격을 말합니다. 사람의 경우는 인성을 지닌 한 개인은 그 위격도 하나입니다. 하나님의 경우는 신성을 지니신 한 하나님께서 위격이 셋입니다. 이것은 사람의 이성으로 헤아리는 경험의 영역을 초월한 사실이며 신비입니다.

따라서 삼위일체 교리에서 가장 중요한 점은 세 위격이 "본질에 있어서 똑같으시다"라는 사실입니다. 신적 영광과 능력이 같을 뿐만 아니라, 본질이 단일하시며 하나이십니다. 여기서 주의하여야 합니다. 본질이 단일하다는 표현은 세 위격 각각의 본질이 동일한 성질이라는 것만을 말하지 않습니다. 곧 세 위격의 각 세 본질이 있는데, 이 세 본질이 동일한 성질이라는 것만을 뜻하지 않습니다. 복수로 존재하는 여러 본질이 공통된 성질을 가지고 있다는 것으로 이해하면 안 됩니다. 하나님에게는 오직 하나의 신적 본질이 있을 뿐이기 때문입니다. 이 단 하나의 신적 본질이 성부, 성자, 성령 세 위격의 본질입니다. 요컨대 본질이 똑같다는 것은 본질이 단일한 하나임을 말합니다.

이러한 신비를 설명해 보려고 동원하는 유비들은 어느 것 하나도 삼위일체 교리를 설명하기에 충분하지 않습니다. 자연계에는 삼위일체에 상응하는 것이 없기 때문입니다. 이를테면 물, 얼음, 증기를 듭니다. 우선 이 비유는 물, 얼음, 증기가 동시에 존재하지 않으며, 그렇기 때문에 동시성 안에서 서로 어떤 관계를 갖지 못합니다. 삼위일체 하나님을 바르게 반영하는 유비가 아닙니다. 불, 빛, 그리고 열과 같은 것도 마찬가지입니다.

◀ 적용 질문

1. 여러분은 사람들이 어떤 세 가지 것이 서로 어울려 하나를 이룰 때 삼위일체적이라고 말하는 것을 들어보셨습니까? 이러한 표현은 적절한 것일까요?

2. 여러분은 삼위일체 교리 때문에 기독교 하나님을 믿지 못하겠다는 사람을 만나보셨습니까? 이슬람 종교를 믿는 자에게 전도해 보셨습니까? 그들은 기독교인을 조롱하기를 산수도 할 줄 모른다고 합니다. 이에 대해 여러분은 어떻게 반응하시겠습니까?

3. 여러분은 혹시 삼위일체 교리를 가르치면서 사과를 들어서 껍질, 살, 그리고 씨앗으로 세 부분으로 구성되어 있으나 사과는 하나이며 다 같은 사과라는 식으로 설명하는 것을 들어보셨습니까? 유치부나 초등부에서 이러한 비유가 사용되는 일이 있을 경우 여러분은 어떻게 반응하시겠습니까?

4. 세 사람이 있는데 이들이 모두 동일한 인성을 공통적으로 가지고 있다는 식의 설명이 하나님 세 위격의 본질이 똑같으시다는 고백을 잘 풀어주는 것일까요? 여러분은 혹시 이런 식으로 삼위일체론을 이해하신 적은 없으십니까? 이제 여러분은 어떻게 설명하시겠습니까?

1월 22일

세 위격의 특성

대요리문답 10
신앙고백서 2.3.b

대요리문답 10:

문10. 삼위 하나님의 위격적 특성은 무엇입니까?

답. 성부의 위격적 특성은 영원부터 성자를 낳으심이며,[1] 성자의 위격적 특성은 영원부터 성부에게서 나심이고,[2] 성령의 위격적 특성은 영원부터 성부와 성자에게서 나오심입니다.[3]

1) 히 1:5~6, 8.
2) 요 1:14, 18.
3) 요 15:26; 갈 4:6.

> **신앙고백서 2.3.b**
>
> 성부 하나님께서는 누구에게서 비롯되지 않으시니, 누구에게서 나셨거나 나오시는 분이 아니시다. 성자 하나님께서는 성부 하나님에게서 영원히 나셨으며,[2] 성령 하나님께서는 성부 하나님과 성자 하나님에게서 영원히 나오신다.[3]
>
> 2) 요 1:14, 18.
> 3) 요 15:26; 갈 4:6.

◐ 말씀 요절

히 1:5, 8 하나님께서 어느 때에 천사 중 누구에게 너는 내 아들이라 오늘 내가 너를 낳았다 하셨으며 또 다시 나는 그에게 아버지가 되고 그는 내게 아들이 되리라 하셨느냐 … 아들에 관하여는 하나님이여 주의 보좌는 영영하며 주의 나라의 규는 공평한 규이니이다

요 1:14, 18 말씀이 육신이 되어 우리 가운데 거하시매 우리가 그의 영광을 보니 아버지의 독생자의 영광이요 은혜와 진리가 충만하더라 … 본래 하나님을 본 사람이 없으되 아버지 품 속에 있는 독생하신 하나님이 나타내셨느니라

요 15:26 내가 아버지께로부터 너희에게 보낼 보혜사 곧 아버지께로부터 나오시는 진리의 성령이 오실 때에 그가 나를 증언하실 것이요

갈 4:6　너희가 아들이므로 하나님이 그 아들의 영을 우리 마음 가운데 보내사 아빠 아버지라 부르게 하셨느니라

◀ 교리 해설

삼위일체 하나님은 세 위격으로 계십니다. 세 위격은 서로 구별되기 때문에 복수로 말하여 '셋'입니다. 하나님께서 한 본질이시므로 한 분이시기 때문에, 세 위격의 구별은 신적 본질의 어떠한 차이로 설명될 수 없습니다. 만일 본질의 차이가 어느 하나라도 있게 된다면, 그래서 그 차이 때문에 세 위격들로 구별되신다면 세 위격들의 하나님은 한 하나님이 아니라 세 하나님들이 되십니다. 이것은 삼위일체론이 아니라 삼신론입니다.

　위격의 구별은 어떤 점에서도 본질의 차이가 아닙니다. 그러면 어떻게 구별되는 것일까요? 성부 하나님은 누구에게서도 비롯되지 않으십니다. 곧 성자 하나님과 달리 나시지 않으셨으며 또한 성령 하나님과 달리 나오시지 않으십니다. 성부 하나님의 위격적 특성은 영원부터 성자를 낳으심이고, 성자 하나님의 위격적 특성은 성부 하나님에게서 영원부터 나심이고, 성령 하나님의 위격적 특성은 성부와 성자에게서 영원부터 나오심으로 고백합니다.

　그러면 성부 하나님께서 성자 하나님에게서 영원히 낳으셨다는 진술에서 "낳으심"이라는 말이나 또 성령 하나님께서 성부 하나님과 성자 하나님에게서 영원히 나오신다는 진술에서 "나오심"이라는 말이 뜻하는 바는 무엇입니까? 이것을 몸을 가진 동물이 생식과 출산을 하는 관계에 빗대어 이해하려고 하면 안 되며, 보내는 이가 먼저 있고 또 보냄을 받는 이가 나중이라는 시간적 차이가 있는 방식으로 이해하려고 해

서도 안 됩니다. 하나님께서는 순수한 영이십니다. 그리고 하나님께서는 영원하시므로 시간의 순서의 차이가 있는 방식으로 위격의 관계를 이해하려 해서도 안 됩니다. 여기서 "낳으심", "나심"이나 "보내심"이나 "나오심"이라는 말은 오직 삼위일체 세 위격의 관계를 설명하기 위한 특별한 용어입니다. 이 표현 자체가 실지로 무엇을 뜻하는지는 피조세계의 그 어떤 것과도 다르기 때문에 알 수가 없습니다. 다만 성경에 계시된 말씀에 의하여 사람의 언어로 가장 가깝게 표현된 것일 뿐입니다. 말하자면 히브리서 1:5의 "너는 내 아들이라 오늘 내가 너를 낳았다 하셨으며"에서 "오늘"을 어제 또는 내일과 구분되는 오늘이라는 특정 시점을 가리키는 것으로 이해하면 안 됩니다. 여기서 오늘은 8절에 나오는 "영영하며"에서 보듯이 항상 현재이며 오늘인 영원을 가리킵니다.

성부 하나님, 성자 하나님, 성령 하나님으로 세 위격을 차례대로 구별하여 하나님을 부르는 것은 사람이 정한 것이 아닙니다. 성경에서 보듯이 성부 하나님께서는 낳으시고 보내시는 분이시며, 성자 하나님께서는 성부 하나님에게서 나신 분이시고, 성령 하나님께서는 성부 하나님과 성자 하나님에게서 나오시는 분이시므로, 항상 이 순서를 따라 삼위일체 세 위격을 불러야 합니다. 예배 후 복을 선언할 때 "주 예수 그리스도의 은혜와 하나님의 사랑과 성령의 교통하심이 너희 무리와 함께 있을지어다"(고후 13:13)라는 말씀은 위격의 질서를 바꾼 것이 아니라, 구원 사역의 순서를 따라서, 그리스도의 사역의 은혜로 인하여 하나님 아버지의 선택의 사랑과 성령의 교통의 은혜가 교회에 내려짐을 말씀하는 것입니다.

적용 질문

1. 여러분은 삼위일체론이 삼신론이 아니라는 사실을 이해하셨습니까? 설명해 보시기 바랍니다. 이러한 사실이 여러분의 기도 가운데 어떠한 영향을 줍니까?

2. 성부와 성자와 성령의 세 위격은 각각 서로 어떻게 구별이 되십니까? 한 분 하나님이시므로 하나님으로 어떠한 차이도 없으신데, 어떻게 세 위격으로 계실 수 있는 차이점이 있는 것일까요? 설명해 보시기 바랍니다. 이러한 위격의 차이를 오해하는 삼신론의 설명을 들어보신 적이 있습니까? 이러한 오류를 분별할 중요 교리 논점은 무엇이겠습니까?

3. 혹시 아버지 하나님, 아들 하나님, 성령 하나님의 위격적 순서를 임의로 바꿀 수 있겠습니까? 예수 그리스도께서는 구원을 주시는 분이시므로 더 가깝게 여긴다고 하여 성자, 성부, 성령 하나님으로 위격의 질서를 바꾸는 것의 문제는 무엇입니까? 예배 후 복을 선언할 때 "주 예수 그리스도의 은혜와 하나님의 사랑과 성령의 교통하심이 너희 무리와 함께 있을지어다"(고후 13:13)라는 말씀은 위격의 질서를 바꾼 것이 아닙니까?

4. 우리는 신비한 삼위일체 교리에 대하여 어떠한 태도를 가져야 하겠습니까? 이해할 수 없는 교리라고 하여 무시하거나 배척하거나 심지어 조롱하는 것이 불경건의 죄임을 받아들이십니까?

1월 23일

세 위격의 동등성에 대한 성경의 표현

대요리문답 11

대요리문답 11:

문11. 성자와 성령께서 성부와 동등한 하나님이심이 어떻게 나타납니까?

답. 성경은 오직 하나님께만 해당하는 이름들과[1] 속성과[2] 사역과[3] 예배를[4] 성자와 성령께도 돌림으로 성자와 성령께서 성부와 동등한 하나님이심을 명백히 드러냅니다.

1) 사 6:3, 5, 8; 요 12:41; 행 28:25; 요일 5:20; 행 5:3~4.
2) 요 1:1; 사 9:6; 요 2:24~25; 고전 2:10~11.
3) 골 1:16; 창 1:2.
4) 마 28:19; 고후 13:13.

◖ **말씀 요절**

사 6:3 서로 불러 이르되 거룩하다 거룩하다 거룩하다 만군의 여호와여 그의 영광이 온 땅에 충만하도다 하더라

사 9:6 이는 한 아기가 우리에게 났고 한 아들을 우리에게 주신 바 되었는데 그의 어깨에는 정사를 메었고 그의 이름은 기묘자라, 모사라, 전능하신 하나님이라, 영존하시는 아버지라, 평강의 왕이라 할 것임이라

골 1:16 만물이 그에게서 창조되되 하늘과 땅에서 보이는 것들과 보이지 않는 것들과 혹은 왕권들이나 주권들이나 통치자들이나 권세들이나 만물이 다 그로 말미암고 그를 위하여 창조되었고

창 1:2 땅이 혼돈하고 공허하며 흑암이 깊음 위에 있고 하나님의 영은 수면 위에 운행하시니라

마 28:19 그러므로 너희는 가서 모든 민족을 제자로 삼아 아버지와 아들과 성령의 이름으로 세례를 베풀고

◖ **교리 해설**

4세기 초대 교회에 아리우스의 가르침을 따르는 아리우스주의라는 이단이 있었습니다. 아리우스는 예수 그리스도께서 예배를 받으실 하나님의 지위를 가지고 계시지만 스스로 하나님이 아니시며 '만들어진 하나님'이라고 주장했습니다. 그래야 십자가에 죽으실 수 있으며 우리의

구원이 가능하다는 논리였습니다. 그러나 이러한 주장은 아타나시우스에 의하여 적절하게 반박되었습니다. 아타나시우스는 예수님이 하나님과 죄인 사이에 중보를 위한 피조물이 아니라고 강력히 주장했습니다. 예수님은 피조물이 아니라 성자 하나님이시며, 사람이 되신 하나님이심을 확정하였습니다. 그리하여 첫 번째 공의회인 니케아 1차 공의회(A.D. 325)에서 작성한 신경에 하나님 아버지와 '동일본질'이시라는 표현을 진술할 수 있게 하여 아리우스의 오류로부터 교회를 보호하였습니다. 예수님이 하나님이 아니시라면 죄인을 위하여 의를 이루어 구원하실 수가 없다는 구원론적 이해가 매우 중요한 요점입니다. 예수 그리스도께서 하나님과 동일본질을 가지신 완전한 하나님이시라는 기독론은 그리스도를 믿음으로 의롭다함을 받는 구원론의 토대인 것입니다.

    그러면 예수님과 성령 하나님께서 참된 하나님이심을 어떻게 알 수 있을까요? 성경이 이 진리를 증언합니다. 사실 정통 신학은 바로 성경의 증언에 바르게 서 있으므로 '정통'이 됩니다. 그렇지 않은 신학은 '이단'이 됩니다. 성경은 예수님께서 성육신하여 아기로 오실 것임을 예언하면서 그 아기에 대하여 이르기를 "전능하신 하나님", "영존하시는 아버지"라고 말씀합니다.(사 9:6) 이는 아주 신비한 말씀입니다. 아기로 오시는 그분이 '하나님'이시며 또한 '아버지'시라는 말씀은 그리스도께서 곧 하나님이심을 가르쳐줍니다. 예수님은 또한 창조주이십니다. 성경은 그리스도께서 만물의 창조주이심을 증언합니다. 그리스도로 말미암아 "만물이 창조되었고" 또 "하늘과 땅에서 보이는 것들과 보이지 않는 것들"이 모두 창조되었습니다.(골 1:16) 요한복음 1:3("만물이 그로 말미암아 지은 바 되었으니 지은 것이 하나도 그가 없이는 된 것이 없느니라") 말씀 또한 이 사실을 명확하게 제시합니다.

    성령 하나님도 완전하고 참된 하나님이심을 성경은 분명하게 교훈합니다. 무엇보다도 성부, 성자, 성령 하나님으로 연결되는 '삼위일체 형식'은 성령 하나님이 성부, 성자와 동등한 하나님이심을 보여줍니다. 이를테면 "주 예수 그리스도의 은혜와 하나님의 사랑과 성령의 교통하심이 너희 무리와 함께 있을지어다"(고후 13:13)라는 말씀이 그러하며, 가장 잘 알려진 말씀으로는 "그러므로 너희는 가서 모든 민족을 제자로 삼아 아버지와 아들과 성령의 이름으로 세례를 베풀고"(마 28:19)를 들 수가 있습니다. 베드로가 소유를 일부 감추고 전부라고 말한 아나니아를 책망하면서 "어찌하여 사탄이 네 마음에 가득하여 네가 성령을 속이고 땅 값 얼마를 감추었느냐"라고 말하면서 아나니아가 성령을 속인 것이 곧 하나님께 거짓말한 것이라고 책망합니다(행 5:3, 5). 물론 이 본문이 지금도 성령을 속이면 즉각 형벌을 받을 것이라고 말하는 것은 아닙니다. 그러나 아나니아의 죄가 성령을 속인 것이니 곧 하나님께 거짓말한 것이며, 이 죄가 얼마나 무거운 것인지를 분명하게 보여줍니다. 아울러 하나님의 성전에 계시는 분이 곧 하나님의 성령이시며(고전 3:16), 하나님의 전이 곧 성령의 전입니다(고전 6:19). 이러한 성령 하나님께서는 또한 창조주이십니다(시 104:30 "주의 영을 보내어 그들을 창조하사 지면을 새롭게 하시나이다"; 창 1:2; 욥 33:4). 이러한 성경의 증언을 근거로 두 번째 공의회인 콘스탄티노플 1차 공의회(A.D. 381)는 성령님이 하나님이시라는 고백을 담아 교훈합니다.

◀ 적용 질문

1. 오늘 공부를 통해 성부, 성자, 성령 하나님 세 위격 모두 창조주이심을 배우셨습니다. 이전까지 여러분은 성부, 성자, 성령 하나님 가운데 창조는 누가 하신 것으로 알고 계셨습니까? 왜 그렇게 생각하셨습니까?

2. 어느 이단은 말하기를 예수 그리스도께서는 사람이시지만 예배를 받으실 만한 위치로 높아지신 분이라고 말합니다. 그렇다면 예수님은 '만들어진 하나님'이십니다. 여러분도 그렇게 생각하신 적은 없으십니까? 만일 이단의 주장대로라면, 여러분의 구원과 관련하여 어떠한 영향이 있게 됩니까?

3. 어느 불건전한 집회에서 성령 하나님을 마치 능력이나 에너지처럼 대하는 경우가 있었습니다. 그리하여 집회 강사가 여기저기를 가리키면서 성령을 받으라, 성령의 능력을 받으라 외칩니다. 그리고 회중은 그 방향을 따라 쏠리며 손을 내밀어 받으려 합니다. 이러한 종교 집회에 여러분은 참석한 적이 있으십니까? 이러한 집회 양태를 어떻게 평가하여야 합니까?

4. 여러분은 하나님께 거짓을 말한 적이 있으십니까? 만일 그러하다면, 사도행전 5장에 나오는 아나니아와 삽비라가 거짓을 행한 일이 성령 하나님을 속인 죄라는 사실을 생각할 때, 여러분이 범한 죄는 어떠한 죄입니까? 만일 아나니아의 죄와 같은 죄를 범하면 아나니아가 받았던 것처럼 형벌을 즉각적으로 받게 될까요?

날마다 양식으로 읽는
웨스트민스터 표준교리 I

4장.

하나님의 영원한 작정

1월 24일

작정의 정의와 대상

소요리문답 7
대요리문답 12

소요리문답 7:

문7. 하나님의 작정은 무엇입니까?

답. 하나님의 작정은 그분 자신의 의지의 경륜에 따른 영원한 목적입니다. 이것으로 하나님께서는 그분 자신의 영광을 위하여 일어나게 될 일을 어떤 일이든지 미리 결정하셨습니다.[1]

1) 엡 1:4, 11; 롬 9:22~23.

대요리문답 12:

문12. 하나님의 작정은 무엇입니까?

답. 하나님의 작정은 그분 자신의 의지의 경륜이

대요리문답 12: 라는 지혜롭고, 자유로우며, 거룩한 행위입니다.[1] 이것으로 하나님께서 시간 가운데 일어나게 될 어떤 일이든지, 특히 천사와 사람에 대한 것들을, 영원부터 자신의 영광을 위해 변치 않게 미리 결정하셨습니다.[2]

1) 엡 1:11; 롬 11:33; 9:14~15, 18.
2) 엡 1:4, 11; 롬 9:22~23; 시 33:11.

◀ 말씀 요절

엡 1:4, 11 곧 창세 전에 그리스도 안에서 우리를 택하사 우리로 사랑 안에서 그 앞에 거룩하고 흠이 없게 하시려고 … 모든 일을 그의 뜻의 결정대로 일하시는 이의 계획을 따라 우리가 예정을 입어 그 안에서 기업이 되었으니

롬 9:22-23 만일 하나님이 그의 진노를 보이시고 그의 능력을 알게 하고자 하사 멸하기로 준비된 진노의 그릇을 오래 참으심으로 관용하시고 또한 영광 받기로 예비하신 바 긍휼의 그릇에 대하여 그 영광의 풍성함을 알게 하고자 하셨을지라도 무슨 말을 하리요

시 33:11 여호와의 계획은 영원히 서고 그의 생각은 대대에 이르리로다

교리 해설

하나님께서는 그분 자신이 창조하신 우주와 그 모든 것들에 대한 모든 일을 포괄하는 정확한 계획을 가지고 계십니다. 이 계획은 작정이라 일컬어지며, 세상을 창조하시기 이전에, 곧 시간이 창조되기 이전에 이미 영원 안에서, 곧 하나님 안에서 정하여졌습니다. 하나님의 작정은 지혜로우며, 자유롭고, 거룩합니다. 하나님의 작정이 지혜롭다는 것은 그 계획하신 바가 목적하신 바에 가장 완전하게 알맞도록 정하여졌음을 뜻합니다. 또한 하나님의 작정은 자유롭습니다. 이것이 뜻하는 바는 하나님께서 어떤 계획을 작정하셨을 때에 하나님 이외에 다른 어떤 것에 의하여 영향을 받으셨거나 강요를 받아 행하지 않으셨다는 것입니다. 피조물의 상황이나 조건이 하나님으로 하여금 그렇게 하지 않을 수 없도록 하나님의 자유를 제한하는 일은 있을 수가 없습니다. 하나님께서 작정하신 일은 오직 하나님 스스로 원하여 자유롭게 행하신 것입니다.

하나님의 작정은 또한 거룩합니다. 하나님께서 작정하신 일은 하나님께서 거룩하신 것처럼 거룩합니다. 사람의 관점에서 보면 이 말은 하나님의 계획은 어떤 일이나 악하지 않으며 하나님의 법에 어긋나는 죄가 아님을 뜻합니다. 하나님께서 작정하신 일 가운데 악한 일이 포함되어 있을 때, 그 일이 악한 것은 하나님께서 악한 성질을 부여하셨기 때문이 아니라 그 일을 행한 자가 하나님의 법도에 어긋난 일을 행하였기 때문입니다. 어떤 악이나 죄에 대한 책임을 하나님께 돌릴 수 없습니다. 악인이 행하는 악한 일이 있게끔 하신 것은 하나님의 주권 안에서 지혜로움을 따라 선하신 목적을 이루는 데에 그 일이 합당하기 때문에 있게끔 하신 것입니다. 하지만 그 일의 악한 성질이나 죄의 성질은 하나님께서 부여한 것이 아닙니다.

하나님의 작정은 결국 사람의 의지나 책임을 물을 수 없는 일반적으로 운명 또는 운이라고 하는 것이 아니라는 점에 유의해야 합니다. 하나님의 작정은 하나님께서 자신의 뜻에 따라 정하신 계획이며, 이것이 실행되는 방식에서 사람은 자신이 행한 일에 대하여 책임을 지는 자유의지의 행위를 실행합니다. 하나님께서는 사람의 자유의지를 침해하지 않으시는 방식을 통해서 자신의 영광을 나타내시는 목적을 실현하십니다. 하나님의 영광을 나타내는 목적은 이성적 피조물인 사람에게는 최고의 복입니다. 사람이 자신의 영광과 이익을 위하여 다른 사람을 향하여 어떤 일을 작정하였다면 이것은 매우 이기적이며 정당성을 갖지 못합니다. 사람의 작정은 다른 사람의 자유의지를 침해하지 않을 수가 없기 때문입니다. 그리고 작정한 사람이 결코 다른 사람에게 있어서 최선의 복이 아닙니다. 그러나 하나님께서는 그분 자신이 최선의 복이십니다. 따라서 하나님의 영광을 나타내는 작정은 모든 피조물에게 최선의 복이 됩니다. 이러한 작정은 지혜롭기 때문에 취소되거나 변치 않습니다. 이 세상에 일어나는 일 가운데 하나님께서 미리 결정하신 계획을 따라 일어나지 않는 일은 없습니다. 우연이라고 말하는 일도 하나님의 계획 안에 포함됩니다. 제비는 사람이 뽑지만 제비뽑은 결과는 하나님의 작정 안에 있습니다(잠 16:33).

적용 질문

1. 여러분이 지금까지 살아오시면서 겪은 일이 모두 하나님의 계획 아래 있다고 믿으십니까? 혹시 의심스러운 적은 없으셨습니까?

2. 여러분에게 좋았던 기쁨의 일과 고통스러웠던 아픔과 슬픔의 일들

을 생각하시면서 각각의 일이 정말로 하나님의 계획 아래 있었다는 여러분의 믿음이 각각의 일에 대하여 어떠한 태도를 갖도록 하였습니까? 하나님께 대한 감사 또는 원망을 하게 하지 않았습니까?

3. 하나님의 작정이 사람들이 흔히 말하는 운명이라는 것과 비슷하지 않나요? 만일 다르다면 어떤 점이 그러한지 여러분의 생활 경험에 빗대어 설명해 보시기 바랍니다.

4. 사람은 '우연히'라는 말을 많이 합니다. 이러한 우연성이 하나님의 계획 속에 포함된다고 믿으십니까? 그러한 고백을 하실만한 어떤 경험이 있으신가요?

자유의지와 우발성에 관련한 작정의 방식

신앙고백서 3.1

신앙고백서 3.1

하나님께서 영원부터, 자신의 의지의 지극히 지혜로우며 거룩한 경륜에 의하여, 일어나게 될 어떤 일이든지 자유롭게 그리고 변치 않게 작정하셨다.[1] 그로 인하여 하나님께서 죄의 조성자가 되시거나[2] 피조물의 의지를 침해하시는 것도 아니다. 또한 제2원인들의 자유나 우발성(contingency)이 제거되는 것이 아니라, 오히려 확립된다.[3]

1) 엡 1:11; 롬 11:33; 히 6:17; 롬 9:15, 18.
2) 약 1:13, 17; 요일 1:5.
3) 행 2:23; 마 17:12; 행 4:27~28; 요 19:11; 잠 16:33.

◖ **말씀 요절**

롬 11:33 깊도다 하나님의 지혜와 지식의 풍성함이여, 그의 판단은 헤아리지 못할 것이며 그의 길은 찾지 못할 것이로다

약 1:13 사람이 시험을 받을 때에 내가 하나님께 시험을 받는다 하지 말지니 하나님은 악에게 시험을 받지도 아니하시고 친히 아무도 시험하지 아니하시느니라

행 2:23 그가 하나님께서 정하신 뜻과 미리 아신 대로 내준 바 되었거늘 너희가 법 없는 자들의 손을 빌려 못 박아 죽였으나

행 4:27-28 과연 헤롯과 본디오 빌라도는 이방인과 이스라엘 백성과 합세하여 하나님께서 기름 부으신 거룩한 종 예수를 거슬러 하나님의 권능과 뜻대로 이루려고 예정하신 그것을 행하려고 이 성에 모였나이다

◖ **교리 해설**

하나님께서 계획하신 일은 모두 하나님의 자유로운 의지에 따른 것입니다. 그리고 그것은 지극히 지혜롭고 또한 거룩합니다. 이 세상에서 일어나는 어떤 일도 하나님께서 작정하지 않은 일은 없습니다. 그러나 주의하여야 할 사실이 있습니다. 하나님께서는 악한 일의 죄성을 조성하신 분이 아닙니다. 곧 하나님께서는 결코 죄의 조성자가 아니십니다. 죄란 사람이 행사하는 자유의지에 따른 선택에서 비롯됩니다. 마음으로 선택하든지 행위로 선택하든지 하나님의 법도에 어긋나는 것을 선택하는 성

질이 죄입니다. 하나님의 법도는 하나님을 사랑하며 형제와 이웃을 사랑함으로 지켜집니다. 하나님께서 작정하시는 일은 하나님의 영광을 위한 것이며 또한 하나님은 최고선이시며 복이시기 때문에, 하나님의 영광을 위한 일은 사람에게 가장 큰 선이며 복이 됩니다. 이러한 이치로 하나님의 법도에 어긋나는 죄의 성질은 하나님에게서 비롯될 수가 없습니다. 죄는 죄를 범하는 사람이 자유선택에 의하여 하나님의 법도를 거스름으로써 발생합니다. 따라서 하나님의 작정 가운데 있는 어떤 일이 악하거나 죄일 때 그것이 악하거나 죄의 성질을 갖는 것은 하나님이 아니라 것을 행한 그 사람의 자유선택으로 인한 것입니다.

여기서 강조할 것은 하나님의 작정이 악을 행하는 사람의 자유선택을 침해하지 않는다는 사실입니다. 하나님의 작정으로 인하여 사람은 단지 그 작정의 계획에 따라 꼭두각시처럼 살아가는 것이 아닙니다. 이러하다면 시나리오에 의하여 연기자가 연기하는 것과 마찬가지일 것입니다. 그러나 하나님의 작정은 사람의 자유의지의 선택을 침해하지 않기 때문에, 하나님의 작정 아래 사는 사람이 실제로는 자신의 의지에 따른 인생을 살지 못한다고 말할 수 없습니다. 유대인들이 예수님을 십자가 형벌로 처형할 것을 빌라도에게 요구한 것은 하나님께서 미리 정하신 뜻을 이루는 일입니다. 그러나 유대인과 빌라도는 자신들의 의지로 행한 것임을 부인할 수 없습니다. 그러한 만큼 이들은 이렇게 행한 일에 대한 죄의 책임을 져야 합니다(행 2:23). 헤롯과 빌라도가 거룩한 종 예수를 판결하고자 모인 것은 스스로 자유롭게 한 일이지만 이것이 하나님의 뜻대로 이루어진 일이라고 말씀하는 성경은 이러한 진리를 증언합니다(행 3:27-28).

과연 사람은 진실로 자유선택을 행하며 자신의 삶을 살아갑니다. 자신의 삶을 미리 결정된 시나리오를 따라 연기하듯이 살아가는 것이 아닙니다. 스스로 행하는 자유선택에 의하여 자신의 삶의 시나리오를 자신이 스스로 써내려가는 인생을 살아갑니다. 그런데 그 삶은 하나님의 작정 안에 있는 그대로입니다. 어떻게 그럴 수가 있는 것일지는 하나님의 지혜와 능력에 따른 신비입니다. 이것을 풀어낼 길이 없습니다. 제1원인이신 하나님께서는 그분 자신께서 만드신 피조물, 곧 제2원인의 성질을 해치기는커녕 도리어 확립하시고 그것을 통해 자신의 뜻을 이루시는 전능하신 분이십니다. 하나님의 작정에 담긴 이러한 신비는 하나님께서 죄의 조성자라고 생각해서는 결코 안 된다는 사실을 단호하게 교훈합니다.

◀ 적용 질문

1. 하나님께서는 모든 일을 작정하셨습니다. 이 세상에서 보는 모든 악행도 하나님께서 일어나도록 작정하시지 않았으면 일어나지 않습니다. 그렇다면 하나님께서 이러한 악행에 대하여 전부는 아니더라도 일정한 책임을 져야 하는 것은 아닌가라는 의문을 가져본 적이 있으십니까? 악행에 대한 책임은 누구에게 있습니까? 행한 사람입니까? 아니면 하나님이십니까? 어느 정도 책임을 나누어야 합니까? 이 질문에 대한 여러분의 정리는 무엇입니까?

2. "하나님, 제게 어떻게 이런 일을 주시옵나이까? 왜 저를 이렇게 대하시나이까? 왜 저에게 이런 고난을 주시나이까?" 이런 물음 속에서 울며 기도하던 때가 있으십니까? 여러분이 가졌던 판단과 지금의 판단 사이에 어떤 차이가 있습니까?

3. 만일 악인의 행위는 하나님의 작정 밖에 있는 것이라고 가정한다면, 여러분은 위로를 받으실 수 있을까요? 오히려 절망하지 않으실까요? 여러분이 악인에 의하여 큰 고통과 고난을 받았거나 큰 슬픔의 일을 겪은 때가 있다면, 그때를 돌아보면서 답하시기 바랍니다.

4. 여러분이 행하는 모든 일이 하나님의 영광을 위한 하나님의 지혜로운 작정 안에 있다고 믿으십니까? 구체적으로 여러분의 어떤 경험이 이 사실을 잘 보여줍니까?

1월 26일

작정과 예지의 상관성

신앙고백서 3.2

신앙고백서 3.2

하나님께서 예상되는 모든 조건 아래 일어나거나 일어날 수 있는 모든 일을 무엇이든지 아신다.[1] 그럼에도 하나님께서 어떤 일을 작정하신 것은 그 일을 미래 일로 보셨거나, 또는 그런 조건 아래 일어날 일로 미리 보셨기 때문이 아니다.[2]

1) 행 15:18; 삼상 23:11~12; 마 11:21, 23.
2) 롬 9:11, 13, 16, 18.

◀ **말씀 요절**

삼상 23:10-12 다윗이 이르되 이스라엘 하나님 여호와여 사울이 나 때문에 이 성읍을 멸하려고 그일라로 내려오기를 꾀한다 함을 주의 종이 분명히 들었나이다 그일라 사람들이 나를 그의 손에 넘기겠나이까 주의 종이 들은 대로 사울이 내려 오겠나이까 이스라엘의 하나님 여호와여 원하건대 주의 종에게 일러 주옵소서 하니 여호와께서 이르시되 그가 내려오리라 하신지라 다윗이 이르되 그일라 사람들이 나와 내 사람들을 사울의 손에 넘기겠나이까 하니 여호와께서 이르시되 그들이 너를 넘기리라 하신지라

롬 9:11, 13, 16, 18 그 자식들이 아직 나지도 아니하고 무슨 선이나 악을 행하지 아니한 때에 택하심을 따라 되는 하나님의 뜻이 행위로 말미암지 않고 오직 부르시는 이로 말미암아 서게 하려 하사 … 기록된 바 내가 야곱은 사랑하고 에서는 미워하였다 하심과 같으니라 … 그런즉 원하는 자로 말미암음도 아니요 달음박질하는 자로 말미암음도 아니요 오직 긍휼히 여기시는 하나님으로 말미암음이니라 … 그런즉 하나님께서 하고자 하시는 자를 긍휼히 여기시고 하고자 하시는 자를 완악하게 하시느니라

◀ **교리 해설**

하나님께서 영원 안에서 미리 모든 일을 향한 목적을 정하셨고, 이를 실행하시기 위하여 세우신 계획을 작정이라고 합니다. 하나님의 작정에 대한 교훈을 들으면 많은 사람은 의문을 제기합니다. 하나님께서 모든 일

을 작정하셨다면 사람의 자유선택이 사실상 제거되는 것이 아닌가라고 생각합니다. 그래서 그들 생각에 사람의 자유선택에 손상을 주지 않는 방식으로 하나님의 작정 자체를 어떤 형태로든지 축소, 제한 또는 변경을 합니다. 그중 하나가 하나님께서 작정하실 때 그렇게 되도록 하실 조건을 보시고 그것에 따라서 작정하셨다는 생각입니다. 그리고 이 조건에 사람의 자유선택을 포함시킵니다. 그러면 사람이 자유롭게 선택하는 것을 조건으로 하여 그것에 따라 무엇인가를 작정하신다면 그러한 작정은 사람의 자유선택에 어떤 침해를 주지 않는다고 판단하는 것입니다.

그러나 이러한 생각은 성경이 말씀하는 사실과 어긋납니다. 성경은 하나님께서 사람이 무엇을 어떻게 판단하고 선택할지에 대하여 미리 아신다고 말씀합니다. 사무엘상 23장에서 다윗은 그일라 성의 사람들이 자신을 사울에게 넘겨줄 것인지를 하나님께 묻습니다. 하나님께서는 그일라가 어떤 선택을 하든지 그들의 자유이므로 미리 알 수는 없다고 말씀하지 않으십니다. 분명한 말씀으로 그들이 다윗을 넘길 것이라고 말씀하십니다. 확실히 하나님께서는 사람의 자유선택을 포함하는 모든 일을 미리 아십니다.

그런데 이처럼 미리 아시는 일, 곧 예지는 하나님께서 모든 일을 그분 자신의 뜻대로 작정하시기 때문에 가능한 것일까요? 아니면 단지 사람이 무엇을 할지를 미리 아시는 조건을 보시고 작정하신 것일까요? 여기서 어느 순서대로 생각하는 것이 옳을지에 대하여 이견이 나타납니다. 장로교회의 신앙인 개혁신학은 "하나님께서 영원부터, 자신의 의지의 지극히 지혜로우며 거룩한 경륜에 의하여, 일어나게 될 어떤 일이든지 자유롭게 그리고 변치 않게 작정하셨다"(신앙고백서 3.1)라는 진술에서 밝힌 바와 같이, 하나님께서 그분 자신의 의지로 먼저 작정하셨고, 그러하시기 때문에 미리 일어날 어떤 일도 모두 아신다고 설명합니다. 이에 반하여 앞서 말씀드린 바와 같이 그렇게 되면 사람의 자유선택이 침해를 받는다고 생각하는 사람들, 곧 아르미니우스주의자들은 사람이 자신의 자유의지를 사용하여 무엇을 선택하고, 하나님께서는 이 선택이 무엇인지를 아시고 그 지식에 근거하여 장차 나타날 일을 작정하신 것이라고 주장합니다.

어차피 하나님의 작정은 신비로운 일이므로 어떤 설명이든지 받을 수 있을까요? 하나님의 작정이 사람이 헤아려 알 수 없는 사람의 지식 밖의 일이라는 것은 사실입니다. 그런데 여기서 사람이 알 수 있는 것과 모르는 것을 구별하는 것이 필요합니다. 하나님의 작정이 신비롭지만 성경이 하나님의 작정에 대하여 말씀해 주시는 교훈은 사람이 알 수 있는 것입니다. 로마서 9장은 "그 자식들이 아직 나지도 아니하고 무슨 선이나 악을 행하지 아니한 때에 택하심을 따라 되는 하나님의 뜻이 행위로 말미암지 않고 오직 부르시는 이로 말미암아 서게 하려"(11절) 하신 것이라고 가르칩니다. 하나님께서 사람을 선택하시는 작정을 하실 때에 사람이 선이나 악을 행하는 어떤 조건을 보고 행하신 것이 아니라고 말씀합니다. 이 선택의 작정은 사람의 행위를 조건으로 하는 것이 아니라 오직 부르시는 하나님으로 말미암아 되는 일이라고 밝히 가르칩니다. 이러하므로 18절에서는 "하나님께서 하고자 하시는 자를 긍휼히 여기시고 하고자 하시는 자를 완악하게 하시느니라"라고 다시 정리하여 말씀합니다. 이처럼 하나님의 작정이 신비로운 일이지만 이 작정이 하나님의 뜻에 의하여 되는 일이라는 것은 사람이 알 수 있는 바입니다.

하나님의 작정에 대하여 사람이 모르는 바는 하나님께서 그분 자신의 의지로 모든 것을 작정하시나, 그럼에도 어떻게 사람의 자유선택의 의지가 강요를 받지 않으므로 침해되지 않도록 작정을 하실 수 있는지와 같은 방식의 문제입니다. 사람이 알 수 없는 이 신비로운 부분과 관련하여 하나님의 계시인 성경 말씀에 따라서 겸손히 사색하고 믿음으로 반응해야 할 것입니다. 작정은 지극히 지혜로운 하나님의 의지의 경류에 따른 것인 만큼, 사람은 자신의 무지와 어리석음을 겸손히 고백하여야 할 것입니다. 또한 작정은 지극히 거룩한 하나님의 의지의 경륜에 따른 것인 만큼, 사람이 어떤 일을 행하기도 전에 그 사람에 대해 하나님께서 미리 작정하신다면 그것은 자유선택을 침해하는 것이며 불의한 것이라는 어리석은 판단을 내려놓아야 합니다. 선택은 하나님의 의지의 주권임을 겸손히 인정해야 할 것입니다.

적용 질문

1. 여러분에게 일어나는 모든 일, 여러분이 행하는 모든 미래의 일이 사실은 하나님께서 작정하신 바에 따라 일어난다는 말을 들을 때 어떠한 생각이나 느낌을 가지게 됩니까? 동의하시며 수긍하시게 되나요? 아니면 의문이나 반론을 갖게 되나요? 그 이유는 무엇일까요?

2. 사실 여러분은 어떤 일을 행하실 때 목적과 계획이 없이 하지 않으실 것입니다. 그 목적과 계획, 그리고 그것의 실행은 여러분 자신이 결정하여 행하시지 않습니까? 그런데 하나님의 작정 안에 이 모든 일이 포함되어 있다는 성경의 교훈을 생각할 때, 여러분이 이해할 수 없는 내용은 무엇입니까?

3. 하나님께서 작정하실 때, 작정의 목적과 계획 그리고 실행 방식도 정하지 않으셨을까요? 만일 사람이 행하는 조건을 미리 보시고 그 결과에 따라서 작정의 내용을 작정하신다면 사람에 대한 작정은 사람이 하는 것일까요? 하나님께서 하시는 것일까요?

4. 여러분이 스스로 여러분의 미래를 결정할 뿐이며 하나님의 작정은 사실 여러분의 결정을 따라 여러분의 뒤를 따를 뿐이라고 한다면, 여러분이 미래에 관하여, 또 어려움에 처해 있을 때, 기타 도움이 필요할 때, 하나님께 구하실 수 있을까요?

1월 27일

작정의 두 사실, 생명 또는 죽음

신앙고백서 3.3

| **신앙고백서 3.3** | 자신의 영광을 나타내기 위한 하나님의 작정에 의하여 어떤 사람들과 천사들은[1] 영원한 생명을 얻도록 예정되었으며, 다른 이들은 영원한 죽음에 이르도록 미리 정해졌다.[2]

1) 딤전 5:21; 마 25:41.
2) 롬 9:22~23; 엡 1:5~6; 잠 16:4.

◀ 말씀 요절

딤전 5:21 하나님과 그리스도 예수와 택하심을 받은 천사들 앞에서 내가 엄히 명하노니 너는 편견이 없이 이것들을 지켜 아무 일도 불공평하게 하지 말며

마 25:41 또 왼편에 있는 자들에게 이르시되 저주를 받은 자들아 나를 떠나 마귀와 그 사자들을 위하여 예비된 영원한 불에 들어가라

롬 9:22-23 만일 하나님이 그의 진노를 보이시고 그의 능력을 알게 하고자 하사 멸하기로 준비된 진노의 그릇을 오래 참으심으로 관용하시고 또한 영광 받기로 예비하신 바 긍휼의 그릇에 대하여 그 영광의 풍성함을 알게 하고자 하셨을지라도 무슨 말을 하리요

◀ 교리 해설

하나님께서는 모든 피조물 가운데 특별히 이성적 존재들인 사람과 천사에 대해서 특별한 작정을 하셨습니다. 그 작정은 한편으로 영원한 생명에 이르도록 예정한(predestined) 것이며, 다른 한편으로 영원한 죽음에 이르도록 미리 정한(preordained) 것입니다. 여기서 주목해 보아야 할 두 가지가 있습니다. 하나는 "영원한 생명"과 "영원한 죽음"의 대조입니다. "영원한 생명"으로 예정되지 않은 사람이나 천사는 "영원한 죽음"에 처합니다. 그리고 다른 하나는 "예정한"과 "미리 정한"의 표현 차이입니다.

"영원한 생명을 얻도록 예정되었다"라는 진술과 "영원한 죽음에 이

르도록 미리 정해졌다"라는 진술은 모두 하나님의 작정이라는 점에서는 어떤 차이도 없습니다. 다만 사람이나 천사의 영원한 생명과 관련하여 작정하시는 것은 "예정"이라는 표현으로 진술할 따름이며, 이와 달리 만들어진 우주 안에서 일어나는 어떤 것이든지 이것에 대하여 작정하시는 것은 "미리 정한"이라는 표현으로 진술합니다. 굳이 이러한 표현의 차이를 두는 데에는 신학적 이유가 있습니다. 첫 사람 아담이 타락하여 모든 사람이 죽음 아래 놓이게 되었고 본성상 부패한 자가 되었습니다. 하나님께서는 이러한 상태에 있는 모든 사람은 영원한 죽음에 처하도록 미리 정하셨습니다. 이러한 작정의 뜻에 따라서 영원한 죽음은 미리 정하신 바에 따릅니다. 그런데 하나님께서는 이러한 자들 가운데서 일부를 선택하시고, 이들은 영원한 죽음에서 구원을 받도록 작정하셨습니다. 이렇게 영원한 생명을 주시기 위하여 작정하신 일은 "예정"이라고 진술합니다. "미리 정하신"이라는 표현보다 "예정"이라는 표현에는 특별한 목적을 부여하는 선택의 의미가 반영되어 있습니다. 곧 영원한 생명으로 "예정된" 사람 이외에 다른 사람들은 죄인으로 하여금 영원한 심판을 받도록 미리 정하신 뜻에 따라서 자신의 죗값대로 영원한 심판에 이르도록 "미리 정해졌다"라고 진술합니다.

　이처럼 일부는 영원한 생명으로 예정되고, 다른 일부는 영원한 죽음으로 미리 정해지도록 작정하시는 데에는 목적이 있습니다. 그 목적은 "하나님의 영광을 나타내기" 위함입니다. 이 진리를 잘 이해하는 것은 하나님의 작정에 대한 올바른 이해와 신앙을 위하여 참으로 중요합니다. 예정된 "영원한 생명"과 미리 정해진 "영원한 죽음"은 각각 하나님의 영광을 나타냅니다. 전자는 하나님의 긍휼의 영광을, 후자는 하나님의 공의의 영광을 나타냅니다. 그리고 이 모두는 하나님의 주권의 영광을 나타냅니다. 하나님께는 누구를 영원한 생명으로 예정하실지, 또 누구를 영원한 죽음으로 미리 정하실지를 결정하실 권세가 있습니다. 이 권세는 하나님의 주권에 속한 것입니다. 이러한 주권에 따라서 영원한 죽음에 처하여야 할 모든 인류 가운데 일부를 은혜로 구원하시는 긍휼을 베푸시고, 다른 일부를 그들의 죗값대로 심판에 처하도록 하시어 공의를 나타내십니다.

천사에 대한 작정에 관한 부분도 성경에 나와 있는 바대로 선한 천사는 영원한 생명으로 예정되었고, 다른 악한 천사는 영원한 죽음으로 미리 정해졌습니다. 하나님의 선택을 받은 천사는 창조 때로부터 받은 거룩함을 보존하고 끝까지 선한 상태에 이를 수 있도록 하나님의 은혜를 받은 자들입니다. 반면에 타락한 천사들은 이러한 은혜를 받지 못한 자들입니다. 천사와 사람에게 있어서 서로 다른 점이 여기에도 있습니다. 사람의 선택은 그리스도 안에서 이루어지는 일인 반면에 천사의 선택은 그리스도의 구속 사역과 관계가 없다는 사실입니다. 그리스도는 선택받은 하나님 자녀의 구속을 위하여 오신 참 하나님이시며 참 사람이십니다.

◗ 적용 질문

1. 하나님께서는 사람 가운데 일부는 영원한 생명으로 예정하셨고, 다른 일부는 영원한 죽음으로 미리 정하셨다는 소위 "예정론"에 대하여 지금까지 어떤 반응으로 대해 오셨습니까?

2. 어떤 사람이 말하기를 하나님께서 일부의 사람이라도 구원하시는 일은 공평하지 않다고 이의를 제기하면 여러분은 어떻게 대답하시겠습니까?

3. 또 하나님께서 선하신 하나님이시라면 모든 사람을 예외 없이 선택하여 모두 구원하셔야 하는 것 아니냐고 예정론을 비판하는 주장에 대해 어떻게 대답하시겠습니까?

4. 선택받은 사람이나 선택받은 천사의 경우에 공통된 사실은 무엇이며, 다른 점은 무엇입니까? 이러한 질문에 대한 답을 가지고, 사람을 위한 하나님의 사랑에 대하여 알 수 있는 것이 무엇인지를 말씀해보시기 바랍니다.

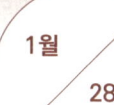

1월 28일

천사와 사람을 향한 특별한 작정

대요리문답 13

대요리문답 13:

문13. 하나님께서 천사와 사람에 대하여 특별히 작정하신 것은 무엇입니까?

답. 하나님께서 영원한 불변의 작정에 따라, 정하신 때에 드러나는 그분의 영광스러운 은혜를 찬양하도록, 순전히 그분 자신의 사랑으로 어떤 천사들은 영광에 이르도록,[1] 또한 그리스도 안에서 어떤 사람들은 영원한 생명에 이르도록 선택하셨으며 그 수단까지도 선택하셨습니다. 또한 하나님께서 그분의 주권적 능력과 (그분 자신이 기뻐하는 대로 은총을 베풀거나 거두기도 하시는) 그분 자신의 의지의 측량할 길 없는 경륜에 따라서, 나머지 천사들과 사람들을 간과하셔서 자신들의 죄에 대한 벌로 수치와 진노를

| 대요리문답 13: | 받게 정하셨습니다. 그리하여 그분 자신의 공의의 영광을 찬미하게 하셨습니다.[2]

1) 딤전 5:21; 엡 1:4~6; 살후 2:13~14.
2) 롬 9:17~18, 21~22; 마 11:25~26; 딤후 2:20; 유 1:4; 벧전 2:8.

◧ 말씀 요절

살후 2:13-14 주께서 사랑하시는 형제들아 우리가 항상 너희에 관하여 마땅히 하나님께 감사할 것은 하나님이 처음부터 너희를 택하사 성령의 거룩하게 하심과 진리를 믿음으로 구원을 받게 하심이니 이를 위하여 우리의 복음으로 너희를 부르사 우리 주 예수 그리스도의 영광을 얻게 하려 하심이니라

유 1:4 이는 가만히 들어온 사람 몇이 있음이라 그들은 옛적부터 이 판결을 받기로 미리 기록된 자니 경건하지 아니하여 우리 하나님의 은혜를 도리어 방탕한 것으로 바꾸고 홀로 하나이신 주재 곧 우리 주 예수 그리스도를 부인하는 자니라

롬 9:17, 22-23 성경이 바로에게 이르시되 내가 이 일을 위하여 너를 세웠으니 곧 너로 말미암아 내 능력을 보이고 내 이름이 온 땅에 전파되게 하려 함이라 하셨으니 … 만일 하나님이 그의 진노를 보이시고 그의 능력을 알게 하고자 하사 멸하기로 준비된 진노의 그릇을 오래 참으심으

로 관용하시고 또한 영광 받기로 예비하신 바 긍휼의 그릇에 대하여 그 영광의 풍성함을 알게 하고자 하셨을지라도 무슨 말을 하리요

◀ 교리 해설

하나님께서는 사람과 천사에 대하여 특별한 작정을 하셨습니다. 그것은 하나님의 은혜의 영광과 공의의 영광을 찬송하도록 하는 목적을 위한 일이었습니다. 은혜의 영광의 찬미를 위하여, 하나님께서는 어떤 천사들을 영광에 이르도록, 또 어떤 사람들을 영원한 생명에 이르도록 선택하셨습니다. 그리고 공의의 영광의 찬미를 위하여 나머지 천사들과 사람들의 경우 이들이 행한 악행의 죄로 인하여 수치와 진노의 벌을 받도록 미리 정하셨습니다.

어떤 천사들을 영광에 이르도록 선택하실 때 하나님께서는 이들을 선택하셔야 할 어떤 의무가 없으십니다. 이들을 선택하신 까닭은 다만 하나님의 사랑뿐입니다. 마찬가지로 어떤 사람을 영원한 생명에 이르도록 선택하는 경우도 오직 이들을 향한 하나님의 사랑만이 이유입니다. 하나님께서는 이러한 사랑 안에서 하나님께서 이들에게 베푸시는 은혜의 영광을 찬미하게 하셨습니다. 하나님의 은혜의 영광을 찬미하는 일은 이 선택을 받은 천사나 사람에게 있어서 영광스러운 일입니다. 그러하기에 하나님의 사랑만이 하나님께서 선택하시는 이유이며, 또한 피조물에게도 하나님의 사랑을 받는 이유이기도 합니다. 선택 작정의 동기는 하나님의 사랑이며, 선택 작정의 목적은 하나님의 영광스러운 은혜를 찬미하는 것입니다. 이 둘은 모두 넓은 의미에서 선택의 이유로 설명됩니다. 그런데 어떤 의미에서 이 선택이 "은혜"인가에 대해서는 천사와 사람의 경우에 있어서 차이가 있습니다. 천사의 경우 하나님께서는

일부 천사를 단지 영광에 이르도록 선택하셨고 그리고 죄에 빠지지 않도록 보호하시는 은혜를 베푸셨습니다. 사람의 경우 하나님께서는 일부 사람을 "그리스도 안에서" 선택하시어 속죄의 은총으로 구원하시고 그리스도의 의의 옷을 입히시는 은혜를 베푸셨습니다.

이와 달리 다른 천사와 사람의 경우 하나님께서는 죄악을 범하는 일을 간과하시고 이들로 하여금 그 결과 죄에 대한 벌로 수치와 진노를 받게 미리 정하셨습니다. 하나님께서는 이들을 선택하지 않으시고 지나치십니다. 이를 간과하신다고 말합니다. 왜 이들을 간과하셨는지에 대한 이유는 감추어져 있습니다. 논리적 추론으로는 선택이 사랑으로 인한 것이라면 간과는 사랑하지 않으시기 때문이라고 말할 수 있겠습니다만 하나님의 이유에 대하여 단언할 수는 없습니다. 하나님께서 계시하지 않은 것에 대하여서는 하나님의 깊은 뜻을 헤아릴 수는 없습니다. 간과의 대상을 향하여서는 하나님께서 은총을 베풀지 않으셨으며 이것은 하나님의 주권에 속한 일입니다. 여기서 반드시 알아야 할 것은 이들이 수치와 진노를 받게 되는 책임은 죄악을 행한 자들에게 있다는 사실입니다. 선택과 간과는 하나님의 주권에 속한 일입니다. 그러나 간과의 대상인 사람과 천사가 범한 죄악에 대한 책임은 그들에게 있습니다. 다시 말해서 이들이 영원한 형벌을 받는 것은 하나님의 주권적 결정 때문이 아니라 이들이 범한 죄악 때문입니다. 그렇기 때문에 간과의 작정은 하나님 그분 자신의 공의의 영광을 찬미하는 목적을 갖습니다.

◀ 적용 질문

1. 선택과 간과의 특별한 작정에 대한 성경의 가르침으로 인하여 여러

분의 신앙에 어려움을 겪은 적은 없으십니까? 어떻게 어려움을 해소하여야 하겠습니까?

2. 선택과 간과의 특별한 작정을 하시는 하나님은 불공평하신 것일까요? 간과의 대상이 형벌을 받는 것에 대하여 하나님께 항변할 수 있을까요? 여러분은 어떤 성경 구절로 이에 대한 답을 주시겠습니까?

3. 어떤 사람이 말하기를, 영원한 생명을 받도록 내가 예정되었다면, 내가 그리스도를 믿든지 그렇지 않든지 영생을 받을 것이므로 나더러 예수 믿으라고 귀찮게 전도하지 말라고 하는 이야기를 들으신 적이 있습니까? 여러분은 그러한 생각을 하신 적은 없으십니까? 어떻게 생각하여야 옳습니까?

4. 만일 어떤 사람이 영원한 수치와 진노를 받도록 미리 정하여졌다면, 예수 그리스도를 믿어도 아무런 소용이 없을 것이므로 굳이 좋은 신자가 될 이유도 없다고 말하는 사람을 보시거나 여러분이 그렇게 생각하신 적은 없으십니까? 어떻게 생각하여야 옳습니까?

1월 29일

작정의 불변성

신앙고백서 3.4

신앙고백서 3.4
그렇게 예정되고 미리 정해진 이 천사들과 사람들은 개별적으로 그리고 변할 수 없게 지명되어 있다. 이들의 수효는 확실하며 확정적이어서 늘어나거나 줄어들 수 없다.[1]

1) 딤후 2:19; 요 13:18.

말씀 요절

딤후 2:19 그러나 하나님의 견고한 터는 섰으니 인침이 있어 일렀으되

주께서 자기 백성을 아신다 하며 또 주의 이름을 부르는 자마다 불의에서 떠날지어다 하였느니라

요 13:18 내가 너희 모두를 가리켜 말하는 것이 아니니라 나는 내가 택한 자들이 누구인지 앎이라 그러나 내 떡을 먹는 자가 내게 발꿈치를 들었다 한 성경을 응하게 하려는 것이니라

롬 9:10-13 그뿐 아니라 또한 리브가가 우리 조상 이삭 한 사람으로 말미암아 임신하였는데 그 자식들이 아직 나지도 아니하고 무슨 선이나 악을 행하지 아니한 때에 택하심을 따라 되는 하나님의 뜻이 행위로 말미암지 않고 오직 부르시는 이로 말미암아 서게 하려 하사 리브가에게 이르시되 큰 자가 어린 자를 섬기리라 하셨나니 기록된 바 내가 야곱은 사랑하고 에서는 미워하였다 하심과 같으니라

교리 해설

선택과 간과라는 하나님의 특별한 작정의 교훈에 대하여 불편함을 갖는 사람들은 어떻게든 이를 완화하고자 여러 가지 고안을 합니다. 그중 하나는 선택과 간과의 대상이 확정되어 있지 않으며 늘어나거나 줄어들 수 있다고 생각하는 것입니다. 이것은 선택과 간과의 대상이 개별적으로 한 사람 한 사람씩 지명되어 있는 것이 아니라는 주장과 연결됩니다. 그러나 개혁신학을 따르는 장로교회의 신앙은 분명하게 하나님의 특별한 작정이 개인을 향한 것이며 변하지 않는다고 고백합니다. 따라서 선택과 간과의 대상인 사람이나 천사의 수효는 확실하며 확정적이라고 진술합니다.

개혁신학이 이처럼 선택받은 천사들과 사람들의 수효가 변하지 않는다고 생각하는 까닭은 하나님의 작정의 성질이 불변하기 때문입니다. 하나님께서는 영원하며 거룩하고 지혜로운 그분 자신의 의지의 경륜에 따라 사랑으로, 또 주권적 능력으로 선택과 간과의 작정을 하셨기 때문에 이 특별한 작정은 변하지 않습니다. 어떤 이들은 예수님께서 종말에 있을 환란을 말씀하시면서 "거짓 그리스도들과 거짓 선지자들이 일어나 큰 표적과 기사를 보여 할 수만 있으면 택하신 자들도 미혹하리라"(마 24:24)라고 경고하신 말씀을 근거로 선택과 간과의 수효가 확정되었다는 진리에 대해 반론합니다. 이러한 주님의 경고는 선택을 받은 자라도 넘어질 수 있기 때문에 주어진 것이 아니냐는 것이 반론의 이치입니다. 그러나 이단과 거짓 그리스도들의 가르침에 유의하라는 말씀은 사람이 자신의 구원을 위하여 경건의 노력을 해야 할 이유를 불필요하게 하는 것이 아닙니다. 하나님께서 선택한 자들은 이러한 교훈에 순종하여 악한 대적의 시험과 유혹을 경계함으로써 선택받은 구원의 복을 누리게 됩니다. 하나님께서 불변의 작정으로 선택하신 자를 구원하고자 하시는 목적을 세우셨다고 하여도 이 목적을 실현하는 수단이나 방편으로 실족하지 않도록 주의하라는 경계의 말씀을 주시는 것은 모순되는 일이 아닙니다. 따라서 성경은 "주의 이름을 부르는 자마다 불의에서 떠날지어다 하였느니라"(딤후 2:19)라고 말씀합니다.

이와 더불어 하나님의 특별한 작정을 이해할 때 꼭 유념해야 할 사실이 있습니다. 그것은 하나님께서는 선택의 방식만이 아니라 선택을 받은 자를 지명하여 작정하셨다는 사실입니다. 하나님께서는 "내가 야곱은 사랑하고 에서는 미워하였다 하심과 같으니라"(롬 9:13)라고 말씀하십니다. 여기서 야곱과 에서는 개인을 지명하여 부르시는 말씀입니다. 아르미니우스주의자들은 여기서 야곱과 에서를 개인이 아니라, 야곱과 같은 부류의 사람들 또는 에서와 같은 부류의 사람들을 가리킨다고 해석합니다. 말하자면 개인의 지명이 아니라 특정한 유형을 가리키는 것이므로, 이 유형에 합당한 사람이 야곱과 같이 되고, 그렇지 못하면 에서와 같이 된다는 설명입니다. 그렇게 되면 야곱과 같은 부류의 사람이 어느 날에는 에서와 같은 부류의 사람이 될 수도 있기 때문에 하나님의 특별한 작정은 불변하지 않고 변한다고 반론을 전개합니다.

그러나 이 주장은 성경의 가르침에 어긋납니다. "주께서는 자기 백성을 아신다"(딤후 2:19) 하셨습니다. 무엇보다도 그리스도께서는 이기는 자들에게 약속하신 말씀에 "그 이름을 생명책에서 결코 지우지 아니하고 그 이름을 하나님 앞과 그의 천사들 앞에서 시인하실"(계 3:5) 것입니다. 이렇게 하나님께서는 개개인을 지명하여 선택하셨기 때문에 하나님의 특별한 작정에 따른 천사나 사람들의 수효는 확실하고 확정적이며 늘어나거나 줄어들 수 없습니다.

적용 질문

1. 여러분은 혹시 여러분이 마지막 날에 선택받지 못한 자로 드러나게 되지나 않을까 근심하신 적은 없으십니까? 그렇다면 그 근심은 무엇 때문이었습니까?

2. 여러분을 선택하신 하나님의 특별한 작정이 영원하며 확정적이라는 사실을 믿으십니까? 믿음의 근거는 무엇입니까?

3. 만일 하나님께서 선택 또는 간과하시는 특별한 작정이 확정되어 있다면 다른 사람에게 전도하여 구원에 이르도록 노력할 이유가 있을까요?

4. 여러분을 향한 하나님의 선택의 작정이 여러분 개인을 향한 것이며, 또 이 작정이 영원하며 불변하다는 교훈이 여러분에게 어떤 위로를 줍니까?

1월 / 30일

선택 작정의 이유와 목적

신앙고백서 3.5

신앙고백서 3.5

하나님께서, 인류 가운데 생명을 얻도록 예정된 사람들을 선택하시되, 세상의 기초가 놓이기 전에, 자신의 영원하며 변치 않는 목적 및 자신의 의지의 비밀한 경륜과 선한 기쁨을 따라서, 단지 값없이 주시는 은혜와 사랑만으로 영원한 영광에 이르도록 그리스도 안에서 선택하셨다.[1] 이는 믿음이나 선행과 이것들 안에서의 견인, 또는 피조물 안에 있는 다른 어떤 것을 조건이나 원인으로 미리 보시어 그렇게 행하신 것이 아니다.[2] 그리고 이 모든 것이 자신의 영광스러운 은혜를 찬송하는 것이 되도록 하셨다.[3]

1) 엡 1:4, 9, 11; 롬 8:30; 딤후 1:9; 살전 5:9.

| 신앙고백서 3.5 | 2) 롬 9:11, 13, 16; 엡 1:4, 9.
3) 엡 1:6, 12. |

◐ 말씀 요절

엡 1:4, 9 곧 창세 전에 그리스도 안에서 우리를 택하사 우리로 사랑 안에서 그 앞에 거룩하고 흠이 없게 하시려고 … 그 뜻의 비밀을 우리에게 알리신 것이요 그의 기뻐하심을 따라 그리스도 안에서 때가 찬 경륜을 위하여 예정하신 것이니

롬 9:11, 13 그 자식들이 아직 나지도 아니하고 무슨 선이나 악을 행하지 아니한 때에 택하심을 따라 되는 하나님의 뜻이 행위로 말미암지 않고 오직 부르시는 이로 말미암아 서게 하려 하사 … 기록된 바 내가 야곱은 사랑하고 에서는 미워하였다 하심과 같으니라

엡 1:6, 12 이는 그가 사랑하시는 자 안에서 우리에게 거저 주시는 바 그의 은혜의 영광을 찬송하게 하려는 것이라 … 이는 우리가 그리스도 안에서 전부터 바라던 그의 영광의 찬송이 되게 하려 하심이라

◐ 교리 해설

하나님께서 영원한 생명을 주시려고 일부 사람들을 선택하셨습니다. 그 선택의 때는 하나님께서 세상을 만들기 전이었습니다. 그러니까 세상의

존재 틀을 구성하는 시간과 공간을 만드시기도 전에 선택의 작정을 하셨습니다. 하나님께서 선택의 대상을 작정하시는 이유는 선택하시는 자들을 하나님께서 기뻐하신다는 사실 하나 때문입니다.

어찌하여 다른 사람이 아니라 하필 그 선택하신 자를 사랑하시며 기뻐하시는지에 대한 이유는 없습니다. 사람의 판단에 더 사랑스럽고 더 기뻐할 만한 사람이 있다고 할지라도, 하나님께서는 그분 자신이 선택한 그 사람을 사랑하시고 기뻐하십니다. 말하자면 선택한 자가 스스로 사랑받을만하지 못하다고 하여 어리둥절하고 부끄러워하면 하나님께서는 마치 이렇게 말씀하시는 것과 같습니다: "내가 너를 사랑하여 선택했다. 내가 너를 기뻐하여 선택하였거늘 다른 이유가 있어야 하는가?" 선택받은 자에게 선택이 주어진 이유는 오직 하나이니, 그 사람을 향한 하나님 그분 자신의 사랑 때문입니다.

하나님의 선택의 작정은 그분 자신의 의지로 선한 기쁨을 따라서 작정하신 비밀한 경륜입니다. 이 경륜이 하나님의 사랑에서 비롯된 것인 만큼, 또한 그 선택의 이유는 결코 선택을 받은 자에게 있는 어떤 것에 있지 않습니다. 하나님께서 어떤 사람의 믿음이나 선행을 미리 보시고, 또 이 사람이 믿음의 인내를 끝까지 잘 지켜나갈 것임을 보시고, 또는 이 사람이 다른 사람에 비하여 하나님께서 기뻐하실 만한 다른 어떤 조건을 더 갖추고 있기 때문에 이 사람을 선택하는 방식으로 선택의 작정을 하시지 않으십니다. 그렇게 된다면 선택받은 사람은 스스로 자신의 믿음을 자랑으로 삼거나 행함을 공로로 내세우게 될 것입니다. 곧 영원한 죽음의 형벌에 처한 자를 구원하여 영원한 생명으로 이끄시는 방식이 은혜의 구원이 아니라 행위의 구원이 됩니다.

하나님의 선택의 작정이 이렇게 사람에게서 어떤 이유를 찾는다면 아무도 선택의 대상이 될 수가 없습니다. 모든 인류가 예외 없이 죄를 범한 자이므로 하나님의 영광에 이르지 못하기 때문입니다(롬 3:23). 이러한 죄인이 생명을 얻는 길은 오직 "그리스도 예수 안에 있는 속량으로 말미암아 하나님의 은혜로 값없이 의롭다 하심을 얻은 자"(롬 3:24)가 되는 길뿐입니다. 따라서 하나님께서 죄인 된 인류 가운데서 생명을 얻도록 예정된 사람들 선택하실 때, 오직 "그리스도 안에서" 행하십니다. 하나님의 선택의 작정은 값없이 주시는 은혜와 사랑에만 그 이유가 있습니다. 그리하여 선택받은 사람들은 자신에게 이루어지는 구원의 사실에 대하여 하나님의 영광스러운 은혜를 찬송하게 됩니다.

◀ 적용 질문

1. 여러분은 여러분이 어느 때 즈음에 하나님의 선택을 받았다고 생각하십니까? 여러분이 교회를 잘 다니고 신앙의 여러 행위들을 비교적 충실히 행할 때입니까? 그렇다면 그때 선택을 받았다고 생각하게 되는 이유는 무엇입니까?

2. 하나님께서 사람에게 있는 어떤 믿음이나 행위를 조건으로 삼지 않으시고 선택의 작정을 하신다면 불공평 또는 불의하지는 않으실까요? 여러분 보시기에 더 나은 사람이 선택을 받아야 하는 것이 아닐까요?

3. 여러분은 하나님께서 여러분을 구원으로 선택하셨다고 믿으십니까? 여러분이 선택받은 이유는 무엇이라고 생각합니까?

4. 여러분은 구원의 선택을 확신하면서 이 사실이 오직 값없이 주시는 은혜와 사랑 때문이라는 것을 확신하십니까? 이 확신은 여러분으로 하여금 하나님께 대하여 어떤 신앙의 태도를 갖도록 이끌어 줍니까?

1월 / 31일

선택 작정의 실행 방편들과 이의 실행에 따른 결과들

신앙고백서 3.6

신앙고백서 3.6

하나님께서 선택하신 사람들을 영광에 이르도록 결정하셨듯이, 자신의 의지의 영원하며 지극히 자유로운 목적에 의해 영광에 이르게 하는 모든 방편을 미리 정하셨다.[1] 그런 까닭에, 선택된 사람들은, 아담 안에서 타락한 이후, 그리스도에 의해 구속을 받고,[2] 적절한 때에 역사하시는 그분의 성령에 의하여 그리스도를 믿는 믿음에 이르도록 효과 있게 부르심을 받고, 의롭다 하심을 받으며, 양자가 되고, 거룩하게 되며,[3] 그분의 능력에 의해 믿음으로 말미암아 구원에 이르도록 보호를 받는다.[4] 선택된 사람들 이외에 누구도 그리스도에 의하여 구속을 받거나, 효과 있게 부르심을 받거나, 의롭다 하심을 받거나, 양자가 되

> **신앙고백서 3.6**
>
> 거나, 거룩하게 되거나, 구원받지 못한다.[5]
>
> 1) 벧전 1:2; 엡 1:4~5; 2:10; 살후 2:13.
> 2) 살전 5:9~10; 딛 2:14.
> 3) 롬 8:30; 엡 1:5; 살후 2:13.
> 4) 벧전 1:5.
> 5) 요 17:9; 롬 8:28~39; 요 6:64~65; 10:26; 8:47; 요일 2:19.

◖ **말씀 요절**

살후 2:13 주께서 사랑하시는 형제들아 우리가 항상 너희에 관하여 마땅히 하나님께 감사할 것은 하나님이 처음부터 너희를 택하사 성령의 거룩하게 하심과 진리를 믿음으로 구원을 받게 하심이니

살전 5:9-10 하나님이 우리를 세우심은 노하심에 이르게 하심이 아니요 오직 우리 주 예수 그리스도로 말미암아 구원을 받게 하심이라 예수께서 우리를 위하여 죽으사 우리로 하여금 깨어 있든지 자든지 자기와 함께 살게 하려 하셨느니라

롬 8:30 또 미리 정하신 그들을 또한 부르시고 부르신 그들을 또한 의롭다 하시고 의롭다 하신 그들을 또한 영화롭게 하셨느니라

벧전 1:5 너희는 말세에 나타내기로 예비하신 구원을 얻기 위하여 믿음

으로 말미암아 하나님의 능력으로 보호하심을 받았느니라

요 17:9 내가 그들을 위하여 비옵나니 내가 비옵는 것은 세상을 위함이 아니요 내게 주신 자들을 위함이니이다 그들은 아버지의 것이로소이다

교리 해설

하나님께서는 선택이라는 특별한 작정을 하실 때 그로 인하여 영광에 이르는 목적만이 아니라 그것을 실행할 방편들도 정하셨습니다. 이것은 선택 교리의 적용과 관련한 신앙생활에 아주 중요한 교훈을 줍니다. 방편에 대한 올바른 이해가 없게 되면 선택이라는 작정을 내세워 신앙의 바른 생활을 살아가지 못할 위험이 있습니다. 하나님의 특별한 선택을 받은 사람은 자신을 영생으로 부르시는 구원의 방편을 따라 살아가도록 노력하여야 합니다. 그리할 때 마침내 구원의 복을 누리게 되는 일이 이루어지도록 하시는 것이 선택 작정을 하신 하나님의 뜻입니다.

작정을 실행하는 이러한 방편 또한 하나님의 영원하며 지극히 자유로운 의지에 따른 것입니다. 따라서 방편은 기회를 따라서 이렇게 저렇게 바뀌지 않으며, 하나님의 자유로운 선택에 의하여 정하여진 것이어서 가장 지혜롭기도 합니다. 이 방편은 성경의 말씀에 근거하여 논리적으로 정리한 순서를 따라서 제시될 수 있습니다. 이를테면 가장 먼저 실행되는 방편은 "그리스도에 의해 구속을 받는" 일입니다. 이 말은 그리스도의 속죄와 의의 순종을 통한 그리스도의 사역이 먼저 있어야 함을 의미합니다. 다시 말해 그리스도 안에서 선택을 받아 구속의 은혜를 받는 일이 준비되고 나면, "적절한 때"가 될 때 그리스도의 영이신 성령 하나님에 의하여 효과 있는 부르심을 받고, 이 은혜로 인하여 그리스도

를 믿는 믿음으로 의롭다 하심을 받으며, 양자의 지위를 누리면서 거룩함을 이루어갑니다.

여기서 하나님께서 정하신 방편을 이행하는 과정에는 선택받은 사람에게 경건의 의무를 실행하는 인격적 순종이 요구된다는 것에 유의해야 합니다. 하나님께서 이러한 방편들을 작정의 실행의 과정으로 정하셨다는 것은 작정이 결코 운명론이나 결정론이 아니라는 점을 보여줍니다. 선택의 작정을 내세우면서, 선택 작정의 실행 방편을 소홀히 하거나 무시한다면 결코 구원에 이르지 못합니다. 작정은 실행 방편을 통해 이루어지기 때문입니다.

그러나 이러한 방편의 과정을 따르는 일은 사람이 자신의 힘으로 행하지 못합니다. 사람은 전적으로 부패하여 영적 선을 행하지 못하기 때문입니다. 따라서 이러한 방편을 따라가는 과정에서 성령 하나님께서는 그분 자신의 능력으로 선택한 자들을 끝까지 보호하시는 은혜를 베푸십니다. 하지만 선택을 받지 못한 사람은 이러한 능력에 의해 보호를 받지 못합니다. 이 사람들은 구속을 받지 못하고, 효과 있는 부르심을 받지 못하며, 의롭다 함을 받지 못하고, 양자의 신분을 얻지 못하며, 거룩하게 되지 못하고, 구원받지 못합니다.

◖ 적용 질문

1. 어떤 일을 행할 때 그 일의 목적을 이루기 위해 해야 할 일은 무엇입니까?

2. 하나님께서 선택의 작정을 하실 때 이것의 목적인 영광에 이르는 일

이 이루어지도록 어떠한 방편을 또한 작정하셨습니까? 이러한 방편에 비추어 여러분의 신앙생활은 어떠합니까?

3. 이러한 방편을 따라가는 여러분의 신앙생활은 어떻게 가능합니까? 이러한 방편을 따라가는 일이 여러분의 능력입니까?

4. 성령 하나님의 도움이 없이, 또 선택 작정의 방편을 소홀히 하거나 무시할 경우, 구원받을 수 있겠습니까?

2월 1일

간과 작정의 이유와 목적

신앙고백서 3.7

신앙고백서 3.7

인류 가운데 나머지 사람들에 대해서는, 하나님께서 기뻐하시는 대로 긍휼을 베풀거나 거두기도 하시는 그분 자신의 의지의 측량할 길 없는 경륜에 따라서, 피조물에 대한 자신의 주권적 권세의 영광을 위하여, 이들을 간과하시고 자신들의 죄로 인한 수치와 진노를 받도록 정하기를 기뻐하셨다. 그리하여 그분의 영광스러운 공의가 찬미 되게 하셨다.[1]

1) 마 11:25~26; 롬 9:17~18, 21~22; 딤후 2:19~20; 유 1:4; 벧전 2:8.

◖ **말씀 요절**

딤후 2:19-20   그러나 하나님의 견고한 터는 섰으니 인침이 있어 일렀으되 주께서 자기 백성을 아신다 하며 또 주의 이름을 부르는 자마다 불의에서 떠날지어다 하였느니라 큰 집에는 금 그릇과 은 그릇뿐 아니라 나무 그릇과 질그릇도 있어 귀하게 쓰는 것도 있고 천하게 쓰는 것도 있나니

유 1:4   이는 가만히 들어온 사람 몇이 있음이라 그들은 옛적부터 이 판결을 받기로 미리 기록된 자니 경건하지 아니하여 우리 하나님의 은혜를 도리어 방탕한 것으로 바꾸고 홀로 하나이신 주재 곧 우리 주 예수 그리스도를 부인하는 자니라

벧전 2:7-8   그러므로 믿는 너희에게는 보배이나 믿지 아니하는 자에게는 건축자들이 버린 그 돌이 모퉁이의 머릿돌이 되고 또한 부딪치는 돌과 걸려 넘어지게 하는 바위가 되었다 하였느니라 그들이 말씀을 순종하지 아니하므로 넘어지나니 이는 그들을 이렇게 정하신 것이라

◖ **교리 해설**

하나님께서 일부 사람들을 선택하여 이들을 영원한 생명으로 이끄시고 영광스러운 은혜를 찬미하게 작정하셨습니다. 이것은 선택하지 않은 나머지 사람들이 있다는 것을 필연적으로 의미합니다. 이들을 향한 하나님의 목적은 하나님 그분의 영광스러운 공의가 찬미되기 위함입니다. 물론 이 공의의 찬미는 선택을 받은 사람들로 인하여 올려집니다. 곧 하

나님께 영광을 올리는 일은 두 가지가 있는데, 하나는 영광스러운 하나님의 은혜이며, 다른 하나는 영광스러운 하나님의 공의입니다. 이 두 가지 영광은 온 우주 가운데 나타납니다. 하지만 이 영광을 찬미하는 일은 선택받은 자를 통하여 올려집니다. 하나님께서 선택하신 자들은 자신들에게 주어지는 은혜의 영광스러움을 찬미하면서, 또한 악인을 심판하시는 하나님의 공의의 영광스러움을 찬미합니다. 그러나 하나님께서 선택하시지 않은 자들은 자신의 죄로 인한 수치와 진노를 받게 될 것이며 그 가운데 하나님을 원망합니다.

하나님께서 행하시는 특별한 작정은 크게 두 가지, 선택과 간과로 구분됩니다. 하나님께서는 영원한 생명에 이르도록 하시는 은혜를 베푸실 대상에 대해 선택의 작정을 하십니다. 또한 이외의 사람들은 '선택하지 않으시고 지나치시는' 간과의 작정을 하십니다. 간과의 표현은 어떤 대상을 선택하지 않으셨다는 의미에서 소극적인 것으로 여겨집니다. 좀 더 적극적으로는 간과된 자들이 자신이 범한 죄로 인하여 수치와 진노의 형벌을 받도록 정하여졌다는 의미를 담아 '선 정죄'라는 표현을 사용합니다. 이 두 표현은 서로 선택적이지만 사실 초점이 조금 다릅니다. '간과'는 하나님께서 어떤 대상을 향해 은혜를 베풀지 않고 지나치신 사실에 초점을 둔다면, '선 정죄'는 간과된 자가 죄로 인하여 받을 형벌에 초점을 두고 있습니다.

하나님께서 선택하지 않은 사람들을 향하여 간과의 작정을 하시고, 이렇게 간과한 자들이 그들의 죄에 따라 수치와 진노를 형벌로 당하도록 미리 정죄하는 작정을 하신 목적은 피조물에 대한 하나님의 주권적 권세의 영광을 위한 것입니다. 그리하여 하나님의 영광스러운 공의가 찬미되게 하셨습니다.

어느 누구도 간과되었다는 사실로 인하여, 또 자신이 받는 수치와 진노의 형벌로 인하여 하나님을 불의하다고 할 수 없습니다. 먼저 간과의 대상으로 지명되는 일은 전적으로 하나님의 주권에 속한 일입니다. 어느 그릇을 귀하게 또는 천하게 쓸 것인지를 결정할 권한이 토기장이에게 있듯이, 하나님에게도 선택의 대상과 간과의 대상을 결정할 권한이 마땅히 있습니다(롬 9:21-22). 하나님께서 누구를 선택하고 간과할 것인지는 하나님의 주권에 속한 일이므로 이에 대하여 하나님께 공평하지 않고 불의하시다고 문제를 제기할 수 없습니다. 하나님께서는 온갖 것을 쓰임에 따라 적당하게 지으셨으며, 악인도 악한 날에 적당하게 하셨다는 성경의 교훈(잠 16:4)을 잘 유념하여야 합니다. 또한 간과된 자가 받는 수치와 진노의 형벌과 관련하여 하나님을 불의하다 할 수 없습니다. 이 형벌은 간과된 자가 스스로 범한 죄의 책임으로 주어지는 것이기 때문입니다.

이러한 특별한 간과의 작정도 선택의 작정과 마찬가지로 하나님의 의지에 따라서 이루어집니다. 선택과 간과의 특별 작정은 하나님께서 자신의 의지로 세우시는 영원하며 변치 않는 목적과 이를 이루어 가시는 측량할 길이 없는 비밀한 경륜에 따라서 이루어집니다. 누구도 사람의 어떤 조건을 보고서 이러한 비밀한 경륜을 판단하여 선택과 간과의 대상을 분별하려 하는 것은 불가능한 일이며 사람이 해야 할 마땅한 일이 아닙니다. 도리어 사람은 누구라도 자신이 영원한 형벌을 받기에 합당한 죄인이라는 사실에 주목해야 합니다. 그리고 이어서 자신이 간과를 받아 형벌의 정죄를 받는다고 하여도 하나님께는 불의가 없으시며 공의롭다는 사실을 인정해야 합니다. 그러면 그 사람은 그리스도를 만날 수 있습니다. 그리고 그리스도 안에서 베푸시는 영광스러운 은혜의 복음 앞에서 그 은혜를 구하는 가운데, 선택받은 자들에게 이루어지는 방편을 따라가게 될 것입니다. 그 결국은 그리스도 안에서 주어지는 영원한 영광에 이르는 구원의 복을 누리게 됩니다. 이것이 간과의 특별 작정이 모든 사람에게 주는 적용의 교훈입니다.

적용 질문

1. 여러분은 하나님께서 어떤 사람에게 은혜 주시기를 간과하시고 이들이 영원한 형벌을 받도록 정하셨다는 교리를 들어본 적이 있습니까? 여러분은 이러한 하나님의 간과 작정에 대하여 어떻게 생각하십니까? 어떠한 느낌을 받으십니까?

2. 간과의 대상이 된 어떤 사람을 생각해봅니다. 이 사람은 자신이 수치와 진노를 받는 형벌로 작정되었다는 사실에 대하여 어떠한 반응을 보일 것이라고 생각하십니까? 그 반응에 대하여 여러분의 판단은 어떠하십니까?

3. 선택의 대상과 마찬가지로 간과의 대상도 하나님께서 사람에게 있는 어떤 것을 조건이나 원인으로 보시고 작정하시지 않으신다는 사실에 대해 여러분은 어떻게 생각하십니까?

4. 간과의 특별 작정은 어떤 사람에게 위협이 됩니까? 또 어떤 사람에게는 도리어 구원으로 이끄는 길이 되겠습니까?

예정 교리의 신비와
목회적 신중성

신앙고백서 3.8

신앙고백서 3.8

예정이라는 이 심오한 신비에 관한 교리는 특별히 신중하고 주의 깊게 다루어야 한다.[1] 그리하여 하나님의 말씀에 계시된 그분의 뜻에 집중하며 이것에 순종하는 사람들이, 효과 있는 부르심의 확실성에서, 자신들의 영원한 선택을 확신하도록 해야 한다.[2] 이렇게 함으로써 이 교리는, 복음을 진실하게 복종하는 모든 사람에게, 하나님을 찬양하고 경외하며 경배할 근거와[3] 겸비와 근면과 풍성한 위로의 근거를 제공할 것이다.[4]

1) 롬 9:20; 11:33; 신 29:29.
2) 벧후 1:10.

| 신앙고백서 3.8 | 3) 엡 1:6; 롬 11:33.
4) 롬 11:5~6, 20; 벧후 1:10; 롬 8:33; 눅 10:20. |

◧ 말씀 요절

신 29:29 감추어진 일은 우리 하나님 여호와께 속하였거니와 나타난 일은 영원히 우리와 우리 자손에게 속하였나니 이는 우리에게 이 율법의 모든 말씀을 행하게 하심이니라

롬 11:33 깊도다 하나님의 지혜와 지식의 풍성함이여, 그의 판단은 헤아리지 못할 것이며 그의 길은 찾지 못할 것이로다

벧후 1:10 그러므로 형제들아 더욱 힘써 너희 부르심과 택하심을 굳게 하라 너희가 이것을 행한즉 언제든지 실족하지 아니하리라

롬 8:28, 38-39 우리가 알거니와 하나님을 사랑하는 자 곧 그의 뜻대로 부르심을 입은 자들에게는 모든 것이 합력하여 선을 이루느니라 … 내가 확신하노니 사망이나 생명이나 천사들이나 권세자들이나 현재 일이나 장래 일이나 능력이나 높음이나 깊음이나 다른 어떤 피조물이라도 우리를 우리 주 그리스도 예수 안에 있는 하나님의 사랑에서 끊을 수 없으리라

◀ 교리 해설

하나님의 선택과 간과라는 특별한 작정 교리는 지극히 신비로운 것이며 그 뜻을 헤아릴 수가 없는 비밀한 것입니다. 더욱이 사람은 원죄로 부패한 상태에 있기 때문에 밝히 계시된 진리도 이해하는 데에 오류를 범하는 일이 있습니다. 그뿐 아니라 하나님을 바르게 알지 못하고 또 하나님께서 하시는 일에 대하여 자신의 생각을 기준으로 하여 임의로 판단하는 일을 기본값으로 가지고 있습니다. 숱한 오류와 이단 그리고 성경의 가르침에 어긋난 각종 종교와 철학의 주장들이 둘러싸고 있기 때문에 하나님의 신비로운 작정에 대하여 무엇인가를 판단하는 일에는 특별한 신중함이 요구됩니다.

선택과 간과의 작정 교리, 흔히 말하는 예정 교리는 이성으로 판단할 사안이 아닙니다. 이성으로 하나님의 말씀이 무엇을 가르치는지를 분별하지만, 이를 마음으로 받아들이는 것은 신앙입니다. 창조주 하나님의 절대 주권과 능력, 긍휼과 공의의 속성을 예정 교리는 그 어떤 교리 못지않게 분명히 나타냅니다. 선택과 간과의 특별 작정의 교리를 믿는 것은 성경을 하나님의 말씀으로 믿는 신앙의 정수이며 절정입니다. 이 교리는 사람에게 묻습니다. 하나님의 절대 주권을 겸손히 인정하고 하나님께서 베푸시는 사랑의 은혜만이 영원한 생명으로 나가는 유일한 길임을 믿는지, 그리하여 하나님의 선택의 작정만이 죄인이 살아갈 유일한 이유라는 것을 참 마음으로 고백하는지를 묻습니다.

여기서 사람이 할 바가 무엇이겠습니까? 이 작정의 교리는 사람으로 하여금 하나님에게서 멀어지는 것이 아니라 도리어 하나님에게로 나오도록 교훈합니다. 긍휼히 여길 자를 긍휼히 여기시는 하나님이신 줄을 믿고 하나님의 긍휼을 간구하며 죄를 고백하고 그리스도의 복음의 약속을 믿으며 하나님 앞에 나가야 합니다. 하나님의 말씀을 듣고 순종하며 하나님께서 그리스도 안에서 베푸신 사랑을 성령 하나님의 능력으로 바르게 깨달아 하나님의 교훈을 따라 살아가고자 소원하며 성령 하나님의 도우심을 구하여야 합니다. 이러하다면 그는 과연 신비로운 하나님의 작정 교리 안에서 선택받은 자임을 알게 됩니다. 그러나 간과 교리를 빙자하여 도리어 하나님을 판단하며 하나님의 주권에 저항하며 공의를 부정한다면, 그러한 사람은 하나님의 긍휼의 은혜와 사랑을 부정하는 것이라는 점을 알아야 합니다.

여러분 모두는 하나님의 계시된 뜻에 순종하는 사람이 되어야 합니다. 여러분의 마음을 들여다보시기 바랍니다. 하나님을 믿는가, 믿지 않는가? 과연 믿는 사람은 죄인을 죄의 형벌에서 구원의 길로 부르시는 은혜의 복음의 진리를 굳게 믿고 이 복음이 약속하는 바의 확실성을 또한 굳게 붙듭니다. 그리하여 결국에 영원 전에 그리스도 안에서 선택받은 것임을 확신하며 나갑니다. 그리고 하나님께서 영광을 받으시기에 합당하신 분이심을 찬양합니다. 하나님께서 보이신 영광스러운 은혜와 영광스러운 공의를 찬송의 노래로 부르며, 실로 겸비하며 근면한 가운데 인내로 신앙의 삶을 살아갑니다. 그 인생길에서 이생의 마지막에 이를 때까지 풍성한 위로를 이 특별한 작정으로부터 받게 될 것입니다. 예정 교리는 비록 신비롭고 의심을 초래할 위험이 있지만 이처럼 풍요로운 영적 은택 때문에 참으로 믿는 모든 성도에게 가르쳐야 할 교훈입니다. 다만 특별히 신중하고 주의 깊게 다루어야 할 필요가 있을 뿐입니다. 오늘 읽는 특별한 작정, 예정 교리는 여러분에게 하나님의 크신 사랑을 확신할 것을 교훈합니다.

◀ 적용 질문

1. 여러분은 교회에서 선택과 간과의 특별한 작정 교리에 대하여 배우신 적이 있으십니까? 다만 예정 교리라는 말만 들어보신 것은 아닙니까? 그러할 때 여러분의 반응은 어떠하셨습니까?

2. 어떠한 사람이 선택과 간과의 작정 교리를 듣고 이에 대해 겸비한 신앙의 태도를 보이겠습니까? 그러한 사람이라면 이 예정 교리에 따를 때 선택과 간과의 대상 가운데 어디에 속할 것이라고 생각하십니까?

3. 여러분은 예정 교리를 통하여 하나님께 더욱 찬양과 경외와 경배를 드리게 되십니까? 그러하다면 그 이유는 무엇입니까?

4. 연약한 신앙인을 배려하여 예정 교리를 가르치지 말아야 한다는 주장에 대해 여러분의 대답은 어떠합니까? 예정 교리를 계시하신 하나님은 신자의 연약함이나 이를 이용하여 실족하게 할 시험을 고려하지 않으신 것일까요? 하나님께서 계시하신 것이면 신자가 배워 깨달아 영적 유익을 누려야 하지 않을까요? 여러분의 답은 무엇입니까?

2월 3일

작정의 실행 방식

소요리문답 8
대요리문답 14

소요리문답 8:

문8. 하나님께서 그분 자신의 작정을 어떻게 실행하십니까?
답.   하나님께서 그분 자신의 작정을 창조와 섭리의 사역으로 실행하십니다.

대요리문답 14:

문14. 하나님께서 그분 자신의 작정을 어떻게 실행하십니까?
답.   하나님께서 무오한 예지와 그분 자신의 의지의 자유롭고 불변하는 경륜에 따라 창조와 섭리의 사역으로 그분의 작정을 실행하십니다.[1]

1) 엡 1:11

◗ **말씀 요절**

계 4:11 우리 주 하나님이여 영광과 존귀와 권능을 받으시는 것이 합당하오니 주께서 만물을 지으신지라 만물이 주의 뜻대로 있었고 또 지으심을 받았나이다 하더라

엡 1:11 모든 일을 그의 뜻의 결정대로 일하시는 이의 계획을 따라 우리가 예정을 입어 그 안에서 기업이 되었으니

행 4:24-28 그들이 듣고 한마음으로 하나님께 소리를 높여 이르되 대주재여 천지와 바다와 그 가운데 만물을 지은 이시오 또 주의 종 우리 조상 다윗의 입을 통하여 성령으로 말씀하시기를 어찌하여 열방이 분노하며 족속들이 허사를 경영하였는고 세상의 군왕들이 나서며 관리들이 함께 모여 주와 그의 그리스도를 대적하도다 하신 이로소이다 과연 헤롯과 본디오 빌라도는 이방인과 이스라엘 백성과 합세하여 하나님께서 기름 부으신 거룩한 종 예수를 거슬러 하나님의 권능과 뜻대로 이루려고 예정하신 그것을 행하려고 이 성에 모였나이다

단 4:35 땅의 모든 사람들을 없는 것 같이 여기시며 하늘의 군대에게든지 땅의 사람에게든지 그는 자기 뜻대로 행하시나니 그의 손을 금하든지 혹시 이르기를 네가 무엇을 하느냐고 할 자가 아무도 없도다

◗ **교리 해설**

성경이 하나님에 대하여 알려주시는 바에 대해 1월 15일에 읽는 대

요리문답 6항은 이렇게 진술합니다. "성경은 하나님이 어떤 분이신지, 하나님의 위격들과 작정, 그리고 그 작정의 실행에 대하여 알려줍니다." 여기서 구별되는 두 개념이 있습니다. 곧 작정과 작정의 실행입니다. 1월 24일에 읽는 대요리문답 12항은 하나님의 작정에 대하여 다음과 같이 설명합니다. "하나님의 작정은 그분 자신의 의지의 경륜이라는 지혜롭고, 자유로우며, 거룩한 행위입니다. 이것으로 하나님께서 시간 가운데 일어나게 될 어떤 일이든지, 특히 천사와 사람에 대한 것들을, 영원부터 자신의 영광을 위해 변치 않게 미리 결정하셨습니다." 작정은 목적을 가지고 계획하신 일이 일어나도록 하시는 결정이지 실행이 아닙니다.

오늘 배우는 교리는 하나님께서 영원 안에서 변치 않게 미리 결정하신 모든 일이 과연 어떻게 실행되는가의 질문에 대한 대답입니다. 작정하신 일은 작정하셨다는 사실만으로 실행되지 않습니다. 하나님의 작정은 두 가지로 실행됩니다. 창조와 섭리입니다. 창조와 섭리는 계획이 아니라 결정하신 일의 실행의 결과이며 과정입니다. 그러니까 하나님께서는 이 세상을 창조하셨고 또한 창조하신 세상에 대해 섭리 사역으로 작정하신 일을 실행하신다고 말할 것입니다. 하나님께서는 그분 자신의 작정에 따라 세상을 창조하시고, 이렇게 창조하신 시간과 공간의 세상 안에서 그분 자신의 작정에 따라 모든 일이 일어나도록 섭리하십니다. 이 세상은 스스로 있는 것이 아니며 하나님의 작정의 실행으로 있는 것입니다. 또 이 세상에서 일어나는 모든 일은 하나님께서 작정하신 바의 실행으로 있는 것입니다.

작정과 작정의 실행에 있어서 바르게 알아야 할 사실이 있습니다. 그것은 하나님께서 작정하신 바를 실행하실 때 작정하셨던 바를 그대로 실행하신다는 것입니다. 작정하실 때에 결정했던 것에 어떤 오류가 있어서 실행 단계에서 수정하는 일은 없습니다. 작정하실 때에는 기뻐하셨으나 실행하실 때 보니 그다지 기쁜 일이 아니라서 취소하거나 변경하는 일이 있게 되는 일은 없습니다. 하나님께서 작정을 실행하실 때 무오한 예지를 따라서 하시며 또한 그분 자신의 자유롭고 불변하는 경륜에 따라 실행하십니다. 예지는 작정하신 일을 모두 아시며 미리 아시는 것을 의미합니다. 이러한 하나님의 지식에 오류가 없습니다. 또한 하나님께서 기뻐하시며 원하시는 바대로 행하신 작정은 자유롭고 불변합니다. 그리고 작정을 실행하는 경륜은 자유롭고 불변합니다. 곧 작정과 작정의 실행은 둘 다 하나님께서 기뻐하시며 원하시는 자유롭고 불변하는 의지에 따라 이루어집니다. 하나님께서 작정하신 일을 예언으로 알리실 때 그 일은 반드시 실행됩니다. 하나님께서 사람이 마땅히 행할 일과 그 일에 대하여 심판이 있을 것임을 알리신 작정은 반드시 실행됩니다. 창조의 작정은 이미 이루어졌으며 창조된 세상 안에서 일어난 일도 이미 실행되었고, 또 앞으로 일어나게 될 모든 일의 작정이 반드시 실행됩니다. 이 가르침은 신자에게는 커다란 위로가 됩니다. 신자는 하나님의 특별 작정에 의하여 선택을 받은 자이며, 신자를 향한 하나님의 선한 목적은 반드시 실행될 것임을 교훈하기 때문입니다.

적용 질문

1. 여러분은 사람이 살고 있는 이 우주가 하나님의 작정에 따라 실행된 세상인 것을 믿으십니까? 이 믿음이 지구라는 환경 안에서 살아가는 여러분에게 어떤 신앙의 의미를 줍니까?

2. 여러분은 이 세상에서 일어난 모든 일과 앞으로 일어날 모든 일이

하나님께서 미리 정하신 결정에 따라 일어난다는 것을 믿으십니까? 이 믿음이 여러분의 하루하루의 삶과 또 장래의 인생길에 어떠한 신앙의 의미를 줍니까?

3. 하나님께서 작정하신 바를 그대로 실행하시겠습니까? 어떤 수정이나 취소와 같은 변경이 없겠습니까? 만일 그러하다면 여러분의 신앙에 어떤 영향을 줍니까?

4. 여러분은 하나님께서 작정하신 뜻과 일에 대하여 무엇을 알고 있습니까? 그러한 작정이 반드시 실행될 것이라는 사실이 여러분의 신앙에 어떤 유익을 줍니까?

날마다 양식으로 읽는
웨스트민스터 표준교리 I

5장.

창조

2월 4일

창조 사역의 정의

소요리문답 9
대요리문답 15

소요리문답 8:

문9. 창조 사역은 무엇입니까?

답. 창조 사역은 하나님께서 자신의 능력의 말씀으로 무(無)에서 모든 것을 6일 동안에 만드신 일이며, 이 모든 것이 심히 좋았습니다.[1]

1) 창 1:1~31; 히 11:3.

대요리문답 15:

문15. 창조 사역은 무엇입니까?

답. 창조 사역은 하나님께서 태초에 그분 자신을 위하여 능력의 말씀으로 무(無)에서 세계와 그 안에

대요리문답 15: 있는 모든 것을 6일 동안에 만드신 일이며, 이 모든 것이 심히 좋았습니다.[1]

1) 창 1장; 히 11:3; 잠 16:4.

말씀 요절

창 1:1-2 태초에 하나님이 천지를 창조하시니라 땅이 혼돈하고 공허하며 흑암이 깊음 위에 있고 하나님의 영은 수면 위에 운행하시니라

골 1:16 만물이 그에게서 창조되되 하늘과 땅에서 보이는 것들과 보이지 않는 것들과 혹은 왕권들이나 주권들이나 통치자들이나 권세들이나 만물이 다 그로 말미암고 그를 위하여 창조되었고

요 1:1-3 태초에 말씀이 계시니라 이 말씀이 하나님과 함께 계셨으니 이 말씀은 곧 하나님이시니라 그가 태초에 하나님과 함께 계셨고 만물이 그로 말미암아 지은 바 되었으니 지은 것이 하나도 그가 없이는 된 것이 없느니라

히 11:3 믿음으로 모든 세계가 하나님의 말씀으로 지어진 줄을 우리가 아나니 보이는 것은 나타난 것으로 말미암아 된 것이 아니니라

렘 32:17 슬프도소이다 주 여호와여 주께서 큰 능력과 펴신 팔로 천지를 지으셨사오니 주에게는 할 수 없는 일이 없으시니이다

◀ **교리 해설**

성경은 성부, 성자, 성령 삼위일체 하나님께서 천지를 만드신 창조주이심을 선언합니다. 창조주 하나님에 대한 믿음이 없이는 성경이 교훈하는 사람의 타락과 그리스도의 구원과 새롭게 하시는 세상에 대한 어떤 것도 세워지지 않기 때문입니다. 창조주 하나님께서 이 세상을 만드셨다는 선언은 이 세상이 스스로 있는 것이 아니라 피조물에 불과하다는 것을 선언하는 것입니다. 창조의 계시는 자연이 스스로 영원하다는 자연숭배와 자연주의, 또는 유물론이 거짓임을 밝혀줍니다.

하나님의 창조로 인하여 이 세상은 그 존재를 시작합니다. "태초에"라는 말이 이 사실을 가르칩니다. 만물은 시작점이 있다는 것과 영원하지 않으며 항상 존재하지 않았음을 말합니다. 하나님만이 항상 존재하시며 시작점이 없으십니다. 태초부터 계신 하나님은 그때로부터 존재를 시작하는 분이 아니십니다. 하나님께서는 그 태초를 만드신 분이십니다. 곧 만물을 만드신 태초에 하나님께서는 영원하신 창조주로서 계십니다. 만물은 그 존재를 하나님께로부터 부여받습니다. 하나님에게서 독립적으로 존재하는 어떤 피조물이 있을 수가 없습니다. 만일 어떤 이성적 피조물이 하나님을 부인하고 무신론자로 살아가고자 한다면 그것은 우매무지하여 하나님 앞에서 짐승과 같은 어리석은 행위입니다.

사람은 하나님께서 만드신 창조세계를 보면서 하나님께서 전능하신 분이심을 찬미해야 합니다. 하나님께서는 능력의 말씀으로 본래 존재하지 않는 것을 존재하도록 만드셨습니다. 우주가 아무리 광대하여도 그것은 하나님의 능력의 말씀으로 무에서 6일 동안에 만드신 것입니다. 만들어진 결과도 또한 하나님의 능력과 지혜를 계시합니다. 그 광대한 우주를 품고 있는 거시 세계와 그 원자의 세계를 품는 미시 세계는 모두 하나님의 능력과 그것의 정교함을 통해 하나님의 지혜를 계시합니다.

이러한 자연을 바라보면서 사람은 하나님의 능력과 지혜를 탄복하며 찬미해야 합니다. 어떤 이는 이 세상에서 보는 자연재해나 고통이나 죽음과 같은 악의 현상을 지적하면서 하나님의 능력과 지혜를 볼 수 없다고 억지를 부립니다. 이러한 고난과 고통의 현상은 하나님께서 만드신 것이 아닙니다. 하나님께서 만드신 세상은 보기에 좋은 세상이었습니다. 곧 죄악이 없는 세상이었고 따라서 어떠한 심판도 내려지지 않은 세상이었습니다. 사람이 오늘날 보는 이 세상의 모든 악은 하나님의 창조에 속한 것이 아닙니다.

적용 질문

1. 여러분은 이 우주가 하나님께서 만드신 것이라는 사실을 믿으십니까? 그 창조 신앙에 따를 때, 여러분은 어떠한 존재로 나타납니까?

2. 결국 성부, 성자, 성령 삼위일체 하나님께서 창조주시라는 사실은 사람이 하나님의 말씀의 교훈 앞에서 어떠해야 함을 교훈합니까?

3. 여러분은 하나님께서 만드신 자연을 바라보면서 하나님의 능력과 지혜를 찬미하신 적이 있습니까? 어느 때에 어떤 경우에 그러하셨습니까?

4. 이 세상에서 보는 많은 악의 현상들이 하나님께서 창조주시라는 사실이나 하나님께서 만드신 세상이 본래 보기에 좋았다는 성경의 계시를 부정한다는 주장에 대해 어떻게 답을 하시겠습니까? 여러분은 악의 현상 때문에 하나님의 능력과 지혜에 대하여 의문을 제기한 적은 없습니까?

2월 5일

창조의 목적

신앙고백서 4.1

| 신앙고백서 4.1 | 성부, 성자, 성령 하나님께서[1] 자신의 영원한 능력과 지혜와 선하심의 영광을 나타내시기 위하여,[2] 태초에 세계와 그 안에 있는 보이는 것과 보이지 않는 모든 것을 6일 동안에 무(無)에서 창조하시고 만드시기를 기뻐하셨다. 그리고 이 모든 것이 심히 좋았다.[3] |

1) 히 1:2; 요 1:2~3; 창 1:2; 욥 26:13; 33:4.
2) 롬 1:20; 렘 10:12; 시 104:24; 33:5~6.
3) 창 1장; 히 11:3; 골 1:16; 행 17:24.

📖 말씀 요절

롬 1:20 창세로부터 그의 보이지 아니하는 것들 곧 그의 영원하신 능력과 신성이 그가 만드신 만물에 분명히 보여 알려졌나니 그러므로 그들이 핑계하지 못할지니라

렘 10:12 여호와께서 그의 권능으로 땅을 지으셨고 그의 지혜로 세계를 세우셨고 그의 명철로 하늘을 펴셨으며

요 1:1-3 태초에 말씀이 계시니라 이 말씀이 하나님과 함께 계셨으니 이 말씀은 곧 하나님이시니라 그가 태초에 하나님과 함께 계셨고 만물이 그로 말미암아 지은 바 되었으니 지은 것이 하나도 그가 없이는 된 것이 없느니라

창 1:5 하나님이 빛을 낮이라 부르시고 어둠을 밤이라 부르시니라 저녁이 되고 아침이 되니 이는 첫째 날이니라 … 저녁이 되고 아침이 되니 이는 둘째 날이니라 … 저녁이 되고 아침이 되니 이는 셋째 날이니라 … 저녁이 되고 아침이 되니 이는 넷째 날이니라 … 저녁이 되고 아침이 되니 이는 다섯째 날이니라 … 하나님이 지으신 그 모든 것을 보시니 보시기에 심히 좋았더라 저녁이 되고 아침이 되니 이는 여섯째 날이니라

렘 32:17 슬프도소이다 주 여호와여 주께서 큰 능력과 펴신 팔로 천지를 지으셨사오니 주에게는 할 수 없는 일이 없으시니이다

◀ 교리 해설

스스로 존재하시며 완전하신 하나님께서 천지를 창조하신 목적은 하나님 그분 자신의 영원한 능력과 선하심의 영광을 나타내기 위함입니다. 하나님께서 그분 자신의 영광을 나타내신다는 것은 그분 자신이 하나님이라는 것을 뽐내거나 자랑하기 위함이 아닙니다. 이러한 생각은 타락한 사람의 마음에서 나오는 잘못된 것입니다. 하나님께서는 누구의 인정을 받으실 필요가 없으신 스스로 완전한 분이십니다. 피조물이 하나님의 영광을 찬미한다고 하여 하나님께 그 어떤 인정이나 높으심이 새롭게 되거나 더하여지지 않습니다. 다만 이성적 피조물인 천사나 사람이 하나님의 영광을 피조물 가운데 명백하게 나타나고 있음을 보고 찬미하는 것입니다. 이것은 창조로 인한 결과이며 또한 목적이 됩니다. 곧 하나님의 창조는 하나님의 영광을 찬미하지 않을 수가 없도록 하나님의 지혜와 능력을 만물 가운데 분명하게 나타내십니다. 이로 인하여 찬미를 올리게 됩니다.

하나님께서 만물을 6일 동안에 무에서 만드셨다는 계시를 통해 신자는 하나님의 지혜와 능력을 더욱 찬미하게 됩니다. 많은 사람이 하나님의 창조가 "6일 동안"에 이루어졌다는 계시의 말씀을 믿지 않으려 합니다. 우주는 너무나 광대하기 때문입니다. 또한 우주 안에서 살아가는 복잡한 생명체들이 단지 각각 하루의 시간이 걸려, 셋째 날에 식물이, 다섯째 날에 바다와 하늘의 생물들이 만들어졌다는 것을 믿지 않으려 합니다.

그래서 여러 가지 대안적 설명을 마련하여 제시합니다. 가장 흔한 생각은 창세기 1장의 "날"의 길이를 "하루 24시간"으로 보지 않고 하나의 긴 연대를 가리킨다고 보는 것입니다. 그러나 각 날에 첫째, 둘째, 셋째 등의 숫자 서열이 덧붙여져 있고 또 "저녁이 되며 아침이 되니"라는 표현과 연결되고 있으므로 여기서 "날"을 긴 연대로 보는 것은 충분한 지지를 받기 어렵습니다. 어떤 이는 여기서 6일 동안은 하나님께서 창조한 시간이 아니라 모세가 창조에 대하여 계시받은 6일이라고 주장합니다. 그러나 이스라엘의 안식일과 관련하여 하나님께서는 엿새 동안에 모든 것을 만들고 일곱째 날에 쉬었다고 말씀하심으로 6일 동안의 시간이 창조의 시간임을 밝히십니다. 또 어떤 이는 첫째 날과 둘째 날로 이어지는 여섯 날의 사이 사이에 긴 시간이 있다고 상상합니다. 그러나 앞서 말한 "엿새 동안에 모든 것을 만들고"라는 말씀은 6일의 날이 이어지는 것임을 보여줍니다.

또 어떤 이는 "날"은 시간과 관계없는 하나의 문학 형식의 수단이라고 말합니다. 이 주장은 '구조이론'으로 불립니다. 첫째 날부터 셋째 날로 표현되는 3일은 피조세계의 세 영역을 보이고, 넷째 날로부터 여섯째 날은 이 영역의 지배자를 언급하고 있다는 해석입니다. 이 해석에 따르면 첫째 날은 넷째 날, 둘째 날은 다섯째 날, 셋째 날은 여섯째 날과 실제로 동일한 날을 의미합니다. 예를 들어, 첫째 날에 하늘의 공간이 만들어지는 사건과 넷째 날에 해와 달, 별이 만들어지는 사건이 같은 사건의 일부라고 주장하는 것입니다. 나아가 이 해석에 따르면 창세기 1:1의 하늘과 땅의 창조에서 하늘은 하나님께서 그분 자신과 천사가 거할 영적 영역이며 땅은 물리 세계입니다. 하늘은 원형이고 땅은 모형이라고 주장합니다. 그러나 이 해석의 최대 약점은 창세기 1, 2장을 철저히 비역사적이며 문학적 비유로 본다는 데 있습니다. 유신진화론자는 이 해석을 내세웁니다. 진화론에 따른 긴 시간 동안의 우연과 돌연변이, 그리고 자연선택이 자연원리라고 임의로 해석하고 그것에 따라 창세기 1, 2장의 역사적 해석을 부정합니다. 그러나 "하루 24시간"의 6일 동안에 창조하셨다는 해석은 본문의 올바른 주석으로 교회가 지켜온 가장 견고한 해석입니다.

우주와 지구의 나이가 얼마나 되었는지를 아는 일은 과학의 연구 분야입니다. 하나님께서는 그 나이가 얼마가 되었든지 완성된 우주를 성숙한 상태로 "6일 동안" 만드셨습니다. 창조의 기간은 성경을 따라 "6일"이며, 만드신 우주의 나이는 성숙한 상태일 것입니다. 어떤 이는 이 우주가 1만 년 정도 아닐까 하며 다른 어떤 이는 빅뱅 이론을 따라서 138억 년의 나이를 말합니다. 과학적으로 138억년으로 여겨진다는 증거를 제시하거나, 또는 이에 대한 반증으로 우주가 그렇게 오래되지 않았다는 증거를 연구하여 제시하는 것은 어느 편이든지 과학자의 몫입니다. 여기서 성경이 가르치는 중요한 사실은 하나님께서 "6일 동안" 창조하신 후에 아담으로부터 시작되는 인류의 역사와 우주의 시간은 1만 년이 넘는 시간이 아닐 것이라는 점입니다. 아담으로부터 이어지는 성경의 족보 기록이 모든 사람을 다 포함하고 있지 않다고 하더라도 족보의 건너뜀의 기간이 수만 년은 아닐 것입니다. 그러한 의미에서 아담이 본 우주는 우리가 보는 우주와 다르지 않을 것입니다. 우주의 크기는 우주의 나이를 말하지 않습니다. 하나님께서 만드신 우주의 크기가 아무리 커도 그것은 젊은 상태일 수도 있고 오래된 상태일 수도 있습니다. 과학자는 이것을 알아내는 연구를 해야 할 것입니다. 그러나 아무리 큰 우주라고 하더라도 하나님께서는 "6일 동안" 창조하셨습니다. 우주의 크기가 하나님께서 창조하시는 데에 걸리는 시간의 오래됨을 말하지 않습니다. 그리고 창조된 시간으로부터 지금까지의 역사는 1만 년이 넘지 않았을 것입니다.

이러한 내용은 모두 창조를 통해 계시되는 하나님의 지혜와 능력과 영광을 가리킵니다. 그리고 이것을 나타내 보이시고 이성적 피조물로 하여금 하나님을 찬미하도록 하는 것이 바로 창조의 목적입니다.

◀ 적용 질문

1. 하나님께서 그분 자신의 능력과 지혜와 선하심의 영광을 나타내시기 위하여 천지를 창조하셨다는 교훈을 들을 때 여러분은 과연 그러하다고 반응하십니까? 여러분이 보는 이 우주는 과연 하나님의 영광을 나타내고 있습니까?

2. 하나님께서 이 광대한 우주를 "6일 동안"에 말씀의 능력으로 창조하셨다는 계시의 말씀을 믿으십니까? 이러한 성경의 가르침을 들을 때 현대 진화론자들이 말하는 것과 다른 점을 어떻게 해결하십니까?

3. 우주가 광대하므로 먼 거리에 있는 별에서 오는 빛을 보고 있다는 사실은 우주의 나이가 어떠하다고 생각하게 합니까? 그것은 오늘의 우주의 모습을 갖기까지 실제로 소요된 시간을 말해줍니까? 아니면 하나님께서 만드신 우주의 나이와 크기가 그러한 것이겠습니까?

4. 우주의 크기와 나이에 대한 현대 진화론의 해석은 실제로 우주가 현재 모습을 갖기까지 오래되었다고 주장합니다. 이 주장에 대한 반대 가설이나 증거는 과학의 권위를 갖는 것으로 존중하지 않습니다. 그리고 창세기 1, 2장을 비유적으로 보아야 한다고 말합니다. 그리고 아담과 하와는 첫 번째 사람이 아니며, 이들을 낳은 육체의 조상이 먼저 있었다고 주장합니다. 모든 생명체는 진화의 방식으로 오늘의 종류들로 나타났다고 말합니다. 이러한 주장에 대한 과학적 반증을 무시합니다. 그리고 과학적 반증은 비과학적이라고 폄하합니다. 진화론 편향적이며 독단적인 사고에 갇혀 있는 이러한 유신진화론을 어떻게 평가하여야 합니까?

2월 6일

천사의 창조

대요리문답 16

대요리문답 16:

문16. 하나님께서 천사를 어떻게 창조하셨습니까?

답. 하나님께서 모든 천사를[1] 불멸하고,[2] 거룩하며,[3] 지식이 뛰어나고,[4] 능력이 큰[5] 영으로[6] 창조하셔서, 그분 자신의 명령을 수행하며, 그분의 이름을 찬양하도록[7] 하셨습니다. 그러나 변할 수 있게 창조하셨습니다.[8]

1) 골 1:16.
2) 마 22:30.
3) 마 25:31.
4) 삼하 14:17; 마 24:36.
5) 살후 1:7.
6) 시 104:4.
7) 시 103:20~21.
8) 벧후 2:4.

◖ **말씀 요절**

골 1:16 만물이 그에게서 창조되되 하늘과 땅에서 보이는 것들과 보이지 않는 것들과 혹은 왕권들이나 주권들이나 통치자들이나 권세들이나 만물이 다 그로 말미암고 그를 위하여 창조되었고

마 22:30 부활 때에는 장가도 아니 가고 시집도 아니 가고 하늘에 있는 천사들과 같으니라

마 25:31 인자가 자기 영광으로 모든 천사와 함께 올 때에 자기 영광의 보좌에 앉으리니

마 24:36 그러나 그 날과 그 때는 아무도 모르나니 하늘의 천사들도, 아들도 모르고 오직 아버지만 아시느니라

살후 1:7 환난을 받는 너희에게는 우리와 함께 안식으로 갚으시는 것이 하나님의 공의시니 주 예수께서 자기의 능력의 천사들과 함께 하늘로부터 불꽃 가운데에 나타나실 때에

시 104:4 바람을 자기 사신으로 삼으시고 불꽃으로 자기 사역자를 삼으시며

시 103:20-21 능력이 있어 여호와의 말씀을 행하며 그의 말씀의 소리를 듣는 여호와의 천사들이여 여호와를 송축하라 그에게 수종들며 그의 뜻을 행하는 모든 천군이여 여호와를 송축하라

벧후 2:4 하나님이 범죄한 천사들을 용서하지 아니하시고 지옥에 던져 어두운 구덩이에 두어 심판 때까지 지키게 하셨으며

교리 해설

하나님께서는 이성적 피조물로 사람만이 아니라 천사도 창조하셨습니다. 이것을 아는 것은 상당히 중요합니다. 왜냐하면 마치 천사가 하나님께서 창조하신 피조물이 아닌 듯이 착각하는 이들이 있기 때문입니다. 그러나 천사는 영원한 신적 존재가 아니며, 한낱 피조물입니다. 천사와 사람 사이에 가장 큰 차이는 천사는 사람과 달리 몸이 없는 영적인 존재라는 것입니다. 천사는 영적 존재이기에 인격체입니다. 사람은 영혼과 몸으로 구성된 존재이며, 또한 인격체입니다. 천사의 관점에서 보면 영혼만이 아니라 몸을 함께 가지고 있는 사람이 하나의 인격체로 존재하고 있다는 것은 신비로운 일일 것입니다. 이성적 인격체로 영과 더불어 몸을 가지고 있는 존재는 오직 사람뿐입니다. 하나님도 인격체이시나 사람과 같이 몸을 가지고 계시지 않으며, 천사도 그러합니다. 하나님께서는 사람을 창조하실 때 천사와 달리 특별히 몸을 가진 존재로 만드셨습니다.

하나님께서는 천사의 무리를 만드실 때 그 무리 안에 있는 천사를 개별적으로 창조하셨습니다. 다시 말해서 사람이 생육하여 번성하며 한 조상으로부터 이어져 나오는 방식으로 천사가 무리를 구성하도록 하지 않으셨습니다. 사람은 모든 인류의 구성원과 유기적으로 연결되어 있습니다. 모든 사람이 한 조상의 후손인 것입니다. 그러나 천사의 집단은 한 조상으로부터 이어지는 후손의 무리가 아닙니다. 사람의 첫 조상인 아담과 비교되는 천사의 첫 조상은 없습니다. 이것은 하나님께서 천사

를 영으로 창조하셨으며 각각을 창조하셨기 때문입니다.

성경에는 천사들이 몸을 가진 모습으로 나타납니다. 이것은 천사의 고유한 실제 몸이 아닙니다. 하나님께서 사람에게 천사를 보내실 때, 사람의 모양으로 나타나도록 하셨기 때문입니다. 사람에게 보이도록 하기 위한 몸인 것이며, 하나님께서 사람에게 보내신 임무를 마치고 나면 그 몸을 계속해서 가지고 있는 것이 아닙니다.

사람과 천사 가운데 어느 존재가 더 우월한지를 비교하여 평가할 수는 없습니다. 천사는 영이므로 불멸하고 거룩하며 지식이 뛰어나며 또 능력이 큽니다. 이러한 면에서는 천사가 사람보다 우월합니다. 그러나 천사도 사람과 마찬가지로 변할 수 있는 존재로서 하나님께 반역하여 악을 범합니다. 이러한 점에서는 천사는 사람과 다를 바가 없는 유한한 존재일 뿐입니다. 그렇지만 천사는 하나님의 일을 수종하는 종으로 지음을 받은 반면에, 사람은 하나님의 형상으로 지음을 받았고 타락 이후에 구속을 받아 하나님의 자녀가 됩니다. 그리고 이러한 놀라운 은혜의 영광을 위하여 성자 하나님께서 사람이 되셨습니다. 그리스도께서는 타락한 천사를 위하여 천사가 되시는 은혜를 베풀지 않으십니다. 천사는 처음부터 종으로 지음을 받았으며 자녀가 아닙니다. 그러나 그리스도 안에서 택함을 받은 사람은 하나님의 자녀의 신분을 누리며 그리스도의 왕권에 참여하는 복을 누립니다. 예수님께서 구원받은 사람들이 "부활 때에는 장가도 아니 가고 시집도 아니 가고 하늘에 있는 천사들과 같으니라"(마 22:30)고 하신 말씀처럼 사람은 영광스러운 날에 천사와 같은 특징을 가질 것입니다. 그러나 이 말은 부활의 영광을 누리는 구원받은 사람들이 곧 천사가 된다는 말은 아닙니다.

천주교회는 각 사람을 수호하는 수호천사가 있다고 가르칩니다. 그리고 나면서부터 죽을 때까지 천사들의 보호와 간구에 의하여 둘러싸여 살아간다고 주장합니다. 그러나 이것은 성경을 왜곡한 잘못된 것입니다.

그들은 마태복음 18:10, "삼가 이 작은 자 중의 하나도 업신여기지 말라 너희에게 말하노니 그들의 천사들이 하늘에서 하늘에 계신 내 아버지의 얼굴을 항상 뵈옵느니라"라는 말씀을 근거로 제시합니다. 이 말씀은 하나님께서 천사의 사역을 사용하여 우리를 보호하신다는 것을 말씀하실 뿐이지 각 사람에게 수호천사가 있다는 것을 시사하는 것이 아닙니다. 또 사도행전 12장에서 천사가 베드로를 이끌어 냅니다. 베드로가 제자들이 모여 기도하던 요한의 어머니 마리아의 집에 이르러 문을 두드렸을 때, 로데라 하는 여자아이가 베드로의 음성을 듣고 베드로가 왔다고 하자, 이를 믿지 않고 그의 천사일 것이라고 응답하는 기록이 나옵니다. 이것은 그 당시 사람들이 각 사람에게 자신의 천사가 있다고 믿고 있었음을 보여줄 뿐이지, 수호천사 교리를 가르치는 것이 아닙니다. 물론 하나님께서 천사를 사용하여 사람을 돌보시는 것은 사실입니다. 앞서 든 성경의 예가 이 사실을 말해줍니다. 그러나 성경은 수호천사에 대하여 어떤 교훈도 주지 않습니다. 기록된 말씀의 교훈을 넘어서 주장하는 것은 오류입니다.

◀ 적용 질문

1. 여러분은 영화에서 천사가 나타나는 장면을 본 적이 있습니까? 그러한 장면을 보고 천사에 대하여 어떻게 생각하십니까?

2. 여러분은 하나님의 보호를 구하면서 천사를 보내주시어 도와주시기를 기도한 적이 있습니까? 이러한 기도가 정당할까요?

3. 천사의 도움을 구하면서 천사에게 직접 기도하거나 대화를 시도하는 종교 행위에 대하여 여러분은 어떻게 생각하십니까?

4. 여러분은 천사를 본 적이 있습니까? 특별한 경우에 천사들의 모습을 본 자들의 경험을 들을 때가 있습니다. 그럴 때 여러분은 천사를 보고 싶은 마음을 갖습니까? 하나님의 말씀을 신뢰하는 자에게는 천사를 보는 일이 불필요하다는 말에 대해서는 어떻게 생각하십니까?

2월 7일

사람의 창조 – 남자와 여자

소요리문답 10
대요리문답 17

소요리문답 10:

문10. 하나님께서 사람을 어떻게 창조하셨습니까?
답.　하나님께서 사람을 남자와 여자로 그분 자신의 형상을 따라 지식과 의와 거룩함으로 창조하셨고 피조물을 다스리게 하셨습니다.[1]

1) 창 1:26~28; 골 3:10; 엡 4:24.

대요리문답 17:

문17. 하나님께서 사람을 어떻게 창조하셨습니까?
답.　하나님께서 다른 모든 피조물을 만드신 후에, 사람을 남자와 여자로 창조하셨습니다.[1] 땅의 흙으로

대요리문답 17: 남자의 몸을 지으시고[2] 여자는 남자의 갈빗대로 지으셨으며,[3] 이들에게 살아 있고 이성적이며 불멸하는 영혼을 부여하셨습니다.[4] 이들을 그분 자신의 형상을 따라[5] 지식과[6] 의와 거룩함을 지니게[7] 만드셨고, 이들의 마음에 하나님의 법을 기록하셨으며,[8] 이것을 성취할 능력과[9] 피조물에 대한 통치권을 주셨습니다.[10] 그러나 이들이 타락할 가능성도 있게 지으셨습니다.[11]

1) 창 1:27.
2) 창 2:7.
3) 창 2:22.
4) 창 2:7; 욥 35:11; 전 12:7; 마 10:28; 눅 23:43.
5) 창 1:27.
6) 골 3:10.
7) 엡 4:24.
8) 롬 2:14~15.
9) 전 7:29.
10) 창 1:28.
11) 창 3:6; 전 7:29.

말씀 요절

창 1:26-28 하나님이 이르시되 우리의 형상을 따라 우리의 모양대로 우리가 사람을 만들고 그들로 바다의 물고기와 하늘의 새와 가축과 온 땅과 땅에 기는 모든 것을 다스리게 하자 하시고 하나님이 자기 형상 곧 하나님의 형상대로 사람을 창조하시되 남자와 여자를 창조하시고 하나님이 그들에게 복을 주시며 하나님이 그들에게 이르시되 생육하고 번성하여 땅에 충만하라, 땅을 정복하라, 바다의 물고기와 하늘의 새와 땅에 움직이는 모든 생물을 다스리라 하시니라

창 2:7 여호와 하나님이 땅의 흙으로 사람을 지으시고 생기를 그 코에 불어넣으시니 사람이 생령이 되니라

창 2:22 여호와 하나님이 아담에게서 취하신 그 갈빗대로 여자를 만드시고 그를 아담에게로 이끌어 오시니

전 12:7 흙은 여전히 땅으로 돌아가고 영은 그것을 주신 하나님께로 돌아가기 전에 기억하라

마 10:28 몸은 죽여도 영혼은 능히 죽이지 못하는 자들을 두려워하지 말고 오직 몸과 영혼을 능히 지옥에 멸하실 수 있는 이를 두려워하라

◀ **교리 해설**

하나님께서 다른 모든 피조물을 다 만드신 후에, 사람을 남자와 여자로 만드셨습니다. 하나님께서는 남자와 여자를 창조하시는 방식을 달리하셨습니다. 먼저 남자, 곧 아담을 만드실 때는 흙을 사용하셨습니다. 반면에 여자를 만드실 때는 아담의 갈빗대를 사용하셨습니다. 서로 다른 재료를 사용하신 데에는 중요한 의미가 있습니다. 먼저 흙으로 아담을 만드신 일은 사람의 몸이 화학적 성질에 있어서 흙과 다를 바가 없는 존재임을 보여줍니다. 그럼으로써 사람에게 하나님에게서 부여하시는 영혼이 없다면 흙과 다를 바 없는 낮고 천한 존재임을 늘 기억할 이유를 가

르칩니다.

그런데 이러한 적용의 의미는 여자에게도 마찬가지입니다. 여자는 아담의 갈빗대로 지음을 받았지만, 그 갈빗대를 취한 몸이 바로 흙으로 만들어진 것이므로 여자도 역시 영혼이 없다면 흙과 다를 바 없는 낮고 천한 존재입니다. 또한 여자를 남자의 갈빗대로 만드심으로 남자와 여자가 동일한 인류라는 유기적 연대의 의미를 갖는다는 사실은 중요합니다. 남자와 여자가 각각 흙으로 지음을 받았다면 남자를 머리로 하는 인류와 여자를 머리로 하는 인류, 두 부류의 인류가 있게 될 것입니다. 하나님께서는 남자의 갈빗대를 취하여 여자를 만드심으로 남자와 여자가 모두 남자인 아담에게서 비롯되는 한 인류로 연대 되게 하셨습니다. 그리하여 예수 그리스도께서 속죄의 은혜를 베풀기 위하여 둘째 아담으로 또 둘째 하와로 오시지 않고 단지 둘째 아담으로 오셔서 온 인류 가운데 선택한 자를 구원하시게 됩니다.

그리고 하나님께서는 남자와 여자로 사람을 만드시면서 단지 육체를 만들어 주시는 것에 그치지 않고 영혼을 부여하여 주셨습니다. 이 영혼은 살아 있으며 이성적이며 불멸하는 특징을 가집니다. 영혼의 불멸성은 하나님에게서 독립적으로 존재하는 불멸성이 아닙니다. 영혼은 피조물이므로 그 자체가 스스로 존재하지 않습니다. 영혼의 불멸성은 하나님께서 멸절하게 하지 않는 한 그것은 몸이나 물질의 썩음을 겪지 않는 성질을 가지고 있음을 말합니다. 이 영혼은 이성적이기에 이성적 인격체이신 하나님을 예배할 수 있습니다. 이성적이라는 것은 사물에 대한 사리판단의 능력만을 가리키는 것이 아니라 인격체이신 하나님을 알고 예배하는 능력을 또한 포함합니다. 사람에게 영혼을 부여하신 것은 사람이 육체를 가지고 있으나 짐승과 같지 아니하며 하나님을 예배하는 영광을 입은 자임을 뜻합니다.

이러한 영혼은 몸이 개별적으로 분리되어 있듯이 각각 개별적입니다. 그리하여 사람은 개별적으로 독립된 인격체입니다. 이러한 인격체의 독립성은 서로 도우며 합하여 살아가는 목적을 부여받고 있습니다. 이러한 사실을 반영하고 있는 창조와 관련한 세 가지 특징이 있습니다. 하나는 아담의 갈빗대를 취하여 여자를 만드신 것이고, 다른 하나는 아담이 혼자 사는 것이 좋지 않다고 하시며 돕는 배필로 여자를 만들어 주셨다는 사실입니다. 돕는 배필은 여자에게 짐 지워진 의무가 아닙니다. 돕는 배필을 향하여 아담도 또한 사랑하여 돕는 일이 주어지므로 본질상 상호적입니다. 그렇기 때문에 또 다른 하나의 특징은 아담이 하와를 가리켜 "내 뼈 중의 뼈요 살 중의 살이라" 한 것이나, 남자가 아내와 합하여 한 몸을 이루는 혼인 규례의 의미에서 드러납니다. 이 모든 창조 때에 있는 남자와 여자의 관계는 사람은 서로 도우며 살도록 부름을 받고 있다는 사실을 말하여 줍니다. 사람은 창조 때에 주어진 여러 상황에 비추어 보듯이 서로 돕고 사랑하며 살도록 지음을 받았습니다. 이것이 사람을 창조하신 목적입니다. 어떤 이들은 남자와 여자 이외에 다른 성적 정체성을 주장합니다. 그러나 이것은 창조질서를 벗어납니다. 이러한 주장은 사람의 타락으로 인하여 나타난 죄의 양상일 뿐이며 성경의 가르침은 철저히 근본적으로 금하는 일입니다.

◀ 적용 질문

1. 여러분은 하나님께서 남자와 여자를 만드시면서 각각 흙과 갈빗대라는 다른 재료를 사용하신 것과 관련하여 어떤 의미를 부여하십니까? 이러한 차이에도 불구하고 남자와 여자는 결국 동일한 사람이라는 점을 설명하실 수 있습니까?

2. 하나님께서 아담에게 돕는 배필로 여자를 만들어 주셨다는 사실과 관련하여 여러분은 남자와 여자의 역할이나 책임에 대하여 어떠한 판단을 가지십니까? 이러한 사실을 빙자하여 남자가 여자의 인격을 손상시키는 사례를 보거나 경험한 적이 있으십니까?

3. 하나님께서는 다른 짐승과 달리 사람에게는 몸 이외에 영혼을 주셨습니다. 이 영혼의 특징은 무엇입니까? 이러한 특징을 생각해 볼 때 영혼을 가진 사람은 마땅히 하나님과의 관계가 어떠해야 합니까?

4. 남자와 여자 이외에 성 정체성을 추가하는 시도에 대하여 어떻게 판단하십니까? 생물학적 성(sex)과 달리 사회적 성(gender)을 말하며, 사회적 성이 생물학적 성보다 우위에 있으므로 사람의 성 구별은 사회적 성 정체성으로 하여야 한다는 주장에 대하여 어떻게 판단하여 합니까?

2월 8일

사람의 창조 – 하나님의 형상

신앙고백서 4.2

신앙고백서 4.2

다른 모든 피조물을 만드신 후에, 하나님께서 이성적이며 불멸하는 영혼을 가진 사람,[1] 곧 남자와 여자를[2] 창조하셨다. 그리고 이들에게 자신의 형상을 따라 지식과 의와 참된 거룩함을 부여하셨고,[3] 이들의 마음에 하나님의 법을 기록하셨으며,[4] 이것을 성취할 능력을 부여하셨다.[5] 그러나 범죄할 가능성이 있는 가운데, 이들은 변할 수 있는 자신들의 의지의 자유에 따라 행하도록 허락되었다.[6] 이들은 자신들의 마음에 기록된 율법 외에도 선과 악을 알게 하는 나무의 열매를 먹지 말라는 명령을 받았다.[7] 이것을 지키는 한, 이들은 하나님과의 교제 안에서 행복했으며 피조물에 대한 통치권을 가졌다.[8]

> **신앙고백서 4.2**
>
> 1) 창 2:7; 전 12:7; 눅 23:43; 마 10:28.
> 2) 창 1:27.
> 3) 창 1:26; 골 3:10; 엡 4:24.
> 4) 롬 2:14~15.
> 5) 전 7:29.
> 6) 창 3:6; 전 7:29.
> 7) 창 2:17; 3:8~11, 23.
> 8) 창 1:26, 28.

◖ 말씀 요절

골 3:10 새 사람을 입었으니 이는 자기를 창조하신 이의 형상을 따라 지식에까지 새롭게 하심을 입은 자니라

엡 4:24 하나님을 따라 의와 진리의 거룩함으로 지으심을 받은 새 사람을 입으라

롬 2:14-15 (율법 없는 이방인이 본성으로 율법의 일을 행할 때에는 이 사람은 율법이 없어도 자기가 자기에게 율법이 되나니 이런 이들은 그 양심이 증거가 되어 그 생각들이 서로 혹은 고발하며 혹은 변명하여 그 마음에 새긴 율법의 행위를 나타내느니라)

창 3:6 여자가 그 나무를 본즉 먹음직도 하고 보암직도 하고 지혜롭게 할 만큼 탐스럽기도 한 나무인지라 여자가 그 열매를 따먹고 자기와 함께 있는 남편에게도 주매 그도 먹은지라

전 7:29 내가 깨달은 것은 오직 이것이라 곧 하나님은 사람을 정직하게

지으셨으나 사람이 많은 꾀들을 낸 것이니라

창 1:26 하나님이 이르시되 우리의 형상을 따라 우리의 모양대로 우리가 사람을 만들고 그들로 바다의 물고기와 하늘의 새와 가축과 온 땅과 땅에 기는 모든 것을 다스리게 하자 하시고

◀ 교리 해설

하나님께서는 사람을 하나님 그분 자신의 형상과 모양을 따라 만드셨습니다. 이때 하나님의 형상을 육체와 관련하여 마치 사람이 하나님의 어떤 몸의 모습을 닮은 듯이 이해하면 안 됩니다. 하나님께서는 순수한 영이시므로 어떤 성질이라도 몸이라 할 것을 가지고 계시지 않습니다. 영적 몸이라는 잘못된 표현으로 하나님을 형상화하는 시도는 철저히 금하여야 하는 죄입니다. 하나님의 형상을 이해하려는 노력은 골로새서 3:10과 에베소서 4:24 말씀에서 그것이 의와 진리와 거룩함의 속성을 반영한다는 해석을 이끌어내었습니다. 이것을 사람이 이성적 본질과 도덕적 본질과 영적 본질을 가지고 있다고 표현하기도 합니다.

　좀 더 설명하면 하나님의 형상을 부여받은 사람은 이성적 본질과 관련하여 이해력에 있어 오류가 없는 지식을 가집니다. 그는 하나님을 알고, 하나님의 법도를 마음에 새기어 알고 있으며, 하나님께서 만드신 피조세계의 원리를 이해하는 일에 통찰력을 가지고 있습니다. 그리하여 최초의 사람은 하나님을 영화롭게 하고 즐거워하는 일이 어떠한 것인지를 아는 것에 오류가 없으며 또한 피조물로서 사람에게 가장 복된 일이 무엇인지를 아는 일에도 오류가 없습니다. 또한 도덕적 본질과 관련하여 최초의 사람은 바라고 원하는 일을 선택하는 의지의 행사가 의롭습

니다. 하나님께서 보시기에 옳은 일에 대한 지식을 따라 기꺼이 자유롭게 선택하는 의지를 실행함으로 의로움을 나타냅니다. 그리고 영적 본질과 관련하여 하나님의 형상에 따른 사람은 거룩함을 경외하며 찬미하며 사랑합니다. 참으로 높고 존귀하신 하나님을 뵈오며 그분의 초월적 거룩함을 경외합니다. 그리고 하나님께서 은혜로 베푸시는 사랑을 감사하면서 마음과 뜻과 힘을 다하여 즐거워합니다. 이러한 의미에서 하나님의 형상의 모습을 가리켜 원초적 의라고 합니다. 이러한 상태에서 사람은 다른 피조물을 다스릴 통치권을 바르게 실행함으로 우주를 창조하신 하나님의 영광을 더욱 발견하며 찬미합니다.

이처럼 하나님의 형상으로 지음을 받은 사람은 대요리문답과 소요리문답 각 1항에서 교훈한 바와 같이 사람에게 주어진 첫째가며 가장 중요한 목적을 실행할 수 있는 능력을 가지고 있습니다. 그렇지만 사람의 상태는 가변적입니다. 그러므로 이처럼 순전한 상태에서 범죄할 가능성을 가지고 있었습니다. 이러한 가능성은 사람에게 주신 의지의 자유를 실행할 때에 마음에 원하는 바를 따라 행한다는 사실에서 비롯됩니다. 곧 사람은 본래 하나님의 법도를 마음에 새기어 주신 대로 바르게 알며 이를 원하여 선택하는 의로움과 이것을 좋아하는 거룩함을 가지고 있음에도, 혹시라도 이러한 원초적 의의 상태에 있는 마음에 어떤 변화가 생긴다면 그것에 따라 의지의 자유에 따른 선택이 범죄의 행위로 나타날 가능성이 있었습니다.

하나님께서는 이러한 사람에게 마음에 기록된 법도를 순종하는 것에 더하여 선과 악을 알게 하는 나무의 열매를 먹지 말라는 특별한 명령을 주셨습니다. 그리고 이것을 지키는 한 사람은 하나님과의 교제 안에서 복을 누리며 원초적 의의 상태에서 피조물을 다스리며 하나님의 형상의 영광을 비추는 자로 살아갈 수 있었습니다. 이 명령을 순종하기에 최초의 사람은 지극히 유리한 상태에 있었습니다. 그에게 주어진 원초적 의의 상태를 따라가기만 하면 이루어질 명령이었기 때문입니다.

◀ 적용 질문

1. 여러분 자신에게서 하나님의 형상이 어떻게 반영되고 있는지를 말씀해 주시기 바랍니다.

2. 하나님의 형상이 어그러져 있거나 상실되었다고 판단되는 사람의 인격이나 생활은 어떠하겠습니까? 사람으로서의 인격적 가치가 드러나는 경우는 어떠하겠습니까?

3. 하나님의 형상으로서 흠이 없이 창조된 사람이 죄를 범할 가능성이 있었다면 그 이유는 무엇이겠습니까? 여러분은 무엇인가를 선택하여 실행하실 때 무엇 때문에 그렇게 하십니까? 어떤 이유에서든지 결국 마음에 원하는 바를 행하는 것이 아닌지를 살펴보십시다.

4. 하나님께서 왜 선과 악을 알게 하는 나무의 열매를 먹지 말라는 명령을 주셔서 사람으로 하여금 불순종의 위기에 처하여 죄를 범하고 형벌을 받게 하셨느냐는 질문을 들어보셨습니까? 최초의 사람은 이 특별한 명령을 순종하기에 어떠한 상태였습니까? 하나님께서는 사람을 배려하시는 사랑이 없으신 것일까요?

날마다 양식으로 읽는
웨스트민스터 표준교리 I

6장.

섭리

2월 9일

간단한 의미

소요리문답 11
대요리문답 18

소요리문답 11:

문11. 하나님의 섭리 사역은 무엇입니까?

답. 하나님의 섭리 사역은 지극히 거룩하고,¹⁾ 지혜롭고,²⁾ 능력 있게 모든 피조물과 이들의 모든 행동을 보존하시고³⁾ 통치하시는 것입니다.⁴⁾

1) 시 145:17.
2) 시 104:24; 사 28:29.
3) 히 1:3.
4) 시 103:19; 마 10:29~31.

대요리문답 18:

문18. 하나님의 섭리 사역은 무엇입니까?

답. 하나님의 섭리 사역은 그분 자신의 영광을 위해[1] 그분의 모든 피조물에 대한 그분의 지극히 거룩하고[2] 지혜로우며[3] 능력 있는 보존하심과[4] 통치하심이며,[5] 모든 피조물과 이들의 행동을 질서 있게 정하신 것입니다.[6]

1) 롬 11:36; 사 63:14. 2) 시 145:17.
3) 시 104:24; 사 28:29. 4) 히 1:3.
5) 시 103:19.
6) 마 10:29~31; 창 45:7.

◖ 말씀 요절

롬 11:36 이는 만물이 주에게서 나오고 주로 말미암고 주에게로 돌아감이라 그에게 영광이 세세에 있을지어다 아멘

시 145:17 여호와께서는 그 모든 행위에 의로우시며 그 모든 일에 은혜로우시도다

시 104:24 여호와여 주께서 하신 일이 어찌 그리 많은지요 주께서 지혜로 그들을 다 지으셨으니 주께서 지으신 것들이 땅에 가득하니이다

히 1:3 이는 하나님의 영광의 광채시요 그 본체의 형상이시라 그의 능

력의 말씀으로 만물을 붙드시며 죄를 정결하게 하는 일을 하시고 높은 곳에 계신 지극히 크신 이의 우편에 앉으셨느니라

시 66:7 그가 그의 능력으로 영원히 다스리시며 그의 눈으로 나라들을 살피시나니 거역하는 자들은 교만하지 말지어다(셀라)

시 103:19 여호와께서 그의 보좌를 하늘에 세우시고 그의 왕권으로 만유를 다스리시도다

창 45:7 하나님이 큰 구원으로 당신들의 생명을 보존하고 당신들의 후손을 세상에 두시려고 나를 당신들보다 먼저 보내셨나니

◀ 교리 해설

하나님께서는 창조하신 이후에 피조물과 아무런 관계를 갖지 않은 채 피조물로부터 떨어져 계시지 않습니다. 만일 이러하다면 사람은 하나님께 나아가는 그 어떤 일도 가능하지가 않을 것입니다. 예배도 불가능하며 기도도 불가능합니다. 그러나 하나님께서 피조물과 어떤 형태이든지 관계를 유지하고 계십니다. 이러한 하나님의 작용을 섭리라고 합니다. 대요리문답과 소요리문답은 하나님의 섭리 사역을 크게 두 부분으로 설명합니다. 하나는 하나님께서 창조하신 모든 피조물을 보존하시는 것이고 다른 하나는 이것을 통치하시는 것입니다. 일반적으로 신학적으로는 보존과 통치 사이에 협력이라는 개념을 추가로 넣습니다. 협력은 만물이 창조 때에 주어진 작용 법칙에 따라서 작용할 수 있도록 하나님께서 작용하시는 능력을 가리킵니다. 만일 한순간이라도 하나님의 섭리 작용

이 멈추거나 철회된다면 온 우주와 사람은 그대로 사라지게 될 것입니다. 창조로 인해 만들어진 피조물이 그 형태와 작용을 유지하고 있는 것은 하나님께서 그분 자신의 영광을 위하여 피조물을 보존하고 통치하시기 때문입니다.

섭리의 대상에 대해 흔히 네 가지로 구별합니다. 하나는 존재하는 모든 피조물의 존재 자체입니다. 하나님께서는 섭리로 모든 피조물을 존재하게 하십니다. 다른 하나는 피조물의 행동이나 작용입니다. 예를 들어 "우리가 그를 힘입어 살며 기동하며 존재하느니라"(행 17:28a)는 말씀은 이 사실을 함의합니다. 또 다른 하나로는 사람이나 자연에 의하여 발생한 사건의 원인도 해당합니다. 예를 들어 어떤 사람이 사람을 죽였으나 고의로 한 것이 아니며, 다만 하나님께서 죽은 사람을 그의 손에 넘김으로써 이루어진 일이라면 이 사람이 피할 장소를 정하여 주실 것이니 그리로 도망하게 하라(출 21:13)는 말씀은 사람의 행위의 원인에 하나님께서 작용하심을 보여줍니다. 마지막으로 모든 도덕적 행위이건 반대로 죄의 행위이건 이 행위들이 가능하도록 하는 일에 하나님께서 능력으로 작용하십니다. 하나님께서 죄의 행위에도 작용하신다는 말은 죄악을 행하신다는 것이 아닙니다. 죄악의 행동 자체가 가능하도록 하신다는 것일 뿐이며, 그 행동이 죄의 성질을 갖는 것은 그 행위자에게 있습니다. 왜냐하면 행위자가 왜, 무엇 때문에, 무엇을 위하여 그 행위를 하는지와 관련하여 죄의 성질이 주어지기 때문입니다.

하나님의 섭리의 특성에 대하여 세 가지를 교훈합니다. 하나님의 섭리는 거룩하고(시 145:17), 지혜로우며(시 104:24), 능력(시 66:7)이 있습니다. 과연 하나님께서는 우주의 거룩하신 왕으로서 이성적 피조물을 공의로 다스리십니다. 그리고 특정한 대상을 향한 하나님의 목적을 위하여 만물을 이끌어 가십니다. 이러한 섭리의 특징은 하나님의 섭리를 믿고 사는 신자들이 어떠한 어려움과 곤경과 고난과 고통 가운데 있을

지라도 하나님의 거룩하심과 지혜로우심과 능력을 믿고 인내로 견디며, 도리어 하나님을 신뢰하고 하나님께 소망을 둘 수 있게 합니다. 왜냐하면 하나님께서 사랑하여 부르신 자들에게, 그리고 그 부르심을 받고 하나님을 사랑하는 자들에게 모든 것이 합력하여 선을 이루도록 만물을 이끌어 가시는 섭리의 작용을 하실 줄을 믿기 때문입니다(롬 8:28). 이러한 섭리를 믿는 신자의 인내는 그 신자의 신앙이 참되며 성숙하다는 것을 보여줍니다.

◀ 적용 질문

1. 여러분은 이 세상에서 일어나는 모든 일이 하나님의 섭리 작용으로 인한 것인 줄을 믿으십니까? 어떤 의미에서 그러한지를 두 가지 측면에서 설명해주시기 바랍니다. (두 가지 측면이 무엇인지는 교리 해설의 내용에 있습니다.)

2. 이 세상의 있는 어떤 것이든지, 또는 어떤 행위이든지 하나님의 섭리 대상이 아닌 것이 있겠습니까? 여러분 자신과 여러분이 행하는 모든 행동은 어떠합니까?

3. 지금까지 살아오시는 가운데 하나님의 섭리의 작용으로 된 일이라고 고백하실 만한 일이나 사건이 있었다면 말씀해주시기 바랍니다. 그리고 그것이 왜 섭리의 예가 되는지를 설명해주시기 바랍니다.

4. 하나님의 섭리를 부인하는 자를 신자라고 할 수 있겠습니까? 하나

님의 섭리를 인정하는 신자라면 그가 믿는 섭리의 특징은 어떠하겠습니까? 여러분이 신자일진대, 여러분이 믿는 하나님의 섭리의 특징은 어떠합니까?

2월 10일

자세한 의미

신앙고백서 5.1

신앙고백서 5.1

만물의 위대한 창조자이신 하나님께서 자신의 지극히 지혜롭고 거룩한 섭리에 의하여,[1] 자신의 무오한 예지와[2] 자신의 의지의 자유롭고 불변하는 경륜에 따라서,[3] 가장 큰 것으로부터 가장 작은 것에 이르기까지,[4] 모든 피조물과 행동과 사물을 붙드시고,[5] 지도하시고, 배정하시고, 통치하시며,[6] 자신의 지혜와 능력과 공의와 선과 긍휼의 영광을 찬송하도록 하신다.[7]

1) 잠 15:3; 시 104:24; 145:17.
2) 행 15:18; 시 94:8~11.
3) 엡 1:11; 시 33:10~11.
4) 마 10:29~31.

> 신앙고백서
> 5.1
>
> 5) 히 1:3.
> 6) 단 4:34~35; 시 135:6; 행 17:25~26, 28; 욥 38~41장.
> 7) 사 63:14; 엡 3:10; 롬 9:17; 창 45:7; 시 145:7.

◗ 말씀 요절

잠 15:3 여호와의 눈은 어디서든지 악인과 선인을 감찰하시느니라

시 94:8-11 백성 중의 어리석은 자들아 너희는 생각하라 무지한 자들아 너희가 언제나 지혜로울까 귀를 지으신 이가 듣지 아니하시랴 눈을 만드신 이가 보지 아니하시랴 뭇 백성을 징벌하시는 이 곧 지식으로 사람을 교훈하시는 이가 징벌하지 아니하시랴 여호와께서는 사람의 생각이 허무함을 아시느니라

엡 1:11 모든 일을 그의 뜻의 결정대로 일하시는 이의 계획을 따라 우리가 예정을 입어 그 안에서 기업이 되었으니

마 10:29-30 참새 두 마리가 한 앗사리온에 팔리지 않느냐 그러나 너희 아버지께서 허락하지 아니하시면 그 하나도 땅에 떨어지지 아니하리라 너희에게는 머리털까지 다 세신 바 되었나니

히 1:3 이는 하나님의 영광의 광채시요 그 본체의 형상이시라 그의 능력의 말씀으로 만물을 붙드시며 죄를 정결하게 하는 일을 하시고 높은 곳에 계신 지극히 크신 이의 우편에 앉으셨느니라

단 4:34-35 그 기한이 차매 나 느부갓네살이 하늘을 우러러 보았더니 내 총명이 다시 내게로 돌아온지라 이에 내가 지극히 높으신 이에게 감사하며 영생하시는 이를 찬양하고 경배하였나니 그 권세는 영원한 권세요 그 나라는 대대에 이르리로다 땅의 모든 사람들을 없는 것 같이 여기시며 하늘의 군대에게든지 땅의 사람에게든지 그는 자기 뜻대로 행하시나니 그의 손을 금하든지 혹시 이르기를 네가 무엇을 하느냐고 할 자가 아무도 없도다

시 145:7 그들이 주의 크신 은혜를 기념하여 말하며 주의 의를 노래하리이다

교리 해설

하나님의 섭리의 대상은 모든 피조물과 그것들의 행동과 작용을 망라합니다. 그리고 주목할 것은 가장 작은 피조물로부터 가장 큰 것에 이르기까지 모두가 섭리 대상이라는 사실입니다. 피조물의 어떤 행동과 작용이 아무리 크더라도, 혹은 아무리 작더라도 하나님의 섭리 작용이 없이 일어나지 않습니다. 모든 일은 하나님 그분 자신의 의지가 결정하는 대로 세워진 계획이 실행되는 가운데 나타납니다. 이 사실을 성경은 마태복음 10장에서, 참새 한 마리가 땅에 떨어지는 일도 하나님 아버지의 허락에 의한 것이라고 말씀하여 가르치십니다. 그리고 이 세밀하게 미치는 섭리와 관련해 하나님께서 머리털까지라도 다 세신다고 강조합니다. 아무리 사소한 일도 하나님의 섭리의 작용 가운데 있는 일임을 의식하는 것은 쉽지 않습니다. 그렇지만 어떤 사소한 일이 나중에 큰 영향을 미치는 일로 발전하게 되는 경로를 보게 되면 누구라도 하나님의 섭리

가 그 작은 것에서부터 이미 작용하고 있었다는 것을 생각하지 않을 수가 없습니다. 이 세상의 모든 일은 하나님께서 보존하시며 그 일이 일어나게 작용하도록 능력을 베풀지 않으시면 일어나지 않습니다. 이렇게 일어나는 일은 합력하여 하나님께서 사랑하시는 자를 위한 선한 목적을 이루게 됩니다. 따라서 하나님의 통치를 실행하는 섭리의 대상은 크고 작은 모든 것을 망라합니다.

이 세상에서 일어나는 일은 이성적 피조물인 사람의 자유 선택에 의하여, 또 물질의 필연적 인과관계에 의하여, 또 고의성 없는 행동의 우연한 결과로 나타납니다. 사람들은 이러한 현상을 보면서 이 모든 것들이 하나님의 섭리와 상관없이 자연 안에서 작용하는 인과관계로 설명될 것인 양 여깁니다. 그러나 그 모든 일의 현상에는 그것을 가능케 하며 또한 이끌어가는 하나님의 능력의 작용이 있습니다. 하나님께서는 자연 안에 있는 모든 일과 행동들과 사건과 사물들이 하나님께서 계획하신 목적을 이루는 데 도움이 되도록 일의 방향을 정하시고 적절한 순서를 따라 일어나도록 배정하십니다. 시편 139:16, "내 형질이 이루어지기 전에 주의 눈이 보셨으며 나를 위하여 정한 날이 하루도 되기 전에 주의 책에 다 기록이 되었나이다"라는 말씀은 한 사람의 인생의 날이 하루하루 이미 설계되어 기록되어 있다는 진리를 시사합니다.

하나님께서 그분 자신의 뜻으로 세우신 일은 그분 자신이 모르시는 일이 하나라도 있을 수가 없습니다. 하나님의 섭리는 그분 "자신의 무오한 예지와 자신의 의지의 자유롭고 불변하는 경륜에 따라서" 실행됩니다. 그리하여 신자는 자신의 삶을 채우는 모든 나날을 하나님께서 아실 뿐더러 또한 신자를 향한 그분 자신의 선한 목적을 이루어 가시는 하나님의 의지가 불변하는 줄을 믿고 이생에서 겪는 모든 일 가운데 하나님을 찬송합니다. 그 찬송의 소재는 하나님의 지혜와 능력과 공의와 선과 긍휼입니다. 요셉이 형들에 의하여 애굽에 종으로 팔리게 되는 상황만을 볼 때, 하나님의 섭리의 계획이 무엇인지를 미리 알지는 못합니다. 그러한 일을 있도록 하시는 하나님의 섭리를 원망할 수 있습니다. 그러나 이것은 요셉을 미리 애굽에 보내어 생명을 구원하는 목적을 위한 일이었습니다. 요셉의 꿈, 야곱의 요셉을 향한 편애, 요셉과 형들의 관계, 그리고 요셉을 팔아넘길 기회 등으로 전개되어 가는 일련의 사태는 처음부터 하나님의 섭리 계획 아래 이루어진 것입니다. 사람의 인생은 물론 이 세상의 모든 것이 다 그러합니다. 물론 원본이 없이 퍼즐 조각을 맞추는 일이 막연하듯이, 각각의 인생의 의미도 막연할 것입니다. 그러나 점차 살아가면서 하나님께서 지금까지 인도해 오신 과거를 봅니다. 그리고 이 과거를 토대로 오늘이 있다는 사실에 과거를 돌아보며 앞으로 나아갈 방향을 바라볼 수 있습니다. 무엇보다도 성경이 사람에 대하여, 인생에 대하여 주시는 교훈의 시각에서 바라보면 용기 있게 살아가기에 충분할 만큼 각각 자신을 향한 하나님의 섭리를 알 수 있습니다.

◖ 적용 질문

1. 여러분은 하나님의 섭리에 대한 자각 또는 의식을 어느 경우에 하게 됩니까? 모든 일에서 하나님의 섭리를 보십니까? 참새 한 마리가 땅에 떨어지는 것과 같은 작은 사건도 하나님의 섭리 가운데 있는 일이라고 인정하십니까? 그럴 경우 하나님의 섭리를 너무 세세하게 적용하며 의미를 부여하려 하는 것이 아닐까요?

2. 여러분의 하루하루가 이미 주의 책에, 곧 작정에 기록되어 있으며 그것이 하나님의 섭리로 실행되고 있다는 것을 믿으십니까? 만일 그러

하다면 그러한 사실이 여러분의 삶에 대한 태도에 어떠한 영향을 줍니까?

3. 여러분은 하나님께서 어떠한 목적을 향해 어떠한 계획으로 여러분을 이끌어 가신다고 생각하십니까? 이때 목적과 계획을 알 수가 있습니까? 그렇다면 어떻게 알 수가 있습니까? 여러분이 아는 목적과 계획은 무엇입니까?

4. 퍼즐을 해보셨습니까? 100조각 퍼즐은 500조각 퍼즐에 비하여 훨씬 쉽습니다. 그런데 원본이 없이 퍼즐 조각을 맞춘다면 100조각 퍼즐도 간단하지 않을 것입니다. 하지만 조각 하나하나씩 대보면서 전체 그림의 1/3 정도를 맞추고 나면 전체 윤곽을 그려보는 일이 조금 더 쉬워집니다. 여러분을 향한 하나님의 섭리의 목적과 방향을 아는 일도 그러하지 않을까요?

2월 11일

제 1 원인과 제 2 원인

신앙고백서 5.2

신앙고백서 5.2

제1원인이신 하나님의 예지와 작정과 관련하여 볼 때, 모든 일은 변함없이 그리고 틀림없이 일어난다.[1] 그럼에도 바로 그 섭리에 의하여 하나님께서 모든 일이 제2원인들의 성질에 따라 필연적으로, 자유롭게, 또는 우발적으로(contingently) 일어나도록 하신다.[2]

1) 행 2:23.
2) 창 8:22; 렘 31:35; 출 21:13; 신 19:5; 왕상 22:28, 34; 사 10:6~7.

◗ **말씀 요절**

행 2:23 그가 하나님께서 정하신 뜻과 미리 아신 대로 내준 바 되었거늘 너희가 법 없는 자들의 손을 빌려 못 박아 죽였으나

창 8:22 땅이 있을 동안에는 심음과 거둠과 추위와 더위와 여름과 겨울과 낮과 밤이 쉬지 아니하리라

신 19:5 가령 사람이 그 이웃과 함께 벌목하러 삼림에 들어가서 손에 도끼를 들고 벌목하려고 찍을 때에 도끼가 자루에서 빠져 그의 이웃을 맞춰 그를 죽게 함과 같은 것이라 이런 사람은 그 성읍 중 하나로 도피하여 생명을 보존할 것이니라

왕상 22:34 한 사람이 무심코 활을 당겨 이스라엘 왕의 갑옷 솔기를 맞힌지라 왕이 그 병거 모는 자에게 이르되 내가 부상하였으니 네 손을 돌려 내가 전쟁터에서 나가게 하라 하였으나

사 10:6-7 내가 그를 보내어 경건하지 아니한 나라를 치게 하며 내가 그에게 명령하여 나를 노하게 한 백성을 쳐서 탈취하며 노략하게 하며 또 그들을 길거리의 진흙 같이 짓밟게 하려 하거니와 그의 뜻은 이같지 아니하며 그의 마음의 생각도 이같지 아니하고 다만 그의 마음은 허다한 나라를 파괴하며 멸절하려 하는도다

◀ 교리 해설

하나님의 섭리는 작정하신 일의 실행입니다. 하나님의 작정은 "지혜롭고, 자유로우며, 거룩한 행위"이고, 작정하신 일은 "영원부터 변치 않게 미리 결정"되었습니다.(1월 24일, 대요리문답 12) 하나님의 작정이 이러하므로 "하나님께서는 예상되는 모든 조건 아래 일어나거나 일어날 수 있는 모든 일을 무엇이든지" 아십니다.(1월 26일, 신앙고백서 3.2). 이러한 하나님의 작정과 예지의 관계는 섭리에도 그대로 적용됩니다. 하나님께서 섭리를 실행하실 때 "자신의 무오한 예지와 자신의 의지의 자유롭고 불변하는 경륜에 따라서" 행하신다고 진술합니다.(2월 10일, 신앙고백서 5.1)

작정을 실행하시는 섭리에 있어서도 하나님의 예지의 어긋남이 없이 "모든 일은 변함없이 그리고 틀림없이" 일어납니다. 이 말을 오해하여 마치 운명론이나 결정론으로 받아들이지 말아야 합니다. 운명론이나 결정론은 모든 일이 자연법칙과도 같이 결정될 따름이라고 생각합니다. 신이 작정하였으면 그대로 이루어질 것이며, 사람이 어떠한 노력을 하든지 소용이 없으므로 미래를 계획하고 노력하여 실행하려는 모든 시도는 헛되다고 믿습니다. 그러나 하나님의 섭리는 사람의 노력을 헛되게 하지 않습니다. 운명론에서는 사람이 목적과 이를 향한 방향과 계획을 세우고 실행해 나가는 일 자체가 불가능합니다. 그러나 섭리론은 목적을 향해 나아갑니다. 모든 일이 합력하여 목적을 이룹니다. 그러니까 운명론이나 결정론에서는 어떤 일이 왜 일어났는지에 대한 대답으로 그렇게 되도록 되어 있으니까 나타나는 것이라고 말한다면, 섭리론에서는 그렇게 일어나는 것은 목적에 따른 이유가 있어서 일어나는 것이라고 말합니다. 하나님께서 어떤 사람을 향한 목적을 실행하시기에 합당한 계획 가운데 적절한 수단을 작정하셨기 때문에 어떤 일인가가 그 사람에게 일어나는 것입니다. 운명론이나 결정론은 맹목적이므로 목적론적 설명을 제시하지 못합니다. 운명론에는 앞을 가려갈 수 있는 눈이 없으나, 섭리론에는 목표를 향해 나가도록 방향을 잡아주는 눈이 있는 것과 같습니다.

하나님의 섭리는 작정하신 바를 "변함없이 그리고 틀림없이" 실행되게 하지만, 그 작정은 이른바 '제2원인'의 성질을 따라서 이루어집니다. 여기에 하나님의 섭리를 이해하는 데에 아주 중요한 사항이 있습니다. 그것은 '제1원인'과 '제2원인'의 상관성입니다. '제1원인'이신 하나님께서는 그분 자신이 작정하신 일을 작정하신 목적이나 수단에 절대로 어긋나지 않게, 변함이 없이 그리고 틀림없이 실행되게 하십니다. 그럼에도 이 세상에서 일어나는 모든 존재와 그것의 행동이나 작용은 그것의 성질에 따라 "필연적으로, 자유롭게 또는 우발적으로" 일어나도록 하십니다. 예를 들어, 하나님께서 정하신 자연 질서는 필연적으로 일어납니다. 자연법칙에 따라서 물이 높은 곳에서 낮은 곳으로 흐르거나, 수소분자 2개와 산소분자 1개가 결합하면 물이 되는 것과 같은 것은 필연적입니다. 이것이 방해를 받는다면 다른 어떤 힘의 작용 때문입니다. 하나님께서 행하시는 기적은 그러할 것입니다. 하지만 그런 경우가 아니라면 자연 질서는 필연적입니다. 또 사람은 자유롭게 행합니다. 베드로 사도는 이스라엘 사람들이 "법 없는 자들의 손을 빌려" 예수 그리스도를 못박아 죽였다고 설교합니다. 이때 동시에 이러한 일은 "하나님께서 정하신 뜻과 미리 아신 대로" 일어난 일이라고 말합니다(행 2:23). 곧 하나님의 작정에 따라 필연적으로 일어나도록 하시는 한편, 이 일이 이스라엘 사람들의 자유로운 의지의 선택에 따라 일어나도록 하신 것임을 말합니다. 하나님께서는 사람의 자유로운 의지를 통하여 섭리하십니다. 그뿐 아니라 아합은 선지자 미가야가 예언한 바대로 전쟁에서 죽게 됩니다. 그런데 그의 죽음은 "무심코" 당겨진 활이 "왕의 갑옷 솔기를" 맞힘으로 일어납니다. 우발적으로 일어나는 일이지만 하나님의 작정을 실행하는 섭리의 작용입니다. 1월 25일 신앙고백서 3장 1절에서 읽은 바와 같이 하나님의 작정과 섭리는 제2원인을 침해하거나 제거하지 않고 도리어 확립합니다.

적용 질문

1. 시험을 앞둔 학생이 말하기를 자신이 합격하기로 하나님께서 작정하셨으면 합격하도록 하나님께서 섭리하실 터인즉 시험공부를 하느라 그다지 노력할 필요가 없다고 한다면 이것이 정당한 주장이나 믿음일까요? 이러한 주장을 만난 적이 있습니까?

2. 운명론에 따르면 여러분의 삶에서 어떤 의미를 찾을 수 있겠습니까? 하나님의 섭리론은 여러분에게 삶의 의미를 열어줍니까? 여러분은 삶의 의미를 어떻게 어디에서 찾으십니까?

3. 어떤 사람이 종이에 불을 붙이면서 하나님의 뜻이면 이 종이가 타지 않을 것이라고 믿는다면, 이 사람에 대한 여러분의 평가는 어떠합니까? 여러분의 평가는 하나님의 섭리에 대한 어떠한 이해에 근거한 것입니까?

4. 하나님의 섭리가 실행될 때 다양한 '제2원인'을 통해서 이루어진다는 사실이 여러분의 신앙에 주는 실천적인 유익은 무엇입니까?

2월 12일

통상 섭리와 비상 섭리

신앙고백서 5.3

신앙고백서 5.3

하나님께서 통상적인 섭리에서는 방편들을 사용하시지만,[1] 그럼에도 그분이 기뻐하시는 대로, 방편 없이,[2] 방편을 초월하여,[3] 그리고 방편을 거슬러서 행하기에 자유로우시다.[4]

1) 행 27:31, 44; 사 55:10~11; 호 2:21~22.
2) 호 1:7; 마 4:4; 욥 34:10.
3) 롬 4:19~21.
4) 왕하 6:6; 단 3:27.

◗ **말씀 요절**

행 27:31, 34, 44 바울이 백부장과 군인들에게 이르되 이 사람들이 배에 있지 아니하면 너희가 구원을 얻지 못하리라 하니 … 음식 먹기를 권하노니 이것이 너희의 구원을 위하는 것이요 너희 중 머리카락 하나도 잃을 자가 없으리라 하고 … 그 남은 사람들은 널조각 혹은 배 물건에 의지하여 나가게 하니 마침내 사람들이 다 상륙하여 구조되니라

마 4:4 예수께서 대답하여 이르시되 기록되었으되 사람이 떡으로만 살 것이 아니요 하나님의 입으로부터 나오는 모든 말씀으로 살 것이라 하였느니라 하시니

롬 4:19-21 그가 백 세나 되어 자기 몸이 죽은 것 같고 사라의 태가 죽은 것 같음을 알고도 믿음이 약하여지지 아니하고 믿음이 없어 하나님의 약속을 의심하지 않고 믿음으로 견고하여져서 하나님께 영광을 돌리며 약속하신 그것을 또한 능히 이루실 줄을 확신하였으니

왕하 6:6 하나님의 사람이 이르되 어디 빠졌느냐 하매 그 곳을 보이는 지라 엘리사가 나뭇가지를 베어 물에 던져 쇠도끼를 떠오르게 하고

◗ **교리 해설**

하나님께서는 섭리하실 때에 제2원인의 성질을 사용하셔서 작정을 실행하십니다. 그러나 또 다른 성질의 섭리가 있습니다. 곧 하나님의 섭리는 제2원인을 따라 실행하시는 통상적인 섭리와 제2원인의 작용이 없

이, 또는 이것의 과정과 상관없이 일어나는 비상적인 섭리로 구분됩니다. 후자를 일반적으로 기적이라고 합니다. 그러니까 하나님께서 작정하신 일이 제2원인이라는 방편이 없이, 또는 방편을 초월하거나, 방편을 거슬러서 일어나는 것이라면 하나님께서는 제2원인을 따라 실행하지 않으십니다.

예를 들어 마태복음 4:4에서 예수님께서 "사람이 떡으로만 살 것이 아니요 하나님의 입으로부터 나오는 모든 말씀으로 살 것이라" 하신 말씀은 사람이 떡이라는 제2원인이 없이도 살 수 있음을 시사합니다. 통상 섭리에 따르면 사람은 음식물을 섭취하지 않으면 여러 가지 건강의 문제를 겪게 됩니다. 그러나 모세가 십계명을 받으러 시내산에 올라 사십 일 사십 야를 떡도 물도 먹지 않았으나(출 34:28) 생명을 유지할 수 있었습니다. 또한 제2원인을 초월하는 방식으로 하나님의 작정이 실행되기도 합니다. 하나님께서는 아브라함이 100세가 되고, 사라가 90세가 되어서야 아들을 얻게 되도록 작정하셨습니다(롬 4:19-21). 이 작정은 제2원인으로 실행될 일이 아닙니다. 하나님께서는 아브라함에게 이처럼 제2원인을 초월하는 방식으로 아들을 주시기로 작정하시고 아브라함에게 이를 믿는 믿음을 주셨습니다. 그리고 늙어서 자손을 잉태할 가능성이 없는 사라에게 임신하게 하시고 아브라함에게 아들을 주셨습니다. 과연 자연법칙을 초월한 섭리의 실행입니다. 한 가지 더할 것은 제2원인을 거슬러서 일어나는 일입니다. 엘리사의 한 제자가 빌려온 도끼를 그만 물에 빠트리고 말았습니다. 이 당시 쇠로 된 도끼는 값이 무척이나 비쌌습니다. 제자가 당황하고 낙심할 때, 엘리사는 나뭇가지를 베어 물에 던졌고 그러자 쇠도끼가 떠오릅니다(왕하 6:6). 이것은 통상적인 자연법칙에 어긋납니다. 그러하기에 보통의 사람은 믿지 않을 것입니다. 그러나 성경은 이 사실이 일어났음을 기록합니다. 하나님께서 기적을 행하신 것입니다. 느부갓네살 왕에 의하여 풀무불에 던져졌으나 머리털 하나도 그슬리지 않은 채 살아나온 다니엘의 세 친구의 사건(단 3:27)도 제2원인을 거스릅니다. 통상적으로는 풀무불에 던져지면 사람은 다 불에 타서 죽게 되어 있습니다. 이것은 통상 섭리입니다. 그러나 다니엘의 세 친구에게는 하나님께서 비상 섭리를 실행하신 것입니다.

성경에 기록되어 있는 바대로 하나님께서 비상 섭리를 실행하시는 까닭은 오직 창조주 하나님의 권능과 전능하신 능력 그리고 이것을 통해 계시하시는 구원의 진리를 가르치시고 이 진리에 순종하도록 하기 위함입니다. 따라서 이러한 비상 섭리는 말 그대로 일반적이거나 통상적으로 일어나는 섭리가 아닙니다. 만일 이러한 비상 섭리를 성경에서 읽고, 그러한 비상 섭리가 자신에게도 있기를 기대하면서 불에 자신의 몸을 던진다거나, 떡과 물을 사십 주, 사십 야를 먹지 않는다거나, 100세나 된 자가 아들을 얻는 기적을 구하며 기도하는 것은 통상적인 신앙의 실천이라고 결코 말할 수 없습니다.

◧ 적용 질문

1. 성경에 나와 있는 여러 기적 때문에 성경을 믿을 수 없다고 말하는 사람을 보신 적이 있으십니까? 여러분은 무엇이라 답을 하십니까?

2. 하나님께서 제2원인이 없이, 초월하여, 거슬러 섭리를 실행하시는 여러 일을 성경에서 찾아 보시기 바랍니다. 혹시 여러분 주변에서 이러한 비상 섭리를 경험하거나 목도한 예가 있다면 말씀해보시기 바랍니다.

3. 누군가가 40일을 물만 마시면서 금식 기도한 후에 기도의 응답으로

말기에 이른 암의 치유와 같은 비상 섭리를 기대하는 사람이 있다면 여러분은 이분에게 무엇이라 권면하시겠습니까? 반대로 기도하였으나 바라던 이적이 일어나지 않음으로 낙담한 신자에게는 무엇이라 권면하겠습니까?

4. 모든 교인이 믿고 확신 가운데 바라야 할 비상 섭리는 무엇이 있겠습니까? 종말에 예수 그리스도께서 다시 오셔서 세상을 새롭게 할 날을 바라는 믿음은 정당하며 건강한 믿음이겠습니까?

2월 13일

천사를 향한 섭리

대요리문답 19

대요리문답 19:

문19. 천사에 대한 하나님의 섭리는 무엇입니까?

답. 하나님께서 그분 자신의 섭리에 따라 천사들 중 일부가 자의로 그리고 회복될 수 없을 정도로 타락하여 죄와 정죄에 이르는 일을 허용하셨는데,[1] 이들의 타락과 모든 죄를 제한하시고 질서 있게 정하셔서 그분 자신의 영광이 되게 하셨고,[2] 나머지 천사들은 거룩하고 복된 상태로 확립시키셨습니다.[3] 그리고 자신의 능력과 긍휼과 공의를 실행하심으로 이들 모두를 그분의 기쁘신 뜻대로[4] 사용하십니다.[5]

1) 유 1:6; 벧후 2:4; 히 2:16; 요 8:44.
2) 욥 1:12; 마 8:31.

| 대요리문답 19: | 3) 딤전 5:21; 막 8:38; 히 12:22. |
| | 4) 왕하 19:35; 히 1:14.　　　　5) 시 104:4. |

◗ 말씀 요절

유 1:6 또 자기 지위를 지키지 아니하고 자기 처소를 떠난 천사들을 큰 날의 심판까지 영원한 결박으로 흑암에 가두셨으며

벧후 2:4 하나님이 범죄한 천사들을 용서하지 아니하시고 지옥에 던져 어두운 구덩이에 두어 심판 때까지 지키게 하셨으며

욥 1:12 여호와께서 사탄에게 이르시되 내가 그의 소유물을 다 네 손에 맡기노라 다만 그의 몸에는 네 손을 대지 말지니라 사탄이 곧 여호와 앞에서 물러가니라

딤전 5:21 하나님과 그리스도 예수와 택하심을 받은 천사들 앞에서 내가 엄히 명하노니 너는 편견이 없이 이것들을 지켜 아무 일도 불공평하게 하지 말며

히 1:14 모든 천사들은 섬기는 영으로서 구원 받을 상속자들을 위하여 섬기라고 보내심이 아니냐

시 104:4 바람을 자기 사신으로 삼으시고 불꽃으로 자기 사역자를 삼으시며

교리 해설

하나님께서는 천사를 영적이고 무형적인 존재로 만드셨습니다. 천주교회는 마치 천사가 영적인 몸을 가진 것처럼 생각합니다. 이때 영적인 몸이란 지극히 순결한 상태의 몸을 가리킵니다. 그러나 천사는 살과 뼈가 없고(눅 24:39), 혼인하지 않으며(마 22:30), 보이지 않는(골 1:16) 존재입니다. 그러하기에 신체라고 할 몸을 가지고 있지 않습니다. 하지만 영적 존재라고 하여 천사가 마치 모든 공간을 다 채울 수 있는 존재인 것처럼 생각해서는 안 됩니다. 천사는 유한한 피조물이며 제한된 공간에만 있으며 동시에 여러 곳에 있을 수가 없습니다.

이러한 천사는 이성적이고 도덕적이며 불멸하는 존재입니다. 곧 천사는 지식에 있어 사람보다 뛰어나며, 도덕적 의무 아래 있기 때문에 순종 또는 불순종에 따라 심판을 받습니다. 순종하지 않고 불순종하는 천사는 악한 천사입니다. 이들은 처음부터 악한 천사로 지음을 받은 것은 아닙니다. 처음부터 모든 천사는 선한 상태로 창조되었습니다. 예를 들어 하나님께서는 창조 사역을 마치신 후에 모든 것을 보시고 보시기에 심히 좋다고 말씀하셨습니다(창 1:31). 또 "또 자기 지위를 지키지 아니하고 자기 처소를 떠난 천사들을 큰 날의 심판까지 영원한 결박으로 흑암에 가두셨으며"(유 1:6)라는 말씀이나 "하나님이 범죄한 천사들을 용서하지 아니하시고 지옥에 던져 어두운 구덩이에 두어 심판 때까지 지키게 하셨으며"(벧후 2:4)라는 말씀은 천사가 본래 지키는 지위나 처소가 있고, 범죄하지 않은 상태로 있었다는 것을 시사합니다. 그리하여 천사들 가운데는 본래의 지위나 상태를 잘 지킨 선한 천사들이 있는 반면에 이와 달리 본래의 지위에서 이탈하고 자신의 처소를 떠난 악한 천사들이 있습니다. 하지만 성경은 악한 천사들이 타락한 시기와 그들의 특성에 관하여서 아무런 말씀을 주지 않습니다. 따라서 이와 관련한 여러

사변은 쓸모가 없는 것들입니다.

타락으로 인한 영향에 있어서 천사의 타락과 사람의 타락은 서로 다릅니다. 사람은 첫 사람 아담과 유기적으로 연결되어 있습니다. 온 인류가 아담의 후손입니다. 그러나 천사는 이러한 유기적 연결이 없습니다. 천사는 각기 지음을 받았기 때문입니다. 이들은 무리를 짓고 있지만 유기적 연결은 없이 개별적으로 존재하는 집단입니다. 일정한 시험 기간 동안에 개인적 행위로 어떤 천사는 순종을 하고 또 다른 천사는 죄를 범합니다. 그렇기 때문에 사람이 그러하듯이 한 사람 아담의 범죄로 인하여 전 인류가 죄 아래 있는 것과 같지 않습니다.

악한 천사들은 하나님을 감히 대적하지만 하나님의 권세를 벗어나지 못합니다. 하나님께서는 이 악한 천사들도 그분 자신의 영광이 되게 하십니다. 예를 들어 사탄은 욥을 치지만 욥의 몸에 손을 대지 못하도록 하나님께서 제한을 두신 한계 안에서 움직입니다(욥 1:12). "자기 지위를 지키지 않고 자기 처소를 떠난" 악한 천사들은 마지막 심판까지 영원히 결박된 채로 흑암, 곧 무저갱에 던져진 채(유 1:6; 벧후 2:4) 공중 권세 잡은 자로 세상에 속한 자들에게 왕 노릇 하지만, 결코 그리스도의 교회를 무너뜨리지 못합니다. 이 악한 천사들은 마지막 날에 영원한 불못에 던져질 것입니다(계 20:7-10). 반면에 선한 천사는 하나님께서 선택한 천사로서 창조 때에 지음을 받은 거룩하고 복된 상태로 있습니다. 하나님께서는 그분 자신의 기쁘신 뜻대로 선한 천사이든지 악한 천사이든지 사용하십니다.

◀ **적용 질문**

1. 천사의 타락과 사람의 타락을 비교할 때 이 둘은 타락으로 인한 결과가 서로 다릅니다. 어떠한 차이점을 보입니까? 이러한 차이점은 무엇 때문에 나타나는 것입니까?

2. 사탄과 악한 천사인 귀신들은 억울하게 죽은 사람의 영혼이라는 믿음에 대하여 여러분은 어떻게 평가하십니까?

3. 길 가다 넘어지는 일이나, 감기에 걸리는 일이나, 경험하는 모든 악한 일은 악한 귀신들에 의하여 나타나는 것이라고 생각하는 사람을 본 적이 있습니까? 이 사람에게 어떠한 말씀을 주시겠습니까?

4. 악한 천사 가운데 우두머리인 사탄은 결국에 한낱 피조물이라는 사실과, 또 사탄의 권세는 하나님께서 허락하신 범위와 수준을 넘어서지 못하는 제한된 것이라는 사실이 여러분에게 주는 신앙의 의미나 위로가 있습니까?

2월 14일

악의 허용과 죄악성의 기원

신앙고백서 5.4

신앙고백서 5.4

하나님의 전능하신 능력, 측량할 수 없는 지혜, 그리고 무한한 선하심은 그분의 섭리에서 아주 명백하게 드러나서, 이 섭리는 심지어 첫 번째 타락에까지, 그리고 천사들과 사람들의 다른 모든 죄에까지 이른다.[1)] 그런데 이것은 단순한 허용에 의한 것이 아니라,[2)] 허용과 함께, 그분의 거룩한 목적에 일치하도록, 여러 가지 경륜으로,[3)] 그 죄들을 지극히 지혜롭고 강력하게 제한하시거나,[4)] 아니면 이것들을 질서 있게 정하시고 통치하시는 방식에 의한 것이다. 그러나 그 죄들의 죄악성은 오직 피조물에게서 나온 것이며, 하나님에게서 비롯된 것이 아니다. 하나님께서 지극히 거룩하시며 지극히 의로우신 분이시므로 죄의 조성

| 신앙고백서 5.4 | 자나 승인자가 아니시며, 그러한 분이실 수도 없다.[5]

1) 롬 11:32~34; 삼하 24:1; 대상 21:1; 왕상 22:22~23; 대상 10:4, 13~14; 삼하 16:10; 행 2:23; 4:27~28.

2) 행 14:16.

3) 창 50:20; 사 10:6~7, 12.

4) 시 76:10; 왕하 19:28.

5) 약 1:13~14, 17; 요일 2:16; 시 50:21.

◖ 말씀 요절

롬 11:32-34 하나님이 모든 사람을 순종하지 아니하는 가운데 가두어 두심은 모든 사람에게 긍휼을 베풀려 하심이로다 깊도다 하나님의 지혜와 지식의 풍성함이여, 그의 판단은 헤아리지 못할 것이며 그의 길은 찾지 못할 것이로다 누가 주의 마음을 알았느냐 누가 그의 모사가 되었느냐

왕상 22:21-23 한 영이 나아와 여호와 앞에 서서 말하되 내가 그를 꾀겠나이다 여호와께서 그에게 이르시되 어떻게 하겠느냐 이르되 내가 나가서 거짓말하는 영이 되어 그의 모든 선지자들의 입에 있겠나이다 여호와께서 이르시되 너는 꾀겠고 또 이루리라 나가서 그리하라 하셨은즉 이제 여호와께서 거짓말하는 영을 왕의 이 모든 선지자의 입에 넣으셨고 또 여호와께서 왕에 대하여 화를 말씀하셨나이다

행 14:16　하나님이 지나간 세대에는 모든 민족으로 자기들의 길들을 가게 방임하셨으나

창 50:20　당신들은 나를 해하려 하였으나 하나님은 그것을 선으로 바꾸사 오늘과 같이 많은 백성의 생명을 구원하게 하시려 하셨나니

시 76:10　진실로 사람의 노여움은 주를 찬송하게 될 것이요 그 남은 노여움은 주께서 금하시리이다

요일 2:16　이는 세상에 있는 모든 것이 육신의 정욕과 안목의 정욕과 이생의 자랑이니 다 아버지께로부터 온 것이 아니요 세상으로부터 온 것이라

◀ 교리 해설

이 세상에서 일어나는 어떤 일이든지 하나님께서 작정하지 않으신 것은 없습니다. 그러므로 하나님께서 작정을 실행하시는 섭리의 작용은 당연히 작정하신 일에 포함된 모든 것이 일어나도록 합니다. 그런데 이 세상에서 일어나는 일 가운데는 아담과 하와가 타락한 사건으로부터, 천사들이나 사람의 죄악의 행위들이 있습니다. 그렇기 때문에 의문을 제기하는 사람이 있습니다. 이들은 하나님께서는 거룩하시며 선하신 분이시므로, 결코 악을 작정 안에서 두시고 이를 섭리로 실행하실 수 없다고 판단합니다. 그러하므로 하나님께서는 악을 막을 능력이 없으시거나, 아니면 거룩하시며 선한 분이 아니시므로 악을 막지 않으시는 것이라고 잘못된 결론을 내립니다.

그러나 이러한 섣부른 판단은 하나님께서 작정을 악에 두시는 방식과 이러한 죄악이 어디에서 비롯되는 것인지에 대하여 바르게 알지 못하여 내려지는 것입니다. 먼저 알 것은 이러한 악을 하나님께서 허용하시는 것과 관련한 올바른 이해입니다. 하나님께서는 악을 허용하십니다. 악의 허용이라는 말은 첫째로 악은 하나님께서 기뻐하시는 것이 아니라는 뜻을 담습니다. 둘째로 그러나 하나님께서는 악이 일어나도록 하신다는 의미를 담습니다. 셋째로 하지만 하나님께서 악을 일어나지 않게 하시거나 제어하실 능력이 없어서 어쩔 수 없이 일어나도록 하신다는 것을 뜻하지 않습니다. 요약하면 하나님께서는 그분 자신의 작정에 따라 악의 실행을 섭리하실 때 악을 기뻐하지 않으시며 그 악이 일어나지 않도록 하실 수 있으시나 그 악이 일어나도록 하십니다. 이러한 의미를 모두 담아 하나님께서는 악을 허용하신다고 말합니다.

그런데 이렇게 죄악을 허용하실 때, 하나님께서는 그 죄악이 거룩한 목적에 일치하도록 그분의 지혜로 강력하게 작용하십니다. 그리하여 그 죄악이 도리어 결과적으로 선을 이루도록 하십니다. 이렇게 목적에 합당하도록 악을 사용하시는 일을 가리키는 바가 '악의 허용'의 중요한 의미이기도 합니다. 이를 위하여 하나님께서는 죄악의 힘을 제어하시거나, 선의 목적을 이룰 수 있도록 죄악이 일어나는 때와 방식을 질서 있게 정하시고 다스리십니다. 예를 들어 요셉은 자신의 형들이 자신을 해하려 하였으나, 그들의 죄악을 선으로 바꾸시어 많은 백성의 생명을 구원하는 일을 행하셨다(창 50:20)라고 고백합니다. 이러한 고백은 요셉의 형들이 행한 죄악이 요셉을 애굽의 총리로 세우시는 하나님의 작정 안에서 계획된 일임을 뜻합니다. 그리고 형들이 죄악을 행할 때 요셉의 생명을 해치는 데까지 나가지 않도록 이들의 마음을 제어하시고 다스리십니다.

그런데 하나님께서 요셉의 형들의 죄악이 일어나도록 섭리하셨지만, 그 섭리 작용으로 인하여 하나님께서 이들 죄악에 대한 책임을 지시는 것이 아니라는 점을 명백히 유의하여야 합니다. 하나님께서는 죄악의 일이 일어나도록 섭리하시지만 이 일에 죄악성을 부여하시지는 않으십니다. 이것을 이해하려고 어떤 이들은 '질료'와 '형상'의 개념을 빌려옵니다. 청동으로 만들어진 세종대왕의 동상이 있다고 합시다. 이것을 세종대왕의 동상이라 인식하는 것은 동상의 '질료'인 청동 때문이 아닙니다. 그것이 표현하고 있는 세종대왕의 '형상' 때문입니다. 질료인 청동이 없이는 형상인 세종대왕이 구현될 수 없습니다. 그러나 청동이 세종대왕의 형상을 조성하지 않습니다. 이와 마찬가지로 어떤 죄악의 행위가 있을 때, 이 행위를 있게끔 하는 작용이나 능력을 질료라고 할 수 있습니다. 그러나 이 작용이나 능력은 다른 어떤 행위도 있게끔 하는 것입니다. 마치 청동이라는 질료가 다른 동상도 있게끔 하는 것과 같습니다. 그러나 이 행위가 죄악의 행위로 되는 것은 행위를 있게끔 하는 작용이나 능력과 같은 질료가 아닙니다. 그것은 행위의 성격을 규정하는 형상, 곧 죄악성입니다. 이 죄악성은 사람이 스스로 책임져야 하는 윤리성에서 나옵니다. 사람이 하나님의 법도에 어긋나는 일을 행함으로써 자신의 행위에 죄의 성질을 부여합니다. 하나님의 법도란 하나님의 뜻이며 의지이기 때문에 하나님께서는 스스로 자신의 법도에 어긋나는 일이 있을 수가 없습니다. 하나님께서는 어떤 불법성도 없는 것입니다. 모든 죄악성은 죄악을 행한 사람에게서 비롯되는 것입니다. 하나님께서는 지극히 거룩하시며 의로운 분이십니다. 하나님께서는 어떤 의미에서도 결코 죄의 조성자나 승인자가 아니십니다.

◀ 적용 질문

1. 여러분은 이 세상에서 일어나는 모든 슬픔이나 고통이나 죄악이 하나님의 섭리 가운데 있는 것임을 믿으십니까? 이러한 믿음이 여러분이 하나님을 믿고 의지하는 데에 도움이 되었나요? 아니면 어려움을 주었나요?

2. 하나님께서 모든 죄악을 그분의 섭리로 실행하시나 이 모든 것이 합력하여 선을 이루실 것이라고 믿으십니까? 그러한 믿음이 어떻게 가능합니까?

3. 하나님께서 여러분이 죄악을 범할 때 그 악을 제어하여 더 큰 악을 행하지 않도록 해주셨다고 고백할만한 경험이 있으신가요? 여러분의 죄악을 도리어 선으로 갚아주신 일이 있습니까? 그러할 때 여러분의 죄악을 허용하신 하나님의 지혜와 인자하심을 고백하신 적이 있습니까?

4. 하나님께서 그분의 섭리로 죄악의 실행을 허용하신다고 하여 하나님을 죄의 조성자라고 말하는 이들을 본 적이 있습니까? 그러한 자들은 자신의 행위의 죄악성을 자신이 책임져야 한다는 사실을 어떻게 핑계할 수 있겠습니까? 여러분도 죄악을 범하였을 때 그 죄악성을 누군가의 탓으로 돌리십니까?

2월 15일

'신자의 죄'의 허용과 그 목적

신앙고백서 5.5

신앙고백서 5.5

지극히 지혜로우시고, 의로우시고, 은혜로우신 하나님께서 종종 그분 자신의 자녀들을 다양한 유혹과 마음의 부패에 얼마 동안 그대로 두신다. 이것은 이전에 범한 죄 때문에 이들을 징계하시기 위한 것이거나, 이들의 마음의 부패와 거짓됨의 숨은 힘을 이들이 발견하도록 하시어 이들이 겸비해지도록 하기 위함이다.[1] 그리고 이들이 도움을 바라며 하나님을 더욱 가까이, 그리고 끊임없이 의지하도록 이들을 자라게 하시기 위함이다. 또한 이들로 하여금 죄를 범할 수 있는 모든 장래의 기회에 대비하여 더욱 경계하고, 여러 가지 다른 의롭고도 거룩한 목적에 대하여 더욱 유의하도록 하시기 위함이다.[2]

| 신앙고백서 5.5 | 1) 대하 32:25~26, 31; 삼하 24:1.
2) 고후 12:7~9; 시 73편; 77:1, 10, 12; 막 14:66~72; 요 21:15~17. |

◖ 말씀 요절

대하 32:25-26 히스기야가 마음이 교만하여 그 받은 은혜를 보답하지 아니하므로 진노가 그와 유다와 예루살렘에 내리게 되었더니 히스기야가 마음의 교만함을 뉘우치고 예루살렘 주민들도 그와 같이 하였으므로 여호와의 진노가 히스기야의 생전에는 그들에게 내리지 아니하니라 … 그러나 바벨론 방백들이 히스기야에게 사신을 보내어 그 땅에서 나타난 이적을 물을 때에 하나님이 히스기야를 떠나시고 그의 심중에 있는 것을 다 알고자 하사 시험하셨더라

삼하 24:1 여호와께서 다시 이스라엘을 향하여 진노하사 그들을 치시려고 다윗을 격동시키사 가서 이스라엘과 유다의 인구를 조사하라 하신지라

고후 12:7-9 여러 계시를 받은 것이 지극히 크므로 너무 자만하지 않게 하시려고 내 육체에 가시 곧 사탄의 사자를 주셨으니 이는 나를 쳐서 너무 자만하지 않게 하려 하심이라 이것이 내게서 떠나가게 하기 위하여 내가 세 번 주께 간구하였더니 나에게 이르시기를 내 은혜가 네게 족하도다 이는 내 능력이 약한 데서 온전하여짐이라 하신지라 그러므로 도리어 크게 기뻐함으로 나의 여러 약한 것들에 대하여 자랑하리니 이는

그리스도의 능력이 내게 머물게 하려 함이라

◨ 교리 해설

하나님께서는 모든 일을 섭리 작용을 통해 일어나도록 하십니다. 이 세상에 있는 모든 죄와 악행도 하나님의 섭리 가운데 일어납니다. 이렇게 악을 허용하시지만 하나님께서는 이 악행들에 대해 어떠한 책임도 없으십니다. 하나님께서는 악의 조성자가 아니십니다. 오늘 읽는 교리 해설은 이렇게 죄악을 범하는 일들이 하나님의 자녀인 신자에게도 나타나고 있음을 말합니다.

왜 신자들을 보호하시지 않으시고 도리어 이렇게 타락하는 일이 있도록 허용하시는 것일까요? 그것에는 하나님의 지혜롭고 선하신 목적이 있습니다. 신앙고백서 5장 5절은 네 가지 목적을 제시합니다. 하나는 하나님의 자녀들이 죄를 범하는 일을 허용하시고 이 범죄로 인하여 이들을 징계하시기 위함입니다. 징계를 통하여 신자들은 죄악으로 인하여 받는 형벌이 얼마나 큰 수치와 고통을 주는지를 알게 됩니다. 하나님께서는 이 교훈을 하나님의 자녀가 알기를 바라십니다. 그리하여 이들이 죄를 범하고자 할 때 이를 허용하십니다. 히스기야가 마음이 교만하여졌을 때 하나님께서는 유다와 예루살렘에 징계를 내리셨고 이에 히스기야는 교만함의 죄를 뉘우치고 선한 영적 교훈을 배웁니다(대하 32장).

다른 하나는 신자가 범죄할 때 이를 허용함으로써 범죄하는 신자의 부패한 마음과 숨은 위선의 힘을 드러내시어 스스로 이러한 자신을 바라보며 겸비해지도록 하시기 위함입니다. 신자는 범죄를 저지른 자신이 참으로 어떠한 자이었는지를 자각하고 자신의 깊은 심정을 직시하는 기회를 갖게 됩니다. 다윗이 이러한 일을 겪습니다. 그는 자신의 충실한 신하인 우리아의 아내 밧세바를 취하고, 자신의 죄를 덮고자 우리아를 전장에서 죽게끔 사태를 만듭니다. 음욕과 거짓 그리고 간교한 꾀로 이어지는 다윗의 죄악의 마음과 행위를 봅니다. 이로써 다윗은 자신의 마음 근본이 악한 것을 깨닫고 대표적인 회개의 시편인 32편과 51편을 남깁니다.

또 다른 목적은 죄의 유혹에 연약하며 저항하지 못하는 무능력을 참으로 깨달아 더욱 하나님을 가까이하고 의지하도록 하는 것입니다. 성경은 경고하기를 "그런즉 선 줄로 생각하는 자는 넘어질까 조심하라"(고전 10:12) 하셨습니다. 베드로는 모두 주를 버릴지라도 자신은 결코 버리지 않겠노라고 강하게 자신하였습니다. 그러나 예수님께서 "오늘 밤 닭 울기 전에 네가 세 번 나를 부인하리라"(마 26:24)라고 하신 말씀과 같이 베드로는 예수님을 세 번이나 부인하였습니다. 베드로는 이러한 자신의 부끄러움을 보고 오직 주님을 더욱 의지하며 살아갑니다. 베드로는 이후 형제들에게 권면하기를 "더욱 힘써 너희 부르심과 택하심을 굳게 하라 너희가 이것을 행한즉 언제든지 실족하지 아니하리라"(벧후 1:10)고 말하는 자가 됩니다.

끝으로 오늘 배우는 교리는 한 가지 목적을 더 교훈합니다. 그것은 장래 다가올 더 큰 시험과 죄에 대하여 더욱 경계하는 것입니다. 그리고 더 많이 의롭고 거룩한 목적에 초점을 두고 살아가도록 하시기 위한 것입니다. 바울은 사탄의 사자를 주신 것을 더 기뻐하였습니다. 왜냐하면 그리스도의 능력이 자신에게 머무는 은혜를 의지하게 되기 때문입니다(고후 12:7-9). 그리하여 시편은 이렇게 찬송합니다. "고난 당한 것이 내게 유익이라 이로 말미암아 내가 주의 율례들을 배우게 되었나이다"(시 119:71).

적용 질문

1. 여러분은 그리스도의 용서와 구원을 참으로 믿는 신자이면서 하나님의 법도를 어기고 죄악을 행한 적이 있으십니까? 그러한 악행에도 불구하고 여러분 자신이 하나님의 자녀이겠습니까?

2. 여러분이 하나님의 자녀이면서도 어떻게 죄악을 행하는 일이 있게 될까요? 그러한 일을 행하는 여러분에게 하나님께서 주시는 교훈은 무엇입니까?

3. 하나님께서 하나님의 자녀들의 범죄를 허용하시는 목적에 대하여, 앞서 설명한 〈교리 해설〉에서 배운 네 가지를 정리해 보시기 바랍니다.

4. 여러분이 신자임에도 연약하다는 사실은 결국 신자의 소망이 어디에 있음을 말해줍니까? 자신의 신앙과 신앙의 순종 또는 신앙의 열의가 소망의 근거가 될 수 있겠습니까? 아니라면 연약한 신자를 붙들어주시는 진정한 위로는 어디에 있습니까?

2월 16일

'악인의 죄'의 허용과 그 목적

신앙고백서 5.6

신앙고백서 5.6

사악하고 불경건한 사람들의 경우에, 의로운 재판장이신 하나님께서 이들이 이전에 범한 죄로 인하여 눈멀게 하시고 완악하게 하신다.[1] 하나님께서 은혜를 주셨다면, 이들의 이해가 밝아지며 이들의 마음이 영향을 받았을 것이나, 그런 은혜를 이들에게 베풀지 않으실 뿐만 아니라,[2] 때로는 이들이 소유한 은사를 철회하기도 하신다.[3] 그리고 이들의 부패로 인하여 죄의 기회로 삼는 것들에 이들을 노출시키신다.[4] 아울러 이들 자신의 정욕과 세상의 유혹과 마귀의 권세에 이들을 넘기신다.[5] 이로써 심지어 하나님께서 다른 사람들을 부드럽게 하시기 위하여 사용하시는 방편들 아래에서도, 이들 스스로 완악하게 하는 일이

> **신앙고백서 5.6**
>
> 일어난다.⁶⁾
>
> 1) 롬 1:24, 26, 28; 11:7~8.
> 2) 신 29:4.
> 3) 마 13:12; 25:29.
> 4) 신 2:30; 왕하 8:12~13.
> 5) 시 81:11~12; 살후 2:10~12.
> 6) 출 7:3; 8:15, 32; 고후 2:15~16; 사 8:14; 벧전 2:7~8; 사 6:9~10; 행 28:26~27.

◖ **말씀 요절**

롬 1:24, 26, 28 그러므로 하나님께서 그들을 마음의 정욕대로 더러움에 내버려 두사 그들의 몸을 서로 욕되게 하게 하셨으니 … 이 때문에 하나님께서 그들을 부끄러운 욕심에 내버려 두셨으니 곧 그들의 여자들도 순리대로 쓸 것을 바꾸어 역리로 쓰며 … 또한 그들이 마음에 하나님 두기를 싫어하매 하나님께서 그들을 그 상실한 마음대로 내버려 두사 합당하지 못한 일을 하게 하셨으니…

신 29:4 또한 그들이 마음에 하나님 두기를 싫어하매 하나님께서 그들을 그 상실한 마음대로 내버려 두사 합당하지 못한 일을 하게 하셨으니

마 13:12 무릇 있는 자는 받아 넉넉하게 되되 없는 자는 그 있는 것도 빼앗기리라

신 2:30 헤스본 왕 시혼이 우리가 통과하기를 허락하지 아니하였으니 이는 네 하나님 여호와께서 그를 네 손에 넘기시려고 그의 성품을 완강하게 하셨고 그의 마음을 완고하게 하셨음이 오늘날과 같으니라

살후 2:10-12 불의의 모든 속임으로 멸망하는 자들에게 있으리니 이는 그들이 진리의 사랑을 받지 아니하여 구원함을 받지 못함이라 이러므로 하나님이 미혹의 역사를 그들에게 보내사 거짓 것을 믿게 하심은 진리를 믿지 않고 불의를 좋아하는 모든 자들로 하여금 심판을 받게 하려 하심이라

출 7:3; 8:15 내가 바로의 마음을 완악하게 하고 내 표징과 내 이적을 애굽 땅에서 많이 행할 것이나 … 그러나 바로가 숨을 쉴 수 있게 됨을 보았을 때에 그의 마음을 완강하게 하여 그들의 말을 듣지 아니하였으니 여호와께서 말씀하신 것과 같더라

교리 해설

하나님께서는 거룩하시며 선하시며 의로우신 분이시어서 악을 행하도록 부추기거나 강요하시는 분이 결코 아닙니다. 그런데 오늘 배우는 교리에서는 하나님께서 악인을 눈멀게 하시고 이들의 마음을 완악하게 하시는 분으로 표현되고 있습니다. 이 진술은 주의해 읽어야 합니다. 이 진술이 시작하는 앞에 있는 "이들이 이전에 범한 죄로 인하여"라는 구절은 이렇게 눈멀게 하시고 마음을 완악하게 하시는 일이 이들이 범한 죄로 인한 심판이라는 것을 말해줍니다. 하나님께서는 사악하고 불경건한 사람이라 할지라도 이들에게 말씀으로 교훈하시며 오래 참으며 기다

리십니다. 그럼에도 이들이 죄를 여전히 범하는 까닭에 이들을 심판하십니다. 진리를 보지 못하고 책망을 들어도 완악한 마음으로 회개를 거절하는 상태로 내버려 두십니다.

이와 관련하여 두 가지 점에 있어서 오해하지 않도록 하여야 합니다. 첫째, 어떤 이는 악인을 끝까지 돌이키지 않으시고 이렇게 내버려 두시는 것은 하나님의 사랑이 아니며 또 불의라고까지 말합니다. 이것은 중대한 잘못입니다. 왜냐하면 하나님께서 사악하고 불경건한 자들이 악을 사랑하여 죄를 범할 때 더욱 그 악을 사랑하도록 내버려 두시는 일은 바로 공의의 심판의 행위입니다. 둘째, 하나님께서 악인으로 하여금 악을 더 행하도록 내버려두시는 일을 하나님께서 이들에게 마음이 완악해지도록 악한 성정을 주입하는 적극적인 활동을 하시는 것으로 생각해서는 결코 안 됩니다. 하나님께서는 악인이 과연 악인이 되지 않을 수 없게끔 악한 성정과 같은 것을 주입하지 않으십니다. 악인이 악인인 까닭은 그가 하나님의 법도를 거슬러 악한 행동을 스스로 원하여 나가기 때문입니다. 이로 인하여 그의 마음과 행동에 죄악성이 부여되는 것입니다.

하나님께서 이 세상에서 사악하고 불경건한 사람이 자신이 이전에 범한 죄로 인하여 더 완악하게 되는 심판을 내리시는 방식에 대해 네 가지를 생각해 볼 수 있습니다. 하나는 하나님께서 악을 사랑하던 마음에서 돌이켜 회개하고 하나님을 사랑할 수 있도록 마음을 부드럽게 하는 은혜를 베풀지 않는 방식입니다. 즉 "깨닫는 마음과 보는 눈과 듣는 귀"(신 29:4)를 이들에게 주시지 않습니다. 다른 하나는 이미 주셨던 은혜를 거두시는 방식입니다. 이를테면 하나님께서 이사야 선지자의 예언를 들어 예수님께서 말씀하시기를, "이는 눈으로 보고 귀로 듣고 마음으로 깨달아 돌이켜 내게 고침을 받을까 두려워함이라 하였느니라"(마 13:15) 하신 것은 이제는 더 이상 이 백성이 듣고 깨닫지 못하게 하시겠다는 뜻을 전달합니다. 또 다른 하나는 불경건한 자가 죄를 범할 기회를 만날 수 있게 하시는 방식입니다. 이것은 하나님께서 북왕국 이스라엘을 아람의 손에 넘기실 때 아람이 이 기회를 타서 극악의 만행을 저지르는 일과 같은 것입니다(왕하 8:12). 끝으로 사악하고 불경건한 자들을 이들 자신의 정욕에, 세상의 유혹에, 마귀의 권세에 넘기시는 방식입니다. 하나님께서 미혹의 일이 있도록 허용하실 때, 이들이 불의를 좋아하니 불의를 행하고 진리를 믿지 않으니 속임을 따라갑니다(살후 2:10-12).

이상과 같은 모든 일은 이 세상에서 함께 살아가는 사람들 가운데서 볼 수 있는 양상입니다. "바늘도둑이 소도둑 된다"라는 속담은 죄의 습관이 죄의 욕망을 일으켜 더 큰 죄를 범하도록 유인되는 효과를 말합니다. 이것은 오늘 교리에서 배우는 바대로 하나님께서 내버려 두시는 심판을 적절히 표현합니다. 이러한 자들은 심지어 다른 사람이라면 돌이켜 하나님께 나갔을 방편들 아래에서도 스스로 자신을 완악하게 합니다. 또한 다른 사람을 더욱더 배나 지옥 자식이 되게 한다는 주님의 큰 책망을 듣게 됩니다.

적용 질문

1. 여러분은 불경건하며 사악한 사람들이 다른 사람들에 대하여 긍휼과 자비와 인애와 오래 참음을 나타내 보이는 사례를 본 적이 있습니까?

2. 왜 악인들은 악을 행하는 데에 거침이 없으며 이전보다 더 큰 악을 행하는 것일까요? 주변에서 본 사례를 말해봅시다.

3. 하나님께서 이미 범한 죄에 심판으로 악인에게 형벌을 내리셨다고 여길만한 사례를 본 적이 있습니까?

4. 악인이 더욱 악을 강화하고 증강시키는 현실을 볼 때, 이러한 일에 대하여 하나님께서 무엇을 하고 계신다고 판단하시겠습니까? 이러한 현실에서도 여러분은 구원과 위로의 소망을 찾을 수 있습니까? 그 까닭은 무엇입니까?

2월 17일

일반 섭리와 교회를 위한 특별 섭리

신앙고백서 5.7

신앙고백서 5.7

하나님의 섭리가 일반적으로 모든 피조물에 미치고 있는 것처럼, 아주 특별한 방식으로 그분의 교회를 돌보며 교회에 유익이 되도록 모든 일을 질서 있게 정하신다.[1]

1) 딤전 4:10; 암 9:8~9; 롬 8:28; 사 43:3~5, 14.

말씀 요절

딤전 4:10 이를 위하여 우리가 수고하고 힘쓰는 것은 우리 소망을 살아

계신 하나님께 둠이니 곧 모든 사람 특히 믿는 자들의 구주시라

암 9:8-9 보라 주 여호와의 눈이 범죄한 나라를 주목하노니 내가 그것을 지면에서 멸하리라 그러나 야곱의 집은 온전히 멸하지는 아니하리라 여호와의 말씀이니라 보라 내가 명령하여 이스라엘 족속을 만국 중에서 체질하기를 체로 체질함 같이 하려니와 그 한 알갱이도 땅에 떨어지지 아니하리라

롬 8:28 우리가 알거니와 하나님을 사랑하는 자 곧 그의 뜻대로 부르심을 입은 자들에게는 모든 것이 합력하여 선을 이루느니라

사 43:3-5, 14 대저 나는 여호와 네 하나님이요 이스라엘의 거룩한 이요 네 구원자임이라 내가 애굽을 너의 속량물로, 구스와 스바를 너를 대신하여 주었노라 네가 내 눈에 보배롭고 존귀하며 내가 너를 사랑하였은즉 내가 네 대신 사람들을 내어 주며 백성들이 네 생명을 대신하리니 … 너희의 구속자요 이스라엘의 거룩한 이 여호와가 말하노라 너희를 위하여 내가 바벨론에 사람을 보내어 모든 갈대아 사람에게 자기들이 연락하던 배를 타고 도망하여 내려가게 하리라

◀ 교리 해설

모든 만물과 그 가운데 일어나는 모든 일은 하나님의 섭리의 대상입니다. 하나님께서는 창조하신 피조물 모든 것의 존재와 활동을 보존하시고 그것을 다스리십니다. 이때 온 우주 전체를 향한 섭리를 가리켜 일반 섭리라고 말합니다. 이러한 일반 섭리는 대체로 하나님께서 모든 만물

에게 일반적인 활동의 규칙이나 원리를 부여하시고 그것들이 나름의 규칙이나 원리에 따라 활동하도록 다스리시는 섭리를 말합니다.

그런데 일반 섭리에 더하여 하나님께서 어떤 특정한 목적을 향하여 특별한 방식을 정하시고 이것을 실행하시는 섭리가 있습니다. 이를테면 특별히 이성적 피조물과 관련하여 은혜의 도움을 구하는 기도나, 구원과 관련한 모든 경우를 특별히 배려하면서 사물이나 사건들을 특별한 질서에 따라 배정하고 이끌어 가는 섭리입니다. 이것을 특별 섭리라고 합니다. 특별 섭리는 일반 섭리와 다른 섭리가 아니라 하나의 섭리 활동의 다른 측면을 말합니다.

오늘 학습하는 교리는 특별 섭리 가운데 가장 특별히 교회를 위한 특별 섭리가 있음을 말합니다. 이것은 하나님의 섭리 활동으로 전개되는 역사의 의미를 해석하는 근거를 제공합니다. 역사와 연결하여 말한다면 온 우주 전체와 모든 사람을 향한 하나님의 섭리는 소위 말하는 보편사를 이끄는 것이고, 예수 그리스도의 복음과 구원 그리고 교회를 향한 섭리는 구속사를 열어가는 것이라고 할 수 있습니다. 보편사를 이끌어 가는 섭리는 예수 그리스도의 구원사역을 위한 구속사를 이루어가는 섭리의 배경입니다. 목적은 구속사의 실행 기관인 교회를 향한 특별 섭리이며, 배경은 교회가 처한 보편사를 이끌어 가는 일반 섭리입니다.

하나님께서 "아주 특별한 방식으로 그분의 교회를 돌보며 교회에 유익이 되도록 모든 일을 질서 있게 정하신다"는 오늘의 교리 학습은 역사 가운데 일어나는 모든 일이 합력하여 교회에 선이 되도록 하기 위한 것이라고 말합니다. 이것을 개인적으로 말하면 이 세상의 모든 일은 어느 개인의 구원을 위한 특별 섭리를 위하여 있는 것입니다. 물론 동시에 다른 어느 개인의 구원을 위한 특별 섭리를 위한 것이기도 합니다. 이 세상의 모든 일은 구원을 받는 각 개인을 위한 특별 섭리의 배경입니다. 어떻게 이 세상의 모든 일을 향한 일반 섭리가 형편과 상황이 다른 각 개인의 구원의 목적을 위하여 동시에 협력할 수 있는지는 하나님의 지혜에 속한 일입니다. 사람으로서는 헤아릴 수 없는 신비입니다.

이러한 사실과 관련하여 성경의 예를 들어봅니다. 다윗이 밧세바와 간음하고 그녀의 남편인 우리아를 살해토록 교사한 범죄는 인간의 전적인 부패를 일깨웁니다. 그리고 제사의 효력이 제물이나 의식 자체에 있는 것이 아니며 오직 하나님의 긍휼에 있음을 교훈합니다. 이 불행한 다윗의 사건은 이러한 교훈을 전하기 위한 하나님의 특별한 목적, 곧 교회를 돌보기 위한 특별 섭리 가운데 일어난 일이었습니다. 범죄한 다윗 자신은 바로 자신의 사건을 통해 교회에 메시지를 전하면서 자신이 그 메시지로 복음의 깊은 뜻을 깨닫는 은총의 직접적인 수혜자가 되었습니다. 모든 일이 합력하여 선을 이룬 것입니다.

마찬가지로 요셉과 관련한 일들도 교회를 위한 특별 섭리의 관점에서 해석이 되어야 합니다. 요셉이 아버지 야곱의 사랑을 독차지한 일, 요셉이 꿈을 꾼 일, 형들에게 미움을 받고 노예로 팔린 일, 바로의 총리가 된 일을 포함한 모든 일은 하나님의 섭리 가운데 일어난 일들입니다. 그 일들은 가나안 땅과 애굽에 좋은 기후를 주시다가 나중에는 가뭄의 기후를 겪는 과정을 통해 일어납니다. 이러한 현상들은 하나님의 일반 섭리라고 할 수 있습니다. 이러한 일반 섭리의 배경은 요셉을 총리로 세워가는 특별 섭리를 위한 것이었습니다. 그러나 그것은 요셉만을 위한 섭리가 아니었습니다. 그것은 야곱의 가족들 모두를 구원하는 섭리였으며, 후에 가나안 땅으로 돌아가 야곱의 열두 지파를 이루어 아브라함에게 주신 언약을 성취하는 섭리였습니다. 아브라함의 언약의 성취를 위한 섭리였으며, 교회를 돌보시며 교회의 유익을 위한 특별한 섭리였습니다.

적용 질문

1. 하나님의 일반 섭리란 무엇입니까? 이 세상이 보존되고 작동되고 있으므로 나타나는 모든 현상을 보면서 하나님의 섭리를 생각해 보신 적이 있습니까? 없다면 그 이유는 일반 현상을 통해 섭리를 발견하기 어렵기 때문입니까?

2. 우리나라가 한국전쟁으로 인하여 많은 사람이 죽음과 고통을 당하고, 나라의 영토가 둘로 쪼개어진 채 서로 군사적으로 대립하고 있는 것은, 일본에 의해 강점을 당하던 시기에 한국 장로교회가 총회에서 신사참배를 하기로 결의한 것에 대한 하나님의 심판이었다고 말하는 주장에 대해 여러분은 무엇이라 말씀하겠습니까?

3. 로마 제국은 서유럽을 주전 1세기부터 다스리기 시작하면서 도로망을 발달시켰습니다. 이것은 기독교를 전파하고자 하는 하나님의 특별 섭리를 위한 것이었다는 판단은 옳습니까?

4. 하나님의 섭리에는 사람을 향한 특별 섭리, 가장 특별히 교회를 위한 특별 섭리가 있으며, 일반 섭리는 특별 섭리의 배경이라는 교훈이 여러분을 향한 특별 섭리의 실행으로 살아가는 신앙 여정에 어떠한 위로나 능력, 담대함을 줍니까? 그 이유는 무엇입니까?

2월 18일

죄의 정의

소요리문답 14
대요리문답 24

소요리문답 14:

문14. 죄는 무엇입니까?

답. 죄는 하나님의 율법을 순종함에 있어서 부족한 것이나 어기는 것입니다.[1]

1) 요일 3:4.

대요리문답 24:

문24. 죄는 무엇입니까?

답. 죄는 이성적 피조물에게 규범으로 주어진 하나님의 율법을 순종함에 있어서 부족한 것이나 그 법의 하나라도 어기는 것입니다.[1]

| 대요리문답 24: | 1) 요일 3:4; 갈 3:10, 12.

◀ 말씀 요절

요일 3:4 죄를 짓는 자마다 불법을 행하나니 죄는 불법이라

갈 3:10-12 무릇 율법 행위에 속한 자들은 저주 아래에 있나니 기록된 바 누구든지 율법 책에 기록된 대로 모든 일을 항상 행하지 아니하는 자는 저주 아래에 있는 자라 하였음이라 또 하나님 앞에서 아무도 율법으로 말미암아 의롭게 되지 못할 것이 분명하니 이는 의인은 믿음으로 살리라 하였음이라 율법은 믿음에서 난 것이 아니니 율법을 행하는 자는 그 가운데서 살리라 하였느니라

◀ 교리 해설

오늘 공부하는 교리는 사회법을 범하는 죄와 구별하여 하나님의 법을 범하는 죄에 대해 말합니다. 죄는 하나님의 율법을 순종하지 않는 것입니다. 순종하지 않는다는 것은 율법이 명하는 것에 부족하게 지키거나 이 법을 하나라도 어기는 것입니다. 창조주이시며 최고의 왕이며 입법자이신 하나님께서 이성적 피조물인 천사와 사람에게 순종하도록 제정하신 하나님의 율법이 어떤 행위가 죄인지 아닌지를 판단하는 기준입니다. 하나님의 율법은 사람의 양심 안에서 비록 흐릿하더라도 부분적으로 발견됩니다(롬 2:15). 하지만 하나님의 말씀인 성경 속에서 가장 명

백하고도 충분히 발견됩니다. 하나님의 말씀에서 발견되는 하나님의 율법은 성격상 세 가지로 구별됩니다. 하나는 시민 생활과 관련한 법입니다. 이것은 이스라엘이라는 나라에 고유한 것이며 다른 나라에는 적용되지 않습니다. 다른 하나는 의식과 관련한 법입니다. 이 법은 구약의 성도에게 적용되는 법으로 그리스도께서 오셔서 이루실 구속 사역을 미리 보여주는 의식과 절기 등과 관련한 법입니다. 그리스도의 사역이 성취된 이후에는 의식법은 폐기되었으며, 더 이상 신약교회의 성도에게 적용되지 않습니다. 마지막 하나는 도덕과 관련한 법입니다. 도덕법은 하나님께서 모세에게 돌판에 기록하여 주신 법이며, 그리스도께서 다시 오실 세상 끝날까지 복종해야 할 법입니다.

오늘 학습하는 교리는 죄에 대하여 두 가지를 구별합니다. 하나는 율법에 순종함에 부족한 죄이고, 다른 하나는 율법을 어기는 죄입니다. 먼저 하나님의 율법을 순종함에 있어서 부족하다는 것은 하나님의 율법과 일치하지 않는 죄, 곧 율법에 대한 불순응의 죄를 의미합니다. 이것은 율법이 요구하는 기준에 적합하지 않고 부합하지 않는 상태를 의미하며, 또한 이 기준을 준수하지 않고 순종하지 않는 것입니다. 율법에 대한 불순응의 죄의 구체적인 설명을 위하여 두 가지를 말할 수 있습니다. 하나는 원죄입니다. 아담의 타락으로 인하여 후손에게 전하여진 원죄는 마음으로 하나님의 법을 적대하는 본성을 뜻합니다. 로마서 8:7, "육신의 생각은 하나님과 원수가 되나니 이는 하나님의 법에 굴복하지 아니할 뿐 아니라 할 수도 없음이라"는 말씀에서 이 죄가 확인됩니다. 곧 하나님을 사랑하여야 하는 기준에 일치하지 못하며 부족한 죄입니다. 율법에 대한 불순응의 죄에 속한 다른 하나는 하나님께서 정하신 것을 행하지 않는 모든 태만의 죄입니다. 원죄는 마음에서 율법에 불순응하는 죄이며, 태만의 죄는 생활로 드러내는 불순응의 죄입니다. 이처럼 불순응의 죄는 예수님께서 율법과 선지자의 강령이라고 하신 말씀에서 잘 드러납니다. "예수께서 이르시되 네 마음을 다하고 목숨을 다하고 뜻을 다하여 주 너의 하나님을 사랑하라 하셨으니 이것이 크고 첫째 되는 계명이요 둘째도 그와 같으니 네 이웃을 네 자신 같이 사랑하라 하셨으니 이 두 계명이 온 율법과 선지자의 강령이니라"(마 22:37-40).

오늘 학습하는 교리는 율법에 대해 부족한 죄, 곧 불순응의 죄에 더하여, 율법을 거슬러 어기는 죄를 교훈합니다. 율법을 거슬러 어긴다는 것은 율법이 정한 한계를 넘어서는 것을 뜻합니다. 성경이 "죄를 짓는 자마다 불법을 행하나니 죄는 불법이라"(요일 3:4)고 교훈하는 바처럼, 불법, 곧 법이 정한 한계를 넘는 일은 죄를 짓는 일입니다. 그러므로 하나님의 법에 어긋나지 않는 일은 죄가 아닙니다. 하나님의 법에 어긋나는 죄인지의 여부는 하나님께서 법으로 정하여 명시적으로 금지하신 일이나, 또는 간접적으로 금지하신 일, 곧 추론의 과정에 의해 확인되는 금지하신 일을 기준으로 결정됩니다. 예를 들어 십계명 가운데 "~하지 말라"는 여덟 계명은 금지 명령입니다. 계명이 금지하는 것을 어겨서 행한다면 죄가 되고, 그렇지 않다면 죄가 아닙니다.

적용 질문

1. 여러분은 무엇으로 죄인지 아닌지를 판단하십니까? 그 기준은 어디에서 온 것입니까?

2. 여러분은 행하지 않은 일, 곧 어떤 일을 마음으로 품은 것도 죄가 된다고 판단하십니까? 그 이유는 무엇입니까? 여러분은 이러한 판단에 따라서 여러분의 죄를 어떻게 분별하십니까?

3. 여러분이 특별히 어떤 시민법을 어기는 죄를 범하지 않고 살아왔을 때, 자신을 죄인으로 인정하기가 쉽겠습니까? 여러분은 어떤 기준과 이유로 자신을 죄인이라고 고백하십니까?

4. 불순응의 두 가지 죄와 또 율법을 거슬러 어긴 죄라는 두 개념에 비추어 어떤 측면의 죄를 더 쉽게 범합니까? 오직 그리스도만이 구원의 소망인 이유를 오늘 학습한 교리에 따라 설명해 보시기 바랍니다.

| 2월 | 19일 |

사람의 첫 범죄

소요리문답 13, 15
대요리문답 21

소요리문답 13:

문13. 우리 첫 조상은 창조된 상태에 머물러 있었습니까?

답. 의지의 자유에 따라 행하도록 허락된 우리 첫 조상은 하나님을 대적하여 죄를 지음으로써 자신들이 창조된 상태에서 타락했습니다.[1]

1) 창 3:6~8, 13; 전 7:29.

소요리문답 15:

문15. 우리 첫 조상이 창조된 상태에서 타락하게 된 죄는 무엇이었습니까?

답. 우리 첫 조상이 창조된 상태에서 타락하게 된

소요리문답 15: 죄는 금지된 열매를 먹은 것이었습니다.[1]

1) 창 3:6, 12.

대요리문답 21: 문21. 사람은 하나님께서 처음에 창조하신 상태에 머물러 있었습니까?

답. 의지의 자유에 따라 행하도록 허락된 우리 첫 조상은 사탄의 유혹을 받아 금지된 열매를 먹음으로 하나님의 계명을 어겼습니다. 이로 인하여 이들은 무죄하게 창조된 상태에서 타락했습니다.[1]

1) 창 3:6~8, 13; 전 7:29; 고후 11:3.

◐ 말씀 요절

창 3:6-8, 13 여자가 그 나무를 본즉 먹음직도 하고 보암직도 하고 지혜롭게 할 만큼 탐스럽기도 한 나무인지라 여자가 그 열매를 따먹고 자기와 함께 있는 남편에게도 주매 그도 먹은지라 이에 그들의 눈이 밝아져 자기들이 벗은 줄을 알고 무화과나무 잎을 엮어 치마로 삼았더라 그들이 그 날 바람이 불 때 동산에 거니시는 여호와 하나님의 소리를 듣고 아담과 그의 아내가 여호와 하나님의 낯을 피하여 동산 나무 사이에 숨은지라 … 여호와 하나님이 여자에게 이르시되 네가 어찌하여 이렇게

하였느냐 여자가 이르되 뱀이 나를 꾀므로 내가 먹었나이다

전 7:29 내가 깨달은 것은 오직 이것이라 곧 하나님은 사람을 정직하게 지으셨으나 사람이 많은 꾀들을 낸 것이니라

고후 11:3 뱀이 그 간계로 하와를 미혹한 것 같이 너희 마음이 그리스도를 향하는 진실함과 깨끗함에서 떠나 부패할까 두려워하노라

◀ 교리 해설

인류의 첫 조상인 아담과 하와는 창조된 상태에 머물러 있지 않았습니다. 그들은 하나님을 대적하여 죄를 지었습니다. 보기에 매우 좋은 창조된 상태에서 아담과 하와는 죄의 욕망이 없는 순전한 상태였습니다. 그럼에도 이들이 하나님을 대적하는 일이 가능했던 까닭은 이들이 자신의 의지에 따라 행할 수 있는 자유를 부여받고 있었기 때문입니다. 전능하신 하나님께서는 이들이 죄를 범하는 일을 할 수 없도록 그분의 전능의 능력으로 막지 않으셨습니다. 하나님께서 그분 자신의 지혜를 따라 이들에게 자유로운 의지를 행사하도록 하셨고 그러한 이유로 이들은 죄를 선택하여 범하는 일이 가능했습니다.

　이들은 사탄의 유혹을 받아 그만 금지된 열매를 먹음으로 하나님의 계명을 어기고 말았습니다. 하와가 먼저 사탄의 유혹으로 죄를 범하였고(딤전 2:14), 아담은 하와의 죄를 막지 못하고 자신도 범죄하고 말았습니다. 그러나 아담의 죄가 하와의 죄보다 더 심각합니다. 이것은 사탄에게 유혹받아서 죄를 범하는 일도 나쁘지만, 사탄에게 직접 유혹을 받지 않았는데도 하나님의 명령에 어긋난 일을 행하였다는 것은 더 나쁘

기 때문입니다. 게다가 아담은 하나님에게서 직접 명령을 받았다는 사실에 주목하여야 합니다. 설령 하와가 유혹에 넘어가 금지된 열매를 먹고 아담에게도 먹으라 권하였다고 하여도 하나님에게서 직접 금지 명령을 받은 아담은 넉넉히 이를 물리치고 도리어 하와를 책망하여야 했습니다. 사탄은 하나님에게서 직접 명령을 받은 아담을 유혹하지 않고, 아담을 통해 하나님의 명령을 간접적으로 들었을 하와를 유혹하였습니다. 하나님에게서 명령을 받은 아담은 하와가 유혹에 넘어가지 않도록 돌보아야 할 책임이 있었으나 다 감당하지 못하였습니다. 아담은 결코 자신이 범한 죄를 하와의 탓으로 돌릴 수 없습니다.

금지된 열매를 먹음으로써 하나님의 계명을 거슬러 어긋난 죄를 지은 아담과 하와는 즉각적으로 하나님에게서 이제 자신들을 스스로 멀리합니다. 이들은 더 이상 하나님과 즐겁고 평화로운 교제를 누리지 못합니다. 그러기는커녕 이제는 하나님에게서 자신을 숨겼습니다. 왜 그러했을까요? 이들은 스스로 자신의 양심에 따라 하나님께 범죄하였다는 사실을 알았던 것입니다. 이들은 이처럼 무죄하게 창조된 상태에서 타락하여, 더 이상 순전한 상태에 있지 않았습니다.

이러한 아담과 하와의 타락의 사건은 실제로 있었던 역사적 사건입니다. 아담과 하와의 이야기가 단지 신화나 비유가 아니라 역사적 사건이라는 사실은 마태복음 19장에서 우리 주 예수님께서 남자와 여자의 창조와 혼인에 대한 창세기의 기록을 인용하시면서 교훈하신 것에서도 확증됩니다. 만일 창세기 3장의 타락 사건이 역사적이지 않다면, 로마서 5장에서 아담과 그리스도를 대비하여 설명하는 것이 의미를 상실합니다. 아담과 하와의 타락 사건을 포함하여 창세기 1-11장을 역사로 보지 않는 주장은 잘못입니다.

◀ **적용 질문**

1. 어떤 사람이 죄를 지었습니다. 이때 죄를 범한 자가 억지로 강압에 의하여 그 죄를 범하지 않았다면 그는 자신의 죄에 대한 책임을 져야 한다고 생각하십니까? 그가 이 책임을 져야 하는 이유는 무엇입니까?

2. 여러분은 죄의 유혹을 받아 보셨습니까? 죄의 유혹은 과연 하와가 저항하지 못할 만큼 강합니까? 어떻게 하여야 이것을 이길 수 있겠습니까?

3. 하나님께서 금지하신 열매를 따서 먹은 아담과 하와가 그때 가졌던 심리는 어떠하였겠습니까? 그로 인하여 이들이 하나님에게서 자신을 숨기는 행위를 공감하십니까? 여러분도 죄를 범하였을 것입니다. 죄를 범한 후에 하나님과의 관계가 그 이전과 어떻게 달랐습니까?

4. 여러분은 아담과 하와의 창조와 타락을 기록한 창세기 기록을 역사적으로 믿으십니까? 이 기록을 하나의 꾸민 이야기나 신화로 여기는 사람이 범하는 실수는 무엇입니까?

2월 / 20일

첫 범죄의 허용과 그 목적

신앙고백서 6.1

신앙고백서 6.1

우리의 첫 조상들은 사탄의 간계와 유혹에 미혹되어, 금지된 열매를 먹음으로 범죄하였다.[1] 이들이 범한 이 죄를 하나님께서 자신의 지혜롭고 거룩한 경륜에 따라서 허용하기를 기뻐하셨으며, 그분 자신의 영광이 되도록 의도하셨다.[2]

1) 창 3:13; 고후 11:3.
2) 롬 11:32.

◀ **말씀 요절**

창 2:16-17 여호와 하나님이 그 사람에게 명하여 이르시되 동산 각종 나무의 열매는 네가 임의로 먹되 선악을 알게 하는 나무의 열매는 먹지 말라 네가 먹는 날에는 반드시 죽으리라 하시니라

창 3:1-6 그런데 뱀은 여호와 하나님이 지으신 들짐승 중에 가장 간교하니라 뱀이 여자에게 물어 이르되 하나님이 참으로 너희에게 동산 모든 나무의 열매를 먹지 말라 하시더냐 여자가 뱀에게 말하되 동산 나무의 열매를 우리가 먹을 수 있으나 동산 중앙에 있는 나무의 열매는 하나님의 말씀에 너희는 먹지도 말고 만지지도 말라 너희가 죽을까 하노라 하셨느니라 뱀이 여자에게 이르되 너희가 결코 죽지 아니하리라 너희가 그것을 먹는 날에는 너희 눈이 밝아져 하나님과 같이 되어 선악을 알 줄 하나님이 아심이니라 여자가 그 나무를 본즉 먹음직도 하고 보암직도 하고 지혜롭게 할 만큼 탐스럽기도 한 나무인지라 여자가 그 열매를 따먹고 자기와 함께 있는 남편에게도 주매 그도 먹은지라

창 3:13 여호와 하나님이 여자에게 이르시되 네가 어찌하여 이렇게 하였느냐 여자가 이르되 뱀이 나를 꾀므로 내가 먹었나이다

고후 11:3 뱀이 그 간계로 하와를 미혹한 것 같이 너희 마음이 그리스도를 향하는 진실함과 깨끗함에서 떠나 부패할까 두려워하노라

롬 11:32 하나님이 모든 사람을 순종하지 아니하는 가운데 가두어 두심은 모든 사람에게 긍휼을 베풀려 하심이로다

교리 해설

우리의 첫 조상들은 금지된 열매를 먹음으로 죄를 범하고 말았습니다. 그런데 하나님께서 금지된 열매를 먹지 말도록 금하신 까닭이 무엇일까요? 먼저 알 것은 하나님께서 선악을 알게 하는 나무의 과실을 먹지 말도록 금하신 것은 금지된 나무의 과실을 먹으면 육체가 죽게 되거나 상하게 되는 어떤 악한 성분이 그 과실에 있거나, 혹은 악한 마음을 갖게끔 하는 어떤 성질이 있기 때문이 아닙니다. 하나님께서 동산의 다른 나무의 과실과 달리 선악을 알게 하는 나무를 지정하여 이 열매를 먹지 말라 하신 까닭은 아담과 하와가 하나님의 말씀에 순종하는지를 보고자 하심이었습니다. 말하자면 이들이 하나님께 대하여 순종의 마음으로 사랑하는지를 시험하신 것입니다. 여기서 "시험"이라는 표현은 과연 어떠한지를 알아본다는 의미입니다. 순전한 사람을 꾀어 죄를 짓도록 유혹한다는 의미가 전혀 아니라는 점을 유의하여야 합니다.

하나님께서 이제 그 나무의 열매를 먹지 말도록 금하셨으므로 이 열매를 먹는 일은 죄가 됩니다. 첫째로 하나님의 명령을 거슬러 어기는 죄입니다. 둘째로 사탄의 말을 옳다 하고 그것을 따름으로써 하나님께 대적하는 반역의 죄입니다. 셋째로 금지된 열매를 먹어도 결코 죽지 않을 것이라고 한 사탄의 말을 신뢰하고 하나님의 말을 거짓으로 삼은 죄입니다. 넷째로 이 열매를 먹으면 하나님과 같이 되어 선악을 알 줄을 하나님께서 아시고 금하신 것이라는 사탄의 거짓말을 믿고 하나님과 같이 되고자 도리어 이 열매를 먹은 교만의 죄입니다. 다섯째로 사탄의 유혹을 받은 후 하와는 금지된 열매를 더욱 먹고 싶은 마음으로 탐하여 먹은 탐욕의 죄입니다. 여섯째로 이들의 불순종으로 인하여 자신들만이 아니라 후손들도 사망의 심판에 이르게 한 죄입니다.

아담과 하와는 자신의 의지에 따라 행할 수 있는 자유를 부여받았습니다. 이러한 자유는 범죄의 가능성을 갖습니다. 또한 이들의 상태는 가변적입니다. 그러나 이들은 창조 때의 순전한 상태의 복을 그대로 유지하며 순종할 능력을 실로 충분히 가지고 있었습니다. 하나님께서는 전능하신 능력으로 성령 하나님의 은혜를 충만히 부여주심으로써 이들이 범죄하지 않도록 하실 수 있으셨습니다. 그러나 그리하지 않으시고 이들의 범죄를 허용하셨습니다. 이 까닭은 어떤 이가 망령되게 주장하듯이 하나님께서 선하지 않기 때문이 아닙니다. 이 까닭은 하나님의 지혜에 속한 일입니다. 하나님께서는 그분 자신의 영광이 되도록 하셨습니다.

하나님의 경륜은 거룩합니다. 아담과 하와의 범죄를 허용하신 일과 관련하여 하나님께서는 어떤 불의도 없으십니다. 아담과 하와가 금지된 열매를 먹은 행위 자체는 하나님의 지혜의 경륜에 따른 섭리의 실행으로 나타난 일이지만 그 행위의 죄악성과 불법성은 아담과 하와로 인한 것입니다. 어떻게 이들의 범죄가 도리어 하나님의 영광이 되는지는 하나님의 지혜에 속한 일입니다. 하나님께서는 아담과 하와가 순전한 상태를 계속해서 유지하지 못하고 죄 아래에 놓이게 될 줄을 아십니다. 하나님께서는 이들의 불순종을 허용하시어 이들에게 있는 죄의 성질을 드러내시고 이에 대한 죄의 책임에 따른 심판을 선언하심으로써 사람이 스스로 존재하는 자가 아니며 오직 하나님의 주권적 능력과 자비로 사는 것임을 드러내고자 하셨습니다. 이런 의미에서 아담과 하와의 불순종을 허용하시는 일은 하나님의 영광이 됩니다.

◀ 적용 질문

1. 디즈니 만화 영화로 만들어진 '백설공주'라는 동화에는 노파로 변신

한 악한 왕비가 준 독사과를 먹은 백설공주가 쓰러지는 장면이 나옵니다. 마치 선악을 알게 하는 나무의 열매를 백설공주의 '독사과'와 같이 생각하신 적은 없습니까? 지금은 어떻게 판단하십니까?

2. 하나님께서 선악을 알게 하는 열매를 금지하신 것은 아담과 하와의 순종의 마음을 보시려고 시험하신 일입니다. 여러분은 이러한 하나님의 시험에 대하여 편안히 수긍하십니까? 여러분도 이러한 시험을 받으신 적이 있습니까?

3. 아담과 하와는 동산의 모든 과실을 자유롭게 먹을 수 있었습니다. 선악을 알게 하는 나무의 열매는 단 하나의 예외이었습니다. 이 열매를 예외로 금하신 것은 아담과 하와로 하여금 무엇을 깨닫도록 하시기 위한 것입니까? 여러분도 하나님께서 금하시는 어떤 것을 바라는 마음을 가진 적이 있습니까? 그러한 시험은 하나님께 대한 여러분의 신앙을 어떻게 드러냅니까?

4. 하나님께서는 아담과 하와가 가변적 존재이어서 사탄의 유혹으로 인하여 창조 때에 받은 순전한 상태를 계속해서 유지하지 못하고 변할 것이며, 불순종하여 심판을 받게 될 것을 미리 알고 계십니다. 이렇게 될 것을 아시는 하나님께서 범죄한 아담과 하와에게 베풀어주시기 위하여 그분 자신의 지혜로 계획하신 은혜는 무엇입니까? 여러분은 하나님께 범죄한 이후에 하나님께로부터 받은 은혜가 있습니까?

2월 21일

타락이 초래한 상태

소요리문답 17
대요리문답 23

소요리문답 17:

문17. 타락은 인류를 어떤 상태에 빠지게 했습니까?
답.   타락은 인류를 죄와 비참의 상태에 빠지게 했습니다.[1]

1) 롬 5:12.

대요리문답 23:

문23. 타락은 인류를 어떤 상태에 빠지게 했습니까?
답. 타락은 인류를 죄와 비참의 상태에 빠지게 했습니다.[1]

1) 롬 5:12; 3:23.

◖ 말씀 요절

롬 3:23 모든 사람이 죄를 범하였으매 하나님의 영광에 이르지 못하더니

롬 5:12 그러므로 한 사람으로 말미암아 죄가 세상에 들어오고 죄로 말미암아 사망이 들어왔나니 이와 같이 모든 사람이 죄를 지었으므로 사망이 모든 사람에게 이르렀느니라

창 6:5-6 여호와께서 사람의 죄악이 세상에 가득함과 그의 마음으로 생각하는 모든 계획이 항상 악할 뿐임을 보시고 땅 위에 사람 지으셨음을 한탄하사 마음에 근심하시고

엡 2:1-3 그는 허물과 죄로 죽었던 너희를 살리셨도다 그 때에 너희는 그 가운데서 행하여 이 세상 풍조를 따르고 공중의 권세 잡은 자를 따랐으니 곧 지금 불순종의 아들들 가운데서 역사하는 영이라 전에는 우리도 다 그 가운데서 우리 육체의 욕심을 따라 지내며 육체와 마음의 원하는 것을 하여 다른 이들과 같이 본질상 진노의 자녀이었더니

◖ 교리 해설

타락 이전의 아담과 하와의 상태는 순전한(innocent) 상태, 곧 어떤 죄책도 없는 무흠한 상태였습니다. 이러한 상태를 원초적 의(original righteousness)의 상태라고 합니다. 그렇지만 아담과 하와가 하나님의 명령을 거슬러 죄를 범함으로써 이러한 순전한 원초적 의의 상태에서

비참의 상태로 타락하여 버렸습니다. 이 비참의 상태는 죄의 결과이며, 죄는 이 비참의 상태의 원인입니다.

아담과 하와가 범죄한 이후로 사람은 이렇게 비참의 상태에서 삶을 살아갑니다. 따라서 사람의 관심은 항상 어떻게 이 비참의 상태와 고통에서 벗어날 수 있을까에 있습니다. 하지만 먼저 비참의 원인인 죄에 대하여 진지한 관심을 두는 일이 필요합니다. 죄의 문제가 해결될 때라야 이 비참과 고통에서 벗어날 수 있기 때문입니다. 이 세상에서 겪는 비참과 고통의 상태는 단지 몸이 필요로 하는 것과 관련되어 있지 않습니다. 더욱 중요한 것은 최고의 선이신 하나님께서 내리시는 복과 은택들을 더 이상 누리지 못하는 영혼과 마음의 비참입니다.

여러 종교나 철학이 사람이 겪는 인생의 비참과 고통과 슬픔을 해결하기 위하여 답을 내놓습니다. 이를테면 불교는 삶의 고통이 사람의 욕망에서 비롯된다고 생각합니다. 욕망이야말로 사람이 겪는 고통과 불만, 그리고 비참의 상태의 근본적인 원인으로 여깁니다. 그러한 진단에 기초하여 불교는 사람이 스스로 욕심을 버린 상태, 무소욕에 도달하도록 수양할 것을 권합니다. 불교의 세계관에서 이 세상의 것은 다 변하고 불확실합니다. 이러한 세상을 무상하다고 합니다. 늘 일정하지 않고 변한다는 뜻입니다. 이처럼 무상한 세상은 의미를 주지 못하고 모든 것이 덧없다고 말합니다. 따라서 불교는 사람이 이 같은 현실을 수용하고 인내력을 가지고 욕망을 비우는 것이 평화와 행복을 찾는 길이라고 답을 내립니다.

그러나 이것은 그야말로 인생이 비참과 고통의 원인을 알지 못한 채 그대로 견디는 것이 답이라는 잘못된 주장입니다. 성경은 "사람의 죄악이 세상에 가득"하고, "그의 마음으로 생각하는 모든 계획이 항상 악함으로" 인하여 하나님께서 "땅 위에 사람 지으셨음을 한탄"하셨다고 말씀합니다(창 6:5-6). 이것은 바로 "한 사람으로 말미암아 죄가 세상에 들어오고 죄로 말미암아 사망이" 들어왔으며, "이와 같이 모든 사람이 죄를 지었으므로 사망이 모든 사람에게" 이른 결과입니다(롬 5:12). 요컨대 사람의 첫 조상 아담과 하와가 범죄하므로 그 안에서 모든 사람이 죄를 범하였고, 이후로 모든 사람이 하나님의 영광에 이르지 못하게(롬 3:23) 된 사실이 인생의 비참의 진정한 원인입니다. 이 죄의 문제를 해결하지 못하고서는 타락으로 인하여 온 인류가 빠진 죄와 비참의 상태에서 구원을 받을 길은 없습니다.

◖ 적용 질문

1. 여러분이 살아가는 인생에서 죄와 비참과 고통과 슬픔이란 것을 경험하십니까?

2. 여러분은 이러한 인생의 모습과 상태가 근본적으로 무엇 때문에 있는 것이라고 생각하십니까? 여러분의 개인 인생의 경험을 토대로 고통과 슬픔의 원인을 어디에서 찾으십니까?

3. 타락으로 인하여 사람이 빠지게 된 죄와 비참의 상태에서 구원을 받을 방법이 있습니까?

4. 여러분의 인생도 죄와 비참의 상태에서 자유롭지 못하다면, 여기서 놓임받기를 원하십니까? 여러분이 찾은 그 구원의 길은 무엇입니까?

2월 22일

타락으로 인한 죄의 결과

신앙고백서 6.2

신앙고백서 6.2

이 죄로 말미암아 이들은 원의(原義, original righteousness)와 하나님과의 교제에서 떨어졌으며,[1] 그리하여 죄 가운데 죽은 자가 되었고,[2] 영혼과 몸의 모든 기능과 부분이 완전히 오염되었다.[3]

1) 창 3:6~8; 전 7:29; 롬 3:23.
2) 창 2:17; 엡 2:1.
3) 딛 1:15; 창 6:5; 렘 17:9; 롬 3:10~18.

◀ **말씀 요절**

창 3:6-8 여자가 그 나무를 본즉 먹음직도 하고 보암직도 하고 지혜롭게 할 만큼 탐스럽기도 한 나무인지라 여자가 그 열매를 따먹고 자기와 함께 있는 남편에게도 주매 그도 먹은지라 이에 그들의 눈이 밝아져 자기들이 벗은 줄을 알고 무화과나무 잎을 엮어 치마로 삼았더라 그들이 그 날 바람이 불 때 동산에 거니시는 여호와 하나님의 소리를 듣고 아담과 그의 아내가 여호와 하나님의 낯을 피하여 동산 나무 사이에 숨은지라

롬 3:23 모든 사람이 죄를 범하였으매 하나님의 영광에 이르지 못하더니

창 2:17 선악을 알게 하는 나무의 열매는 먹지 말라 네가 먹는 날에는 반드시 죽으리라 하시니라

엡 2:1 그는 허물과 죄로 죽었던 너희를 살리셨도다

딛 1:15 깨끗한 자들에게는 모든 것이 깨끗하나 더럽고 믿지 아니하는 자들에게는 아무 것도 깨끗한 것이 없고 오직 그들의 마음과 양심이 더러운지라

창 6:5 여호와께서 사람의 죄악이 세상에 가득함과 그의 마음으로 생각하는 모든 계획이 항상 악할 뿐임을 보시고

교리 해설

오늘 읽은 신앙고백서 6장 1절은 사람의 첫 조상 아담과 하와의 타락으로 인하여 온 인류에게 미친 결과를 네 가지로 설명합니다. 첫째는 창조 때에 아무런 흠도 없고 죄책도 없는 순전한 의의 상태인 '원의'(original righteousness)를 상실하였고, 둘째는 하나님과의 교제에서 떨어졌으며, 셋째는 그 결과 죄로 인하여 죽은 자가 되었고, 넷째는 영혼과 몸의 모든 기능과 부분이 완전히 오염되어버렸습니다. 이 네 가지는 각각 분리된 것이 아니라 서로 연결되어 있으며, 타락의 결과에 대한 네 가지 측면의 특징입니다.

타락으로 인해 원의를 상실하였다는 것은 아담과 하와가 이제는 하나님의 형상을 나타내 보이는 거룩함과 지식과 의를 잃어버리고 자신들이 범한 죄책에 따른 형벌을 받을 자의 처지가 되었음을 말합니다. 이러한 자는 하나님과의 친밀한 평화의 교제를 더 이상 누리지 못합니다. 오히려 진노의 하나님으로부터 하나님의 법도를 거슬러 어긴 죄의 심판을 받을 뿐입니다. 하나님에게서 이렇게 소외되고 진노의 대상이 되어버린 자는 죄로 인하여 죽은 자입니다. 죄로 인하여 죽은 자라는 말은 죽음의 지배 아래 놓이게 되었다는 뜻입니다. 성경에 이른 바처럼 "허물과 죄로" 죽은 자입니다(엡 2:1). 하나님을 사랑하지 않으며 하나님께서 행하라고 명하신 것을 행하지 않는 태만의 죄를 범합니다. 그리고 하나님께서 금하신 죄를 범하여 하나님께 대적합니다. 이러한 상태로 잠시 이 세상에서 몸과 영혼이 연합된 상태로 살아갑니다. 이 동안은 마치 생명을 누리는 듯합니다. 그러나 사실은 영적으로 죽은 자입니다. 마침내 때가 되어 죽게 되어 몸과 영혼이 분리되면 몸은 썩고 죄인의 영혼은 음부에서 고통을 당합니다. 그리고 마지막 날에 부활의 몸을 입고 심판을 받아 영원한 죽음에 처하게 됩니다. 이러한 운명 아래 놓여 있다는 것이 "죄

가운데 죽은 자가 되었고"라는 말의 뜻입니다.

    이 땅에서 사는 동안 사람은 하나님의 사랑을 받아 성령 하나님의 중생의 은혜를 받지 않고서도 어느 정도 이성과 양심을 따라 살아가는 자연적인 생활의 선한 측면을 보일 수 있습니다. 그러나 영혼과 몸의 기능과 부분들이 모두 완전히 죄로 오염되어 있습니다. 다시 말해서 영적인 측면, 곧 하나님을 아는 지식과 관련하여서 사람의 지성은 전혀 어두움 속에 있고, 자연과 사회를 이해하는 일에도 오류가 많게 되었습니다. 또 영혼이 그러하니 마음을 움직여 몸을 사용하는 인격 활동에도 도덕적으로 선하지 못하는 일을 좋아하고 또 탐욕을 따라 살아갑니다. 몸이 상하여도 쾌락을 좇는 습관을 버리지 못합니다. 질병을 자초하여 얻는 일이 흔합니다. 죄악의 성정과 싸우려 하지 않고 오히려 사랑하거나 그것에 끌려다니는 일에 자신을 맡깁니다. 이를 경고하는 하나님의 진리의 말씀에 대해 기뻐하지 아니하며 불평과 불만을 제기합니다. 이러한 상태의 삶은 영혼과 몸의 기능이 완전히 오염된 증거입니다. 이것이 타락으로 인하여 겪는 죄의 네 가지 측면입니다.

◀ 적용 질문

1. 여러분은 여러분 자신이 하나님 앞에서 무흠하며 어떤 죄의 책임도 감당할 것이 없고 순전한 상태에 있다고 생각한 적이 없습니까? 혹시 다른 사람에 비해서는 상대적으로 그러하다고 생각한 적이 있습니까?

2. 여러분은 하나님과 사랑과 평화의 교제에서 떨어져 있다고 생각한 적이 있습니까? 어느 때에 그러합니까? 어떠한 상태를 경험할 때 그렇

게 생각합니까?

3. 여러분은 사람이 결국 죄의 지배 아래 산다고 말하는 것은 지나치다고 생각하지 않으십니까? 사람이 선한 일을 원하거나 행하는 일을 본다면 죄의 지배 아래 산다고 말할 수 있겠습니까? 여러분은 여러분 자신이 죄의 지배 아래 있다고 느낀 적은 없습니까?

4. 여러분은 그리스도 예수 안에서 구원을 받아 성령의 중생의 은혜를 입은 자입니다. 여러분의 지금은 신앙 이전의 삶과 비교하여 영혼과 몸의 측면에서 어떤 변화가 있다고 말하실 수 있습니까? 어떤 측면에서 그러합니까?

2월 23일

아담의 타락과 그의 후손

소요리문답 16
대요리문답 22

소요리문답 16:

문16. 모든 인류가 아담의 첫 범죄에서 타락했습니까?

답. 아담과 맺은 언약은 아담 자신만이 아니라 그의 후손도 위한 것이었습니다. 따라서 보통 출생 방식에 의해 아담에게서 태어나는 모든 인류는 아담 안에서 죄를 지었으며, 그 첫 범죄에서 그와 함께 타락했습니다.[1]

1) 창 2:16~17; 롬 5:12; 고전 15:21~22.

대요리문답 22:

문22. 모든 인류가 그 첫 범죄에서 타락했습니까?

답. 언약은 인류의 대표인 아담과 맺은 것으로, 아담 자신만이 아니라 그의 후손도 위한 것이었습니다. 따라서 보통 출생 방식에 의해[1] 아담에게서 태어나는 모든 인류는 아담 안에서 죄를 지었으며, 그 첫 범죄에서 그와 함께 타락했습니다.[2]

1) 행 17:26.
2) 창 2:16~17; 롬 5:12~20; 고전 15:21~22.

말씀 요절

행 17:26 인류의 모든 족속을 한 혈통으로 만드사 온 땅에 살게 하시고 그들의 연대를 정하시며 거주의 경계를 한정하셨으니

창 2:16-17 여호와 하나님이 그 사람에게 명하여 이르시되 동산 각종 나무의 열매는 네가 임의로 먹되 선악을 알게 하는 나무의 열매는 먹지 말라 네가 먹는 날에는 반드시 죽으리라 하시니라

고전 15:21-22 사망이 한 사람으로 말미암았으니 죽은 자의 부활도 한 사람으로 말미암는도다 아담 안에서 모든 사람이 죽은 것 같이 그리스도 안에서 모든 사람이 삶을 얻으리라

롬 5:12 그러므로 한 사람으로 말미암아 죄가 세상에 들어오고 죄로 말

미암아 사망이 들어왔나니 이와 같이 모든 사람이 죄를 지었으므로 사망이 모든 사람에게 이르렀느니라

◗ 교리 해설

아담의 범죄는 아담 개인만의 범죄가 아니었습니다. 아담은 자신에게서 태어나는 모든 후손을 대표하는 공적인 지위에서 죄를 범한 것입니다. 아담에게 부여된 공적인 지위는 자신의 후손인 온 인류를 대표하여 하나님과 언약을 맺은 일과 관련합니다. 아담이 순종하였더라면 그는 하나님과 맺은 언약이 약속한 생명을 얻었을 것입니다. 그러나 하나님께서 경고하셨으나, 불순종의 죄를 범함으로써 사망의 심판이 자신에게는 물론이거니와 그의 모든 후손인 인류에게 임하게 되었습니다. 이 사실을 성경은 "한 사람으로 말미암아 죄가 세상에 들어오고 죄로 말미암아 사망이 들어왔나니 이와 같이 모든 사람이 죄를 지었으므로 사망이 모든 사람에게 이르렀느니라"(롬 5:12)라는 말씀으로 가르칩니다.

오늘 읽는 교리는 아담과 그의 후손이 어떻게 연결되는지에 대해서 "보통 출생 방식"이라는 말로 설명합니다. "인류의 모든 족속을 한 혈통으로 만드사 온 땅에 살게 하시고..."(행 17:26)라는 말씀은 "한 혈통"이라는 표현으로 아담과 그의 후손의 연결이 혈통으로 이어지는 관계임을 말해줍니다. "보통 출생 방식"은 실제로 잉태되어 출생하는 방식이 하나님께서 남자와 여자를 만드시고 생육하여 번성하라고 하신 방식입니다.

그러면 아담과 그의 후손의 연결은 이렇게 되는 법인데 왜 굳이 "보통 출생 방식"에 의하여 태어난 모든 인류라고 진술하고 있을까요? 그 이유는 아담 안에서 죄를 지었고, 아담의 첫 범죄에서 아담과 함께 타

락하지 않은 한 분 때문입니다. 곧 예수 그리스도의 특별성 때문입니다. 예수님께서는 참 하나님이시며 또한 참 사람이십니다. 예수님은 아담의 후손으로 과연 참 사람이십니다. 성경은 예수님의 혈통에 대하여 "예수께서 가르치심을 시작하실 때에 삼십 세쯤 되시니라 사람들이 아는 대로는 요셉의 아들이니 요셉의 위는 헬리요…그 위는 에노스요 그 위는 셋이요 그 위는 아담이요 그 위는 하나님이시니라"(눅 3:23, 38)라고 말씀합니다. 또 "그의 아들에 관하여 말하면 육신으로는 다윗의 혈통에서 나셨고"(롬 1:3)라고 말씀합니다. 확실히 예수님은 아담과 혈통으로 연결된 참 사람입니다.

그러나 예수님은 "보통 출생 방식"에 의한 아담의 후손이 아닙니다. 예수님께서는 동정녀 마리아에게서 성령의 능력으로 출생하셨습니다. 예수님에게는 육신의 아버지가 없습니다. 예수님께서는 "특별 출생 방식" 곧 성령의 능력에 의한 초자연적 출생의 방식으로 사람이 되셨습니다. 오늘 읽는 교리는 아담의 후손이시지만 초자연적 출생의 방식으로 사람이 되신 예수님은 아담이 자신의 후손을 대표하여 죄를 지은 일과 관계가 없다는 사실을 말하기 위해, 또 아담 안에서 죄를 짓지 않으셨고 또한 그와 함께 타락하지 않으셨다는 사실이 왜곡되지 않도록 하기 위하여 아담이 대표하는 후손과의 연결을 "보통 출생 방식에 의해"라고 표현합니다. 아담은 오직 "보통 출생 방식에 의해" 태어난 모든 인류만을 대표하여 하나님과 명령에 대해 불순종의 죄를 범한 것입니다.

그리고 한 가지 더 유의할 표현이 있습니다. "그 첫 범죄에서 그와 함께 타락했습니다"라는 진술입니다. 첫 범죄라는 표현을 사용하고 있는 것은 아담 안에서 아담과 함께 그의 후손이 죄를 범한 것은 아담이 언약의 대표자로서 지은 첫 범죄에 국한하는 것임을 말합니다. 이 외에 아담이 남은 생애 동안 사적으로 지은 모든 죄에는 아담의 후손이 아담과 함께 전혀 참여하지 않습니다. 그런데 누가 아담을 그의 후손의 대표자로 하나님 앞에 서도록 세웠을까요? 아담의 후손 가운데 누가 그랬을까요? 아무도 그럴 수 없습니다. 아담의 후손들이 직접 나서서 그들의 첫 조상인 아담을 자신들의 대표자로 세울 수가 없습니다. 이것은 하나님의 주권입니다. 하나님께서 첫 사람인 아담을 그의 후손으로 지명하신 것입니다. 아무도 이러한 하나님의 주권의 행사에 담긴 지혜와 의를 넘어서는 자는 없습니다. 이것에 대한 거부와 불만은 하나님의 주권에 대한 것이며, 자신이 하나님보다 더 지혜롭고 의롭다고 여기는 죄를 범하는 것입니다. 피조물 가운데 아무도 그렇게 할 수 있는 자는 없습니다.

◗ 적용 질문

1. 여러분은 여러분이 선택하거나 지명한 대표자가 대표자의 자격으로 행한 일로 인한 결과를 대표자와 함께 감당해야 하는 일을 겪은 적이 있습니까? 그러할 때 그것이 정당하다고 생각하셨습니까?

2. 여러분은 여러분이 선택하지 않거나 지명하지 않은 대표자가 행한 일로 인한 결과를 받아야 하는 일을 겪은 적이 있습니까? 그러할 때 그것이 부당하다고 생각하셨습니까?

3. 여러분은 아담의 후손으로서 아담이 여러분의 대표자가 되어 죄를 범한 일의 결과가 여러분에게 미치는 결과를 받아들이십니까? 아담이 여러분의 대표자라는 사실을 받아들일 수 있습니까? 그러하든지 그렇지 않든지 각각의 이유는 무엇입니까?

4. 여러분은 예수님께서 참 사람이시지만 우리와 달리 아담의 첫 범죄와 상관이 없는 까닭을 설명하실 수 있습니까? 그래도 참 사람이시라면 상관이 있어야 하지 않을까요?

2월 24일

아담과 하와의 타락이 이들 후손에 미친 결과

신앙고백서 6.3

신앙고백서 6.3

이들은 모든 인류의 뿌리였기 때문에, 통상적인 출생에 의하여 이들에게서 태어난 모든 후손에게 이 죄의 죄책이 전가되었으며,[1] 죄 가운데 죽은 바로 그 죽음과 부패한 본성이 전달되었다.[2]

1) 창 1:27~28; 2:16~17; 행 17:26; 롬 5:12, 15~19; 고전 15:21~22, 45.
2) 시 51:5; 창 5:3; 욥 14:4; 15:14.

◖ 말씀 요절

롬 5:12 그러므로 한 사람으로 말미암아 죄가 세상에 들어오고 죄로 말미암아 사망이 들어왔나니 이와 같이 모든 사람이 죄를 지었으므로 사망이 모든 사람에게 이르렀느니라

고전 15:21-22 사망이 한 사람으로 말미암았으니 죽은 자의 부활도 한 사람으로 말미암는도다. 아담 안에서 모든 사람이 죽은 것 같이 그리스도 안에서 모든 사람이 삶을 얻으리라.

시 51:5 내가 죄악 중에서 출생하였음이여 어머니가 죄 중에서 나를 잉태하였나이다

창 5:3 아담은 백삼십 세에 자기의 모양 곧 자기의 형상과 같은 아들을 낳아 이름을 셋이라 하였고

욥 14:4 누가 깨끗한 것을 더러운 것 가운데에서 낼 수 있으리이까 하나도 없나이다

욥 15:14 사람이 어찌 깨끗하겠느냐 여인에게서 난 자가 어찌 의롭겠느냐

◖ 교리 해설

언약의 대표자인 첫 사람 아담으로부터 통상적인 출생 방식에 의하여

태어난 아담의 후손들은 아담이 범한 죄에 함께 참여하여 타락하였습니다. 아담의 후손들 가운데 누구라도 자신이 행하지 않은 죄에 대하여 왜 자신이 책임을 져야 하느냐고 불만을 제기할 법합니다. 사실 타락 이후에 아담의 후손은 모두 아담의 첫 범죄로 인한 결과로 영적인 지식에 분별을 잃었고, 하나님을 판단하는 교만함을 가지고 있습니다. 그러하기에 통상적인 출생 방식에 의하여 아담에게서 태어난 아담의 모든 후손에게 아담이 범한 첫 범죄의 죄책이 전가되었다는 사실을 받아들이지 않으려 합니다. 만일 이것이 사실이라면 하나님께서는 불의하신 분이라 말하며 하나님에 대한 신앙을 포기하거나 비판합니다. 그러나 이들의 판단이 어떠하든지 성경은 "한 사람으로 말미암아 죄가 세상에 들어오고 죄로 말미암아 사망이 들어왔다"(롬 5:12)라고 분명하게 교훈합니다. 만일 이러한 대표성에 의한 죄책을 짊어지는 것에 대해 불평한다면, 그 사람은 예수 그리스도에 의하여 삶을 얻는 일에 대해서도 불평을 하여야 할 것입니다. 왜냐하면 성경은 "사망이 한 사람으로 말미암았으니 죽은 자의 부활도 한 사람으로 말미암는도다 아담 안에서 모든 사람이 죽은 것 같이 그리스도 안에서 모든 사람이 삶을 얻으리라"(고전 15:21-22)라고 말씀하고 있기 때문입니다.

아담은 보통의 출생 방식을 통한 생육에 의하여 모든 후손의 아버지이며 뿌리입니다. 이러한 사실관계 위에 하나님께서는 아담이 자신의 후손에 대하여 법적인 머리가 되고 또 정치적 왕이 되는 지위와 권위를 부여하셨습니다. 그리하여 아담이 하나님의 명령을 받을 때 그는 공적인 대표자 지위에서 받은 것입니다. 그가 죄를 범하면 그 결과가 자신을 포함한 모든 후손의 것이 되고, 그가 순종하면 그 결과 또한 자신을 포함한 모든 후손의 것이 됩니다. 아담의 대표성으로 인하여 우리에게 죄책이 전가된다는 것은 우리가 아담의 자리에 있었다면 아담과 마찬가지로 불순종하였을 것이라고 하나님께서 미리 보시기 때문이 아닙니다.

이것은 단지 대표성의 원리 때문입니다. 대표성의 원리에 따라서 아담의 후손은 아담과 함께 실제로 죄에 참여한 것입니다.

아담의 첫 범죄로 인하여 후손에게 미치는 타락의 결과는 죄책의 전가만이 아닙니다. 죄의 지배 아래 살아가는 부패한 본성이 또한 후손에게 전달되었습니다. 성경은 아담이 죄를 지은 후에 일어나는 사태가 계속해서 악하며 더욱 악해지고 있음을 보여줍니다. 이것은 보통의 출생 방식에 의하여 태어나는 아담의 후손이 순전하지 않은 상태에 있음을 말해줍니다. 곧 율법의 기준에 적합하지 않고 일치하지 않는 죄의 상태, 곧 율법에 대한 불순응의 죄를 본성상 가지고 있습니다. 마음으로 하나님의 법을 적대시하는 본성을 가지고 있는 것입니다. 이것이 일반적으로 말하는 원죄입니다. 곧 부패한 본성입니다. 이것으로 인하여 아담의 후손은 해야 할 것을 태만의 상태로 부족하게 행하는 죄를 지으며, 또 하지 말아야 할 것을 거슬러 죄를 짓습니다. 요컨대 아담과 하와의 타락의 결과는 죄책의 전가와 그로 인한 죽음과 부패한 본성의 전달로 나타납니다.

◀ 적용 질문

1. 여러분은 통상적인 출생에 의해 태어난 아담의 모든 후손에게 아담이 범한 첫 범죄의 죄책이 전가되었다는 사실을 받아들이는 데에 어려움이 없으십니까? 이것을 받아들이지 못하는 사람은 대체로 어떤 이유를 제기하겠습니까? 여러분의 판단은 어떠합니까?

2. 대표성의 원리가 아담과 그의 후손뿐만 아니라, 예수 그리스도와 그

분 안에서 선택을 받은 자들에게도 적용된다는 성경의 말씀이 아담의 대표성에 의한 죄의 결과를 받아들이기에 도움이 된다고 판단합니까? 그렇다면 대표성의 원리에 대한 반대는 실제로 무엇에 있다고 생각합니까?

3. 여러분이 아담의 자리에 있었다면 불순종하지 않았으리라는 생각 때문에 대표성의 원리를 받아들이기가 어렵습니까? 그런데 그것을 어떻게 확신할까요? 아담이 죄를 범하기 이전의 창조 상태와 여러분이 타락 이후에 있는 지금의 상태 가운데 어느 쪽이 하나님의 명령을 지키기에 더 유리하다고 생각하십니까? 만일 아담의 상태가 더 낫다면, 지금 여러분이 말하는 "내가 아담의 자리에 있었다면"이라는 판단을 얼마나 신뢰할 수 있겠습니까?

4. 여러분이 예수 그리스도의 은혜 안에서 하나님을 사랑하시는 줄로 압니다. 하지만 여러분은 마음에 본성상 하나님을 사랑하는 일이 늘 부족하며 충분하지 않다는 생각을 하지 않으십니까? 그리스도를 믿기 이전에는 어떤 마음의 상태였을까요? 이러한 질문 앞에서 우리는 우리의 마음의 상태에 대해 무엇을 말할 수 있을까요? 이러한 마음의 기원은 어디에 있을까요?

2월 25일

첫 범죄로 인한 죄악성과 자범죄의 기원

소요리문답 18

소요리문답 18:

문18. 사람이 타락하여 빠진 상태의 죄악성은 무엇입니까?

답.　사람이 타락하여 빠진 상태의 죄악성은 아담의 첫 범죄의 죄책, 원의(原義, original righteousness)의 상실, 그리고 보통 원죄라 불리는 그의 본성 전체의 부패입니다. 이것은 일반적으로 원죄라고 불리며 모든 자범죄는 여기에서 나옵니다.[1]

1) 롬 5:10~19; 엡 2:1~3; 약 1:14~15; 마 15:19.

◧ 말씀 요절

롬 5:13-14 죄가 율법 있기 전에도 세상에 있었으나 율법이 없었을 때에는 죄를 죄로 여기지 아니하였느니라 그러나 아담으로부터 모세까지 아담의 범죄와 같은 죄를 짓지 아니한 자들까지도 사망이 왕 노릇 하였나니 아담은 오실 자의 모형이라

엡 2:1-3 그는 허물과 죄로 죽었던 너희를 살리셨도다 그 때에 너희는 그 가운데서 행하여 이 세상 풍조를 따르고 공중의 권세 잡은 자를 따랐으니 곧 지금 불순종의 아들들 가운데서 역사하는 영이라 전에는 우리도 다 그 가운데서 우리 육체의 욕심을 따라 지내며 육체와 마음의 원하는 것을 하여 다른 이들과 같이 본질상 진노의 자녀이었더니

약 1:14-15 오직 각 사람이 시험을 받는 것은 자기 욕심에 끌려 미혹됨이니 욕심이 잉태한즉 죄를 낳고 죄가 장성한즉 사망을 낳느니라

마 15:19 마음에서 나오는 것은 악한 생각과 살인과 간음과 음란과 도둑질과 거짓 증언과 비방이니

◧ 교리 해설

원죄와 자범죄는 둘 다 아담의 첫 범죄로 인하여 사람이 빠지게 된 죄악성을 보여줍니다. 오늘 읽은 교리는 원죄를 구성하는 세 가지를 설명합니다. 하나는 아담의 첫 범죄의 죄책입니다. 다른 하나는 원초적 의의 상실입니다. 마지막 하나는 본성 전체의 부패입니다.

아담의 첫 범죄의 죄책이 아담의 보통 출생 방식에 의한 혈통적 후손에게 주어지는 것을 신학에서는 '전가'라고 부릅니다. 이는 그리스도의 의가 모든 믿는 영적 후손에게 주어지는 것을 '전가'라고 하는 것과 같습니다. 이 진리에 대하여 성경은 "한 사람이 순종하지 아니함으로 많은 사람이 죄인 된 것 같이 한 사람이 순종하심으로 많은 사람이 의인이 되리라"(롬 5:19)라는 말씀에서 죄책 또는 의가 각각 전해지는 것을 확증합니다. 그리고 또 다른 성경의 말씀들, "성경이 무엇을 말하느냐 아브라함이 하나님을 믿으매 그것이 그에게 의로 여겨진 바 되었느니라"(롬 4:3), "일한 것이 없이 하나님께 의로 여기심을 받는 사람의 복에 대하여 다윗이 말한 바"(롬 4:6), 그리고 "아브라함이 하나님을 믿으매 그것을 그에게 의로 정하셨다 함과 같으니라"(갈 3:6)에서 "여겨진 바", "여기심을 받는", "정하셨다 함" 등은 모두 동일한 단어로 신학적으로 '전가'를 의미합니다.

첫 범죄로 인하여 상실한 원초적 의는 하나님을 아는 참된 지식과 선을 향한 마음과 이를 행하고자 사는 선택의 능력에 의하여 어떤 죄도 없는 복된 상태를 말합니다. 그런데 이것을 상실하였다는 것은 그 자체로 죄의 상태라는 것을 의미합니다. 왜냐하면 원초적 의의 상태는 하나님의 법도의 기준과 원리에 일치하는 상태인데, 이것의 상실은 바로 하나님의 법에 불일치하며 부적합한 상태가 초래된 것이기 때문입니다. 이러한 원의의 상실은 아담의 첫 범죄에 대하여 하나님께서 내리시는 형벌입니다.

그리고 원죄와 관련한 나머지 구성요소는 본성의 부패입니다. 사람 본성의 부패는 아담이 타락한 이후 사람의 모든 부분에 존재하는 보편적인 부패입니다. 이로 인해 타락 이후에 사람은 지식이 어둡고(엡 5:8; 딛 1:15), 마음에 적대심으로 하나님을 대적하기를 원합니다(롬 8:7). 그리하여 예수님께서 말씀하신 바와 같이 마음에서 나오는 모든 것이 악합니다. "마음에서 나오는 것은 악한 생각과 살인과 간음과 음란과 도둑질과 거짓 증언과 비방이니"(마 15:10). 또한 마음에 애착을 갖는 것이 질서에 어긋나고 균형이 무너져 있어서 본질적으로 잘못된 것을 향해 끌려갑니다. 몸도 악한 정욕의 도구로 사용되고 후에는 상하고 무너집니다. 이러한 본성의 부패가 후손에게 전달되는 방식은 알지 못합니다. 하나님께서 부패한 본성을 주입하여 전달되는 것이라고 생각해서는 안 됩니다. 하나님께서는 모든 선을 이루시는 분이십니다. 어떤 악도 하나님에게서 비롯되지 않습니다. 부모로부터 보통의 생식 방식에 의해 형성되는 몸이 영혼과 연합할 때 부패한 본성이 사람이 알지 못하는 방식으로 전달됩니다.

이것은 기독교 교리 가운데 가장 어려운 것 가운데 하나입니다. 그러나 이 신비를 이해하지 못한다고 하여 부패한 본성의 전달을 부정하여서는 안 됩니다. 성경은 이 사실에 대하여 분명하게 증언하고 있습니다. 이를테면, "아담은 백삼십 세에 자기의 모양 곧 자기의 형상과 같은 아들을 낳아 이름을 셋이라 하였고"(창 5:3), "육으로 난 것은 육이요 영으로 난 것은 영이니"(요 3:6), "내가 죄악 중에서 출생하였음이여 어머니가 죄 중에서 나를 잉태하였나이다"(시 51:5)라는 말씀들은 성경의 이와 관련된 다른 말씀들과 함께 원죄에 관한 이 사실을 잘 말해줍니다. 사람이 이 세상에서 겪는 모든 죄악은 다 이 원죄에서 비롯됩니다. 그리고 원죄와 구별하여 자범죄라고 일컫습니다.

◀ 적용 질문

1. 여러분은 원죄를 어떻게 이해해왔습니까? 여러분에게 원죄가 있음

을 인정하십니까? 언제 어떤 것으로 인하여 원죄를 인정합니까?

2. 죄의 책임과 부패한 본성이 아담으로부터 그의 후손에게 전하여지는 방식에 대해 생각해보셨습니까? 어떻게 이해하십니까? 여러분은 어린 아기에게서 부패한 본성을 경험하십니까?

3. 부패한 본성이라는 원죄를 부인한다면 사회에서 경험하는 많은 죄악을 어떻게 설명하시겠습니까? 원죄와 원죄 이외의 다른 설명 가운데 어느 것이 더 타당한 설명이라고 생각하십니까?

4. 여러분은 원죄의 양상을 여러분 자신 안에서 발견하거나 경험할 경우, 그것의 책임을 여러분 자신에게 돌립니까? 아니면 부모나 하나님께 돌립니까?

2월 26일

원죄와 자범죄

신앙고백서 6.4

신앙고백서 6.4

이러한 원초적 부패로 인하여, 우리는 모든 선을 전적으로 꺼리고, 이것에 무능력하며, 이것을 대적하고,[1] 모든 악을 향해 전적으로 치우치게 되었으며,[2] 이 원초적 부패로부터 모든 자범죄가 나온다.[3]

1) 롬 5:6; 8:7; 7:18; 골 1:21.
2) 창 6:5; 8:21; 롬 3:10~12.
3) 약 1:14~15; 엡 2:2~3; 마 15:19.

◀ **말씀 요절**

롬 5:6 우리가 아직 연약할 때에 기약대로 그리스도께서 경건하지 않은 자를 위하여 죽으셨도다

롬 7:18 내 속 곧 내 육신에 선한 것이 거하지 아니하는 줄을 아노니 원함은 내게 있으나 선을 행하는 것은 없노라

롬 8:7 육신의 생각은 하나님과 원수가 되나니 이는 하나님의 법에 굴복하지 아니할 뿐 아니라 할 수도 없음이라

창 6:5 여호와께서 사람의 죄악이 세상에 가득함과 그의 마음으로 생각하는 모든 계획이 항상 악할 뿐임을 보시고

롬 3:10-12 기록된 바 의인은 없나니 하나도 없으며 깨닫는 자도 없고 하나님을 찾는 자도 없고 다 치우쳐 함께 무익하게 되고 선을 행하는 자는 없나니 하나도 없도다

약 1:14-15 오직 각 사람이 시험을 받는 것은 자기 욕심에 끌려 미혹됨이니 욕심이 잉태한즉 죄를 낳고 죄가 장성한즉 사망을 낳느니라

◀ **교리 해설**

하나님께서 아담과 하와를 창조하셨을 때 이들은 하나님의 법도를 마음에 양심으로 받고 있었으며 어떤 죄를 행하지 않은 순전한 상태였습니

다. 이들은 하나님과 그분의 뜻을 아는 일에 거짓이 없는 올바른 지식이 있었으며, 이렇게 아는 바를 따라 행하고자 하는 의지로 살아갈 능력이 있었고, 하나님을 섬기며 살아가는 일을 즐거워하는 마음을 가지고 있었습니다. 그러하기에 이들은 선을 행하는 일에 조금도 능력이 부족하지 않았으며 선을 거슬러 행할 어떤 부족하거나 불만스러운 일이 전혀 없었습니다. 그럼에도 사탄의 유혹을 받아 하나님의 뜻을 거슬러 대적하는 죄를 범하였습니다.

그런 이후 사람에게는 아주 커다란 변화가 나타납니다. 타락 이전의 사람과 이후의 사람은 완전히 다른 사람이 되어버렸습니다. 타락 이후 사람은 선을 행하고자 하는 마음을 갖지 않게 되었습니다. 도리어 선을 행하기를 꺼리고 싫어하며 주저하는 자가 되어버렸습니다. 이뿐 아니라 선을 행할 능력조차 상실하였습니다. 더 나아가 선을 대적하기에 이르렀습니다. 이러한 상태를 신학자들은 영적 무능력이라고 말합니다. 선을 꺼리고 선을 행하기에 무능력하며 선을 대적하며 선과 반대되는 방향으로 나갑니다. 곧 모든 악을 향해 전적으로 끌려가는 것입니다. 선은 행하기에 어려우나 악은 행하기에 쉽습니다. 이러한 까닭에 사람은 아담의 타락으로 말미암아 자신에게 주어지는 원죄, 곧 선을 꺼리고 악으로 미끄러져 내려가는 성향인 부패한 본성을 따라 행하며 살아갑니다. 사람이 범하는 죄, 곧 자범죄는 이 원죄에서 필연적으로 나타납니다. 사람 가운데 원죄에서 자유로운 자가 없는 만큼, 자범죄를 범하지 않는 사람은 아무도 없습니다.

사람이 선을 싫어하고 대적하며 선에 무능력할뿐더러 악을 향하여 치우칠 뿐이라는 판단은 성경의 가르침을 따라 내려지는 것입니다. 이를테면 바울 사도는 자신의 속 곧 자신의 육신에 선한 것이 거하지 아니하는 줄을 알았다고 말합니다. 비록 선한 것을 원하는 일이 있을지라도 선을 행하는 것은 없다고 탄식합니다(롬 7:18). 그 이유는 타락한 사람의 생각이 하나님과 원수가 될 뿐이며 하나님의 법에 굴복하지 아니할 뿐 아니라 할 수도 없기 때문이라고 교훈합니다(롬 8:7). 말하자면 예수님께서 가르치신 것처럼, 악한 생각과 살인과 간음과 음란과 도둑질과 거짓 증언과 비방이 마음에서 나옵니다(마 15:19). 성경의 가르침이 이렇듯이 분명하기 때문에 사람이 스스로 자신을 미화할 수가 없습니다.

아담의 타락으로 인하여 사람의 본성이 부패하였다고 할 때, 사람의 인성 자체가 변질되었다는 것은 아닙니다. 인성이란 사람이 사람이기 위하여 있어야 하는 본질을 의미합니다. 그것은 곧 몸과 영혼입니다. 타락 이전의 아담이나 타락 이후에 아담에게서 난 후손들이나 동일한 인성을 가지고 있습니다. 그렇다면 본성이 부패하였다는 말은 몸과 영혼이 죄의 영향으로 인하여 오염되어 죄의 세력의 지배 아래 종노릇 하는 상태에 놓여 있음을 의미합니다. 다시 말해 몸과 영혼의 인성을 가지고 한 인격체로 살아가는 사람이 타락 이후에는 선을 꺼리고 대적하며 악을 바라고 좋아하는 생각과 행동을 하는 인격체가 되었음을 뜻합니다. 이러한 성질은 인성이라는 사람의 본질이 작용하는 방향의 특성을 말해 줍니다. 곧 부패성은 사람이라는 주체의 문제가 아니라 사람이 하나님께 대하여 갖는 관계의 성질입니다. 아담의 타락 이후에 사람은 하나님을 향한 관계에 있어서 거슬리는 특성을 필연적으로 나타내게 되었습니다. 이러한 특성은 사람인지를 결정하는 본질에 관한 것이 아니라 사람으로 행하는 모든 기능의 방향성에 관한 것입니다. 그 기능의 방향성, 하나님과의 관계의 성질은 어느 한 부분만이 아니라 삶의 전 영역에서 나타납니다. 진리를 이해하는 이성, 좋아하고 싫어하는 감정, 선한 것과 악한 것 사이의 선택적 의지 등에 있어서 모두 부패성이 나타납니다. 타락 이후에 사람은 모든 영역에서 하나님을 대적하는 관계성 아래 놓여 있는 것입니다. 이러한 특성을 따라 행하는 모든 사람의 생각과 행동은 결국 죄가 됩니다. 이러하기에 사람이 행하는 자범죄는 이러한 원초적 부패로부터 나옵니다.

◖ 적용 질문

1. 아담은 죄가 없는 상태였습니다. 그러한 아담이 죄를 범한 이후에 타락 이전에 비하여 어떤 변화가 그와 그의 자손에게 나타납니까? 여러분은 죄를 범하였을 때 그 이전과 이후에 여러분 자신에 대하여 어떤 차이를 느끼십니까?

2. 여러분은 선과 악의 사이에서 어느 쪽으로 더 강하게 이끌립니까? 마음으로는 어떠하며, 또 실제로 행하는 선택으로는 어떠합니까? 특별히 하나님과의 관계에 있어서 하나님을 믿지 않는 사람들은 어떠하다고 생각하십니까?

3. 여러분은 사람은 본래 선하며 사람에게서 선을 기대할 수 있다는 주장에 대하여 어떠한 판단을 하십니까? 뉴스 매체를 통해 끔찍한 범죄를 행한 자들에 대한 소식과 이들이 태연히 범죄 현장을 재구성하는 모습을 보았을 때, 그리고 자신의 범죄를 변명하며 잘못을 인정하지 않을 때, 여러분은 사람에 대해 어떤 생각을 갖게 됩니까?

4. 사람은 악을 행하는 그 마음을 언제부터 갖게 되는 것일까요? 나면서부터일까요? 아니면 자라나면서 악을 배워 모방하는 것일까요? 나면서부터라면 그것이 어디서 오는 것일까요?

2월 27일

원초적 부패와 무능력, 그리고 자범죄

대요리문답 25

대요리문답 25:

문25. 사람이 타락하여 빠진 상태의 죄악성은 무엇입니까?

답. 사람이 타락하여 빠진 상태의 죄악성은 아담이 범한 첫 번째 죄에 대한 죄책과[1] 그가 창조되었을 때 가졌던 의의 상실, 그리고 본성의 부패입니다. 이 부패성으로 인하여 그는 영적으로 선한 모든 것을 향한 성향이 전혀 없고, 행할 수 없으며, 대항하게 되고, 전적으로 그리고 계속적으로 모든 악을 지향하게 됩니다.[2] 이것은 일반적으로 원죄라고 불리며, 이 원죄에서 모든 자범죄가 나옵니다.[3]

1) 롬 5:12, 19.

> 대요리문답 25:
> 2) 롬 3:10~19; 엡 2:1~3; 롬 5:6; 8:7~8; 창 6:5.
> 3) 약 1:14~15; 마 15:19.

◖ 말씀 요절

롬 5:12 그러므로 한 사람으로 말미암아 죄가 세상에 들어오고 죄로 말미암아 사망이 들어왔나니 이와 같이 모든 사람이 죄를 지었으므로 사망이 모든 사람에게 이르렀느니라

창 8:21 여호와께서 그 향기를 받으시고 그 중심에 이르시되 내가 다시는 사람으로 말미암아 땅을 저주하지 아니하리니 이는 사람의 마음이 계획하는 바가 어려서부터 악함이라 내가 전에 행한 것 같이 모든 생물을 다시 멸하지 아니하리니

엡 2:2-3 그 때에 너희는 그 가운데서 행하여 이 세상 풍조를 따르고 공중의 권세 잡은 자를 따랐으니 곧 지금 불순종의 아들들 가운데서 역사하는 영이라 전에는 우리도 다 그 가운데서 우리 육체의 욕심을 따라 지내며 육체와 마음의 원하는 것을 하여 다른 이들과 같이 본질상 진노의 자녀이었더니

약 1:14-15 오직 각 사람이 시험을 받는 것은 자기 욕심에 끌려 미혹됨이니 욕심이 잉태한즉 죄를 낳고 죄가 장성한즉 사망을 낳느니라

교리 해설

아담의 타락 이후 온 인류는 원죄를 물려받고 자범죄를 행합니다. 자범죄는 태어나면서 물려받은 부패한 본성에 따라 자신의 의지로 행한 죄입니다. 본성의 부패의 정도는 전면적이며 철저합니다. 그래서 본성의 부패를 '전적 부패' 또는 '전적 타락'이라고 부르기도 합니다. 원죄의 부패성에 대하여 오늘 읽은 교리는 "영적으로 선한 모든 것을 향한 성향이 전혀 없고, 행할 수 없으며, 대항하게 되고, 전적으로 그리고 계속적으로 모든 악을 지향"하게 한다고 진술합니다. 선을 향한 지향성이 전혀 없고 악을 지향하며 선에 대하여 대항하니 원죄로 인하여 사람은 선에 대하여 "전적 무능력"한 자입니다.

그런데 전적 부패와 전적 무능력의 교리는 사람이 일체의 선을 행할 수 없다는 것을 말하지 않음에 유의해야 합니다. 예수 그리스도를 믿지 않으며 구원받지 않은 사람이라 할지라도 선이라고 할 만한 일을 행합니다. 이런 선은 일반 은총에 속한 것으로 시민적 선 또는 본성적 선이라고 합니다. 시민적 선은 사회의 법에 일치하는 행위입니다. 본성적 또는 도덕적 선은 도덕과 양심에 일치하는 행위입니다. 성경에 선한 사마리아인의 비유가 있습니다. 예수님께서는 영생을 얻기 위해 해야 할 일이 무엇인지를 묻는 율법 교사에게 자신이 하나님의 율법의 기준에 일치하지 못하는 죄인임을 깨닫도록 하기 위하여 이 비유를 제시합니다. 이 비유에서 선한 사마리아인이 보여주는 강도 만난 자의 돌봄은 본성적 선이라고 할 것입니다. 어느 사회에서나 어느 종교에서나 본성적 선을 교훈하며 칭송합니다. 결국 이 비유는 영생을 얻기 위하여 행할 일을 묻는 율법 교사가 자신이 멸시하는 사마리아인의 일반적이며 본성적인 선 조차 행하지 못할 정도로 본성상 부패한 자임을 고발합니다. 그리고 오직 본성상 부패한 자가 죄사함을 받고 구원에 이르기 위하여서는 예수 그리스도를 믿는 길 이외에 다른 길이 없음을 시사합니다.

믿지 않으며 구원받지 않은 사람은 결코 영적 선을 행하지 못합니다. 영적 선은 하나님께서 보시기에 기뻐하시는 선입니다. 이것은 하나님께 감사하며 하나님을 영화롭게 하고 즐거워하며 사랑하는 마음의 동기를 가지고 하나님께서 명하신 율법과 계명을 지키는 선입니다. 이러하므로 하나님을 믿지 아니하는 사람은 결코 이러한 영적 선을 행할 수가 없으며 오히려 하나님을 멀리하고 대적하는 영적 악을 행할 따름이라고 진술합니다.

원죄와 전적 부패 교리는 사람의 죄악이 마음에서 비롯되는 것임을 일깨워주며, 결코 행동의 개선을 위한 노력, 또는 마음의 수양과 같은 것으로는 결코 의롭게 될 수 없다고 교훈합니다. 부패한 본성을 정결케 하시는 성령 하나님의 은혜로 거듭나지 않은, 예수 그리스도의 속죄와 순종으로 인해 의롭게 되는 은혜를 믿음으로 고백하지 않는 자는 어떤 영적 선이라도 행할 수가 없습니다. 전적 부패에 빠진 사람이 자신의 죄악성에서 빠져나오는 일은 "구스인이 그의 피부를, 표범이 그의 반점을 변하게 할 수" 없는(렘 13:23) 것만큼이나 불가능합니다. 타락 이후 모든 자연인은 "육체의 욕심을 따라 지내며 육체와 마음의 원하는 것을" 하는 "본질상 진노의 자녀"입니다. 이것은 원죄의 죄악성과 원죄로부터 비롯되는 자범죄의 양상을 통해 경험적으로 알 수 있는 사실입니다.

◀ 적용 질문

1. 여러분은 사람이 전적으로 부패, 타락하였으며, 선을 행하는 일에

전적으로 무능력하다는 말을 들을 때에 동의하십니까?

2. 신자가 아닌 사람이 신자보다 더 나은 도덕적 선을 행하는 사례를 알고 계십니까? 그 사례를 말씀하여 보시기 바랍니다. 이제 반대로 신자가 불신자보다 더 나은 도덕적 선을 행한 사례를 말씀하여 보시기 바랍니다. 그리고 불신자와 신자의 두 도덕적 사례들은 어떠한 점에서 공통점과 차이점을 갖는다고 생각하십니까? 여러분이 행한 도덕적 선을 생각해보면서 답하여 주시기 바랍니다.

3. 많은 종교와 철학이 도덕과 양심에 호소하면서 더 많은 도덕적 선을 행하도록 권합니다. 여러분 생각에 이러한 노력이 효과가 있겠습니까?

4. 하나님을 기쁘시게 하는 영적 선이 없는 도덕적 선의 실천이 가능하겠습니까? 반대로 도덕적 선이 없는 영적 선의 실행이 가능하겠습니까? 도덕적 선의 실행이 없는 신자는 영적 선을 행한다고 할 수 있습니까? 신자의 도덕적 선의 실행은 영적 선에서 비롯됩니까?

2월
28/29일

중생자와 원죄

신앙고백서 6.5

신앙고백서 6.5

이 본성의 부패는 중생한 사람에게도 생애 내내 남아 있다.[1] 이 부패가 그리스도로 말미암아 용서받았으며 죽은 것이지만, 그럼에도 이것 자체와 이것에서 비롯되는 모든 활동은 둘 다 참으로 그리고 본질상 죄이다.[2]

1) 요일 1:8, 10; 롬 7:14, 17~18, 23; 약 3:2; 잠 20:9; 전 7:20.
2) 롬 7:5, 7~8, 25; 갈 5:17.

◗ 말씀 요절

요일 1:8, 10 만일 우리가 죄가 없다고 말하면 스스로 속이고 또 진리가 우리 속에 있지 아니할 것이요…만일 우리가 범죄하지 아니하였다 하면 하나님을 거짓말하는 이로 만드는 것이니 또한 그의 말씀이 우리 속에 있지 아니하니라

롬 7:17-18, 23 이제는 그것을 행하는 자가 내가 아니요 내 속에 거하는 죄니라 내 속 곧 내 육신에 선한 것이 거하지 아니하는 줄을 아노니 원함은 내게 있으나 선을 행하는 것은 없노라…내 지체 속에서 한 다른 법이 내 마음의 법과 싸워 내 지체 속에 있는 죄의 법으로 나를 사로잡는 것을 보는도다

롬 7:7-8 그런즉 우리가 무슨 말을 하리요 율법이 죄냐 그럴 수 없느니라 율법으로 말미암지 않고는 내가 죄를 알지 못하였으니 곧 율법이 탐내지 말라 하지 아니하였더라면 내가 탐심을 알지 못하였으리라 그러나 죄가 기회를 타서 계명으로 말미암아 내 속에서 온갖 탐심을 이루었나니 이는 율법이 없으면 죄가 죽은 것임이라

갈 5:17 육체의 소욕은 성령을 거스르고 성령은 육체를 거스르나니 이 둘이 서로 대적함으로 너희가 원하는 것을 하지 못하게 하려 함이니라

◗ 교리 해설

성령 하나님의 은혜로 중생하여 그리스도를 믿어 구원을 얻은 자라야

영적 선을 행할 수 있습니다. 이것은 어제 읽은 교리에서 학습하였습니다. 과연 중생한 자는 새 생명의 원리가 마음에 주어지며, 그리스도의 은혜를 통해 하나님의 사랑을 맛보고 깨닫고 하나님을 사랑하며 하나님의 교훈을 지키며 살아가는 영적 생명력을 나타냅니다.

그러면 중생한 사람은 성령 하나님의 정결케 하시는 은혜로 다시는 죄를 짓지 않을까요? 그렇지 않다는 것을 모든 신자가 압니다. 확실히 중생을 받았으며 그리스도 말미암아 의롭다 함을 받은 신자도 죄를 범합니다. 그것은 중생한 사람에게도 부패한 본성이라는 원죄의 죄악성이 여전히 남아 있기 때문입니다. 바울 사도는 자신 안에 있는 죄악성을 이렇게 고백합니다. "내 지체 속에서 한 다른 법이 내 마음의 법과 싸워 내 지체 속에 있는 죄의 법으로 나를 사로잡는 것을 보는도다"(롬 7:23).

성경이 육체의 소욕을 거슬러 싸우고 성령의 소욕을 따라 살아가라는 영적 전투의 명령을 주시는 까닭은 바로 중생자에게도 여전히 원죄가 남아 있기 때문입니다. 이 싸움은 중생한 사람에게도 "생애 내내" 남아 있습니다. 어떤 이들이 말하기를 중생한 사람은 죄를 범하지 않는다고 하는데, 이것은 성경의 가르침이 아닙니다. 자신이 중생한 것이 사실이라면, 그러한 자신이 또한 죄를 범한다는 사실을 인정해야 합니다. 그렇지 않다면 그것은 자신을 속이는 것이며 하나님을 속이는 것입니다. 성경은 이와 관련하여 "만일 우리가 죄가 없다고 말하면 스스로 속이고 또 진리가 우리 속에 있지 아니할 것이요…만일 우리가 범죄하지 아니하였다 하면 하나님을 거짓말하는 이로 만드는 것이니 또한 그의 말씀이 우리 속에 있지 아니하니라"(요일 1:8, 10)라고 분명하게 가르칩니다.

그렇지만 성경은 신자를 거룩한 무리, 곧 성도라고 부르지 않는가요? 원죄가 신자에게도 남아 있어 "생애 내내" 영적 싸움을 해야 한다면, 그리고 그 싸움 속에서 죄를 범하는 일이 있다면 어떻게 성도라고 부를 수 있을까요? 그것은 오늘 읽는 교리서에서 "이 부패가 그리스도로 말미암아 용서받았으며 죽은 것이지만"이라고 진술하는 것에서 답을 얻습니다. 신자는 그리스도의 속죄의 은혜로 인하여 모든 죄에서 사함을 받았습니다. 그리고 신자는 그리스도의 의를 덧입어 의인으로 인정을 받습니다. 신자의 죄는 그리스도에게로, 그리스도의 의는 신자에게로 상호 전가된 것입니다. 루터가 말하듯이, 더 없이 "행복한 교환"입니다. 성도는 객관적으로 하나님의 자녀의 신분을 얻은 의인입니다. 이것이 신자를 성도라고 부르는 이유입니다. 또한 이것은 주관적으로 성령 하나님께서 거듭나게 하시고 믿음을 고백하게 하시며 성화로 이끄는 은혜를 베풀어줌으로써 이루어집니다. 영적 이치가 이러하기에 신자에게 원죄가 생애 내내 남아 있다 하더라도 이 원죄의 힘은 약화되고 억제되어 있습니다. 신자에게는 성령을 좇아 행하는 일이 가능한 것이며 죄를 범하지 않는 일이 가능한 것입니다(요일 3:8). 이것도 신자가 거룩한 무리, 성도라 불리는 이유입니다.

그러면 신자가 생애 내내 자신에게 남아 있는 원죄와 이것에서 비롯되는 모든 활동은 죄가 아니겠습니까? 그렇지 않습니다. 신자는 성도이지만 그에게 남아 있는 부패한 본성은 죄입니다. 천주교회는 부패한 본성에 의한 죄의 경향성, 곧 사욕으로 인하여 죽음의 지배력 아래 있음을 말하면서도 이것 자체를 죄로 여기지는 않습니다. 이것은 오류입니다. 오늘 읽는 교리서는 원죄와 이것에서 비롯되는 모든 활동이 죄인 것을 분명하게 가르칩니다. 부패한 본성은 하나님을 사랑하는 기준과 원리에 순응하지 않는 성질이므로 죄입니다. 이를테면 탐심이 율법이 금한 죄인 것처럼 탐심을 초래하는 부패한 본성의 욕망도 또한 죄입니다.

◀ 적용 질문

1. 여러분은 신자라면 마땅히 어떻게 살아야 한다고 생각하십니까? 그런데 현실에서 보는 신자의 생활이 여러분이 보시기에 신자답다고 여겨집니까? 신자가 죄를 범한다면 이를 어떻게 판단하여야 합니까? 그가 신자입니까? 아니면 불신자입니까?

2. 어느 신자가 스스로 죄가 없다고 말한다면 그는 바른 판단을 한 것입니까? 여러분은 스스로 죄가 없다고 생각하십니까? 왜 그렇게 생각하십니까?

3. 여러분은 마음으로 품은 생각과 그것을 실행한 행위를 구별할 것입니다. 겉으로 드러난 행위만을 대상으로 죄의 여부를 판단하여야 한다는 주장에 대해 어떻게 생각하십니까? 마음의 생각도 죄가 된다면 그 이유가 무엇입니까?

4. 신자에게도 원죄가 생애 내내 남아 있다면, 신자가 죄와 싸우고 이기는 일이 가능하겠습니까? 어떻게 그럴 수가 있겠습니까?

날마다 양식으로 읽는
웨스트민스터 표준교리 I

웨스트민스터 신앙표준문서
일 년 통독 일정표

참고서적:

Smith, Morton H. *Harmony of the Westminster Confession and Catechisms: 350th Anniversary of the Westminster Assembly 1643-1993*. Greenville, SC: Southern Presbyterian Press, 1990. 4th Reprint, 1999.

1월

	1장. 사람에게 주어진 목적 1월 1일: 사람에게 주어진 첫째가며 가장 높은 목적은 무엇입니까? 소요리문답 1; 대요리문답 1	2장. 성경 1월 2일: 하나님의 계시와 성경의 필요성 대요리문답 2; 신앙고백서 1.1
1월 3일: 신앙과 순종의 유일한 규범 소요리문답 2; 대요리문답 3	1월 4일: 하나님의 말씀인 정경 신앙고백서 1.2	1월 5일: 하나님의 말씀이 아닌 외경 신앙고백서 1.3
1월 6일: 성경 계시의 권위 신앙고백서 1.4	1월 7일: 성경 계시의 진정성: 외적 증거 대요리문답 4; 신앙고백서 1.5	1월 8일: 성경 계시의 진정성: 내적 증거 대요리문답 4; 신앙고백서 1.5
1월 9일: 성경의 핵심 교훈 소요리문답 3; 대요리문답 5	1월 10일: 성경 계시의 충분성 신앙고백서 1.6	1월 11일: 성경 계시의 명료성 신앙고백서 1.7
1월 12일: 성경 계시의 영감, 내용의 보전과 번역 신앙고백서 1.8	1월 13일: 성경 계시의 해석의 규칙 신앙고백서 1.9	1월 14일: 성경 교리 결정의 최종적 권위 신앙고백서 1.10
3장. 삼위일체 하나님 1월 15일: 하나님 - 성경의 요약 대요리문답 6	1월 16일: 살아계시고 참되신 한 분 하나님 소요리문답 5; 대요리문답 8	1월 17일: 하나님의 본질 신앙고백서 1.8
1월 18일: 비공유적 속성: 자존성, 무한성, 불변성, 광대성, 영원성, 불가해성 신앙고백서 2.1.a	1월 19일: 공유적 속성: 전능성, 전지성, 거룩성, 인격성, 사랑, 은혜, 긍휼, 오래 참으심, 선, 진실함, 공의로우심 신앙고백서 2.1.b	1월 20일: 하나님의 충분성, 영광, 존재의 근원, 주권, 전지성, 거룩성, 예배 받으심의 합당성 신앙고백서 2.2
1월 21일: 위격의 복수성과 동등성 소요리문답 6; 대요리문답 9; 신앙고백서 2.3.a	1월 22일: 세 위격의 특성 대요리문답 10; 신앙고백서 2.3.b	1월 23일: 세 위격의 동등성에 대한 성경의 표현 대요리문답 11
4장. 하나님의 영원한 작정 1월 24일: 작정의 정의와 대상 소요리문답 7; 대요리문답 12	1월 25일: 죄, 자유의지와 우발성에 관련한 작정의 방식 신앙고백서 3.1	1월 26일: 작정과 예지의 상관성 신앙고백서 3.2
1월 27일: 작정의 두 사실, 생명 또는 죽음 신앙고백서 3.3	1월 28일: 천사와 사람을 향한 특별한 작정 대요리문답 13	1월 29일: 작정의 불변성 신앙고백서 3.4
1월 30일: 선택 작정의 이유와 목적 신앙고백서 3.5	1월 31일: 선택 작정의 실행 방편들과 이의 실행에 따른 결과들 신앙고백서 3.6	

2월

	2월 1일: 간과 작정의 이유와 목적 신앙고백서 3.7	2월 2일: 예정 교리의 신비와 목회적 신중성 신앙고백서 3.8
2월 3일: 작정의 실행 방식 소요리문답 8; 대요리문답 14	5장. 창조 2월 4일: 창조 사역의 정의 소요리문답 9; 대요리문답 15	2월 5일: 창조의 목적 신앙고백서 4.1
2월 6일: 천사의 창조 대요리문답 16	2월 7일: 사람의 창조 - 남자와 여자 소요리문답 10; 대요리문답 17	2월 8일: 사람의 창조 - 하나님의 형상 신앙고백서 4.2
6장. 섭리 2월 9일: 섭리 - 간단한 의미 소요리문답 11; 대요리문답 18	2월 10일: 섭리 - 자세한 의미 신앙고백서 5.2	2월 11일: 제 1 원인과 제 2 원인 신앙고백서 5.3
2월 12일: 통상 섭리와 비상 섭리 신앙고백서 5.3	2월 13일: 천사를 향한 섭리 대요리문답 19	2월 14일: 악의 허용과 죄악성의 기원 신앙고백서 5.4
2월 15일: '신자의 죄'의 허용과 그 목적 신앙고백서 5.5	2월 16일: '악인의 죄'의 허용과 그 목적 신앙고백서 5.6	2월 17일: 일반 섭리와 교회를 위한 특별 섭리 신앙고백서 5.7
2월 18일: 죄의 정의 소요리문답 14; 대요리문답 24	2월 19일: 사람의 첫 범죄 소요리문답 13, 15; 대요리문답 21	2월 20일: 첫 범죄의 허용과 그 목적 신앙고백서 6.1
2월 21일: 타락이 초래한 상태 소요리문답 17; 대요리문답 23	2월 22일: 타락으로 인한 죄의 결과 신앙고백서 6.2	2월 23일: 아담의 타락과 그의 후손 소요리문답 16; 대요리문답 22
2월 24일: : 아담과 하와의 타락이 이들 후손에 미친 결과 신앙고백서 6.3	2월 25일: 첫 범죄로 인한 죄악성과 자범죄의 기원 소요리문답 18	2월 26일: 원죄와 자범죄 신앙고백서 6.4
2월 27일: 원초적 부패와 무능력, 그리고 자범죄 대요리문답 25	2월 28/29일: 중생자와 원죄 신앙고백서 6.5	

3월

	3월 1일: 원죄의 전달 대요리문답 26	3월 2일: 타락으로 초래된 비참한 상태 소요리문답 19; 대요리문답 27
3월 3일: 죄의 본질과 결과 신앙고백서 6.6	3월 4일: 이 세상에서 받는 죄의 형벌 대요리문답 28	3월 5일: 오는 세상에서 받을 죄의 형벌 대요리문답 29
7장. 사람과 맺으신 하나님의 언약 3월 6일: 창조된 상태의 사람에 대한 특별 섭리 소요리문답 12	3월 7일: 창조된 상태의 사람에 대한 섭리와 생명언약 대요리문답 20	3월 8일: 사람과 맺으시는 하나님의 언약의 성격 신앙고백서 7.1
3월 9일: 사람과 맺으신 첫 번째 언약 - 행위언약 신앙고백서 7.2	3월 10일: 사람과 맺으신 두 번째 언약 - 은혜언약 소요리문답 20; 대요리문답 30	3월 11일: 은혜언약의 의미 신앙고백서 7.3
3월 12일: 은혜언약의 대상 대요리문답 31	3월 13일: 은혜언약에 나타난 하나님의 은혜 대요리문답 32	3월 14일: 언약과 유언 신앙고백서 7.4
3월 15일: 은혜언약의 시행 방식 대요리문답 33	3월 16일: 은혜언약과 구약 대요리문답 34	3월 17일: 구약 아래에서 은혜언약의 시행 방식 신앙고백서 7.5
3월 18일: 은혜언약과 신약 대요리문답 35	3월 19일: 신약 아래에서 은혜언약의 시행 방식 신앙고백서 7.6	8장. 중보자 그리스도 3월 20일: 중보자 그리스도의 선택, 신분, 직무와 그 분의 백성 신앙고백서 8.1
3월 21일: 구속주 그리스도의 단일 위격과 두 본성 소요리문답 21	3월 22일: 은혜언약의 중보자의 단일 위격과 두 본성 대요리문답 36	3월 23일: 하나님의 아들 그리스도의 성육신 소요리문답 22; 대요리문답 37
3월 24일: 참 하나님이시며 참 사람이신 하나님의 아들, 그리스도 신앙고백서 8.2	3월 25일: 중보자가 하나님이셔야 하는 이유 대요리문답 38	3월 26일: 중보자가 사람이셔야 하는 이유 대요리문답 39
3월 27일: 단일 위격과 두 본성의 필요성 대요리문답 40	3월 28일: 중보자의 이름, 예수 대요리문답 41	3월 29일: 구주 그리스도의 직무 소요리문답 23
3월 30일: 중보자의 직함, 그리스도 대요리문답 42	3월 31일: 중보자의 기름 부으심과 직분에로 부르심 신앙고백서 8.3	

4월

	4월 1일: 그리스도의 선지자 직분 소요리문답 24; 대요리문답 43	4월 2일: 그리스도의 제사장 직분 소요리문답 25; 대요리문답 44
4월 3일: 그리스도의 속죄 사역 신앙고백서 8.5	4월 4일: 그리스도의 왕 직분 소요리문답 26; 대요리문답 45	4월 5일: 창그리스도의 위격적 연합과 속성의 교류 신앙고백서 8.7
4월 6일: 그리스도의 낮아지신 지위 소요리문답 27; 대요리문답 46	4월 7일: 그리스도의 낮아지심의 사역 - 의와 고난의 순종 신앙고백서 8.4.a	4월 8일: 그리스도의 낮아지심 - 잉태와 출생 대요리문답 47
4월 9일: 그리스도의 낮아지심 - 생활 대요리문답 48	4월 10일: 그리스도의 낮아지심 - 죽으심 대요리문답 49	4월 11일: 그리스도의 낮아지심 - 죽으신 이후 대요리문답 50
4월 12일: 그리스도의 높아지신 지위 소요리문답 28; 대요리문답 51	4월 13일: 그리스도의 높아지심의 사역 신앙고백서 8.4.b	4월 14일: 그리스도의 높아지심 - 부활 대요리문답 52
4월 15일: 그리스도의 높아지심 - 승천 대요리문답 53	4월 16일: 그리스도의 높아지심 - 하나님 우편에 앉으심 대요리문답 54	4월 17일: 그리스도의 높아지심 - 신자를 위해 중재하심 대요리문답 55
4월 18일: 그리스도의 높아지심 - 재림과 심판 대요리문답 56	4월 19일: 그리스도의 속죄 사역의 선취 신앙고백서 8.6	4월 20일: 그리스도의 구속 사역의 적용 신앙고백서 8.8
9장. 자유의지 4월 21일: 자유의지의 본질 신앙고백서 9.1	4월 22일: 순전한 상태의 사람의 자유로운 선택과 능력 신앙고백서 9.2	4월 23일: 타락 이후, 사람의 영적 선의 무능력 신앙고백서 9.3
4월 24일: 타락 이후, 계명의 완전한 실행이 불가능한 사람의 무능력 소요리문답 82; 대요리문답 149	4월 25일: 은혜의 상태에 있는 사람의 자유로운 선택과 능력 신앙고백서 9.4	4월 26일: 영광의 상태에 있는 사람의 자유로운 선택과 능력 신앙고백서 9.5
10장. 효과 있는 부르심 4월 27일: 그리스도의 중보사역으로 인한 유익 대요리문답 57	4월 28일: 그리스도의 중보사역의 유익에 참여와 성령 하나님 소요리문답 29; 대요리문답 58	4월 29일: 그리스도의 구속사역에 참여와 성령 하나님 소요리문답 30; 대요리문답 59
4월 30일: 선택받은 자들과 그리스도의 연합 대요리문답 66		

5월

	5월 1일: 효과 있는 부르심 소요리문답 31; 대요리문답 67	5월 2일: 효과 있는 부르심의 대상과 부르심의 효과 신앙고백서 10.1
5월 3일: 선택받은 자들만을 위한 효과 있는 부르심 대요리문답 68	5월 4일: 사람의 수동성과 성령 하나님의 특별한 은혜 신앙고백서 10.2	5월 5일: 유아들과 외적 부르심을 받을 능력이 없는 자들의 구원의 여부 신앙고백서 10.3
5월 6일: 복음을 듣지 못해서 그리스도를 알지 못하는 사람의 구원의 불가함 대요리문답 60	5월 7일: 선택받지 않은 사람의 구원의 불가함 신앙고백서 10.4	5월 8일: 효과 있는 부르심을 받은 자들이 금생에서 누리는 은택 소요리문답 32
11장. 의롭다 하심(칭의) 5월 9일: 의롭다 하심의 의미 소요리문답 33; 대요리문답 70	5월 10일: 의롭다 하심의 근거와 방식 신앙고백서 11.1	5월 11일: 의롭다 하심을 받는 수단 - 믿음 대요리문답 72
5월 12일: 의롭다 함을 받는 믿음과 이것에 동반되는 다른 은혜들 신앙고백서 11.2	5월 13일: 믿음이 의롭다 하는 방식 대요리문답 73	5월 14일: 하나님의 값없는 은혜의 행위인 의롭다 하심 대요리문답 71
5월 15일: 그리스도의 순종에 근거한 의롭다 하시는 은혜의 행위 신앙고백서 11.3	5월 16일: 정하신 때에 받는 의롭다 하심의 은혜 신앙고백서 11.4	5월 17일: 의롭다 하심을 받은 자들의 은혜의 상태와 계속되는 죄 신앙고백서 11.5
5월 18일: 구약 아래 있는 신자와 신약 아래 있는 신자의 의롭다 하심 신앙고백서 11.6	12장. 양자 삼으심 5월 19일: 양자 삼으심의 의미 소요리문답 34; 대요리문답 74	5월 20일: 양자 삼으심의 은혜로 인한 복 신앙고백서 12.1
13장. 거룩하게 하심(성화) 5월 21일: 거룩하게 하심(성화)의 의미 소요리문답 35; 대요리문답 75	5월 22일: 거룩하게 하심의 은혜와 방식 신앙고백서 13.1	5월 23일: 신자의 불완전한 성화 대요리문답 78; 신앙고백서 13.2
5월 24일: 중생한 소욕의 궁극적인 승리 신앙고백서 13.3	5월 25일: 의롭다 하심(칭의)과 거룩하게 하심(성화)의 차이 대요리문답 77	5월 26일: 의롭다 하심, 양자 삼으심, 거룩하게 하심으로 인한 금생의 은택들 소요리문답 36
14장. 구원하는 믿음 5월 27일: 진노와 저주를 받지 않도록 하기 위해 하나님께 요구하시는 것 소요리문답 85; 대요리문답 153	5월 28일: 그리스도를 믿는 믿음의 의미 소요리문답 86	5월 29일: 성령 하나님의 사역에 의한 은혜의 수단과 구원하는 믿음 신앙고백서 14.1
5월 30일: 구원하는 믿음의 성질과 반응 신앙고백서 14.2	5월 31일: 구원하는 믿음의 정도 신앙고백서 14.3	

6월

	15장. 생명에 이르는 회개 6월 1일: 생명에 이르는 회개의 의미 소요리문답 87; 대요리문답 76; 신앙고백서 15.2	6월 2일: 생명에 이르는 회개와 설교 신앙고백서 15.1
6월 3일: 회개의 필요성 신앙고백서 15.3	6월 4일: 회개에 주어지는 은혜 신앙고백서 15.4	6월 5일: 회개의 구체성 신앙고백서 15.5
6월 6일: 회개의 실행 방식 신앙고백서 15.6	**16장. 선행** 6월 7일: 선행의 의미 신앙고백서 16.1	6월 8일: 선행 - 믿음의 증거, 그것의 가치 신앙고백서 16.2
6월 9일: 선행의 능력 신앙고백서 16.3	6월 10일: 선행 수준의 불완전성 신앙고백서 16.4	6월 11일: 선행과 공로 신앙고백서 16.5
6월 12일: 선행과 상 주심 신앙고백서 16.6	6월 13일: 중생하지 않은 자들의 행위 신앙고백서 16.7	**17장. 성도의 견인堅忍(perseverance)** 6월 14일: 참 신자와 은혜의 상태에서 떨어질 가능성 대요리문답 79
6월 15일: 참 신자의 영원한 구원의 확실성 신앙고백서 17.1	6월 16일: 성도의 견인의 근거 신앙고백서 17.2	6월 17일: 시험과 유혹으로 인한 은혜의 일시적 상실과 징계 신앙고백서 17.3
18장. 은혜와 구원의 확신 6월 18일: 구원의 헛된 억측과 참된 확신 신앙고백서 18.1	6월 19일: 구원의 확신의 성격과 근거 신앙고백서 18.2	6월 20일: 구원의 확신의 오류 없는 가능성 대요리문답 80
6월 21일: 구원의 확신에 이르는 방식과 경험 신앙고백서 18.3	6월 22일: 구원의 확신의 위기 경험 대요리문답 81	6월 23일: 구원의 확신의 위기 경험과 성령 하나님의 도우심 신앙고백서 18.4
19장. 하나님의 율법 6월 24일: 하나님께서 사람에게 요구하시는 의무 소요리문답 39; 대요리문답 91	6월 25일: 하나님께서 제일 처음 계시하신 순종의 규범 소요리문답 40; 대요리문답 92	6월 26일: 행위언약과 율법 신앙고백서 19.1
6월 27일: 도덕법 대요리문답 93	6월 28일: 의의 완전한 규칙인 십계명 신앙고백서 19.2	6월 29일: 의식법 신앙고백서 19.3
6월 30일: 사법적 율법 신앙고백서 19.4		

7월

	7월 1일: 도덕법의 효력 신앙고백서 19.5	7월 2일: 타락 후 도덕법 용도 대요리문답 94
7월 3일: 모든 사람을 향한 도덕법 용도 대요리문답 95	7월 4일: 중생하지 않은 사람들을 향한 도덕법 용도 대요리문답 96	7월 5일: 중생한 신자들을 향한 도덕법 용도 대요리문답 97
7월 6일: 중생한 신자를 향한 율법의 용도의 자세한 기술 신앙고백서 19.6	7월 7일: 율법의 용도와 복음의 은혜 신앙고백서 19.7	7월 8일: 도덕법의 요약인 십계명 소요리문답 41; 대요리문답 98
7월 9일: 십계명의 바른 이해를 위한 규칙 대요리문답 99	7월 10일: 십계명의 구성과 서문 소요리문답 43, 44; 대요리문답 100, 101	7월 11일: 십계명의 강령과 첫 네 계명의 요점 소요리문답 42; 대요리문답 102
7월 12일: 제1계명 소요리문답 45; 대요리문답 103	7월 13일: 제1계명이 요구하는 의무 소요리문답 46; 대요리문답 104	7월 14일: 제1계명이 금지하는 죄 소요리문답 47; 대요리문답 105
7월 15일: 제1계명의 "나 외에"라는 말씀의 교훈 소요리문답 48; 대요리문답 106	7월 16일: 제2계명 소요리문답 49; 대요리문답 107	7월 17일: 제2계명이 요구하는 의무 소요리문답 50; 대요리문답 108
7월 18일: 제2계명이 금지하는 죄 소요리문답 51; 대요리문답 109	7월 19일: 제2계명에 더하여진 이유 소요리문답 52; 대요리문답 110	7월 20일: 제3계명 소요리문답 53; 대요리문답 111
7월 21일: 3계명이 요구하는 의무 소요리문답 54; 대요리문답 112	7월 22일: 제3계명이 금지하는 죄 소요리문답 55; 대요리문답 113	7월 23일: 제3계명에 더하여진 이유 소요리문답 56; 대요리문답 114
7월 24일: 제4계명 소요리문답 57; 대요리문답 115	7월 25일: 제4계명이 요구하는 의무 소요리문답 58; 대요리문답 116	7월 26일: 안식일을 거룩하게 지키는 방식 소요리문답 60; 대요리문답 117
7월 27일: 안식일 준수의 책임 대요리문답 118	7월 28일: 제4계명이 금지하는 죄 소요리문답 61; 대요리문답 119	7월 29일: 제4계명에 더하여진 이유 소요리문답 62; 대요리문답 120
7월 30일: 제4계명의 "기억하라"는 말씀의 이유 대요리문답 121	7월 31일: 십계명의 둘째 여섯 계명의 요약 소요리문답 42; 대요리문답 122	

8월

	8월 1일: 제5계명 소요리문답 63; 대요리문답 123	8월 2일: 제5계명의 "부모"가 가리키는 대상 대요리문답 124
8월 3일: 윗사람과 부모 대요리문답 125	8월 4일: 제5계명의 의무와 대상 범위 소요리문답 64; 대요리문답 126	8월 5일: 윗사람에 대한 존경 대요리문답 127
8월 6일: 윗사람에 대한 죄 소요리문답 65; 대요리문답 128	8월 7일: 윗사람에게 요구되는 의무 대요리문답 129	8월 8일: 윗사람의 죄 대요리문답 130
8월 9일: 동등한 사람들 사이의 의무 대요리문답 131	8월 10일: 동등한 사람들 사이의 죄 대요리문답 132	8월 11일: 제5계명에 더하여진 이유 소요리문답 66; 대요리문답 133
8월 12일: 제6계명 소요리문답 67; 대요리문답 134	8월 13일: 제6계명이 요구하는 의무 소요리문답 68; 대요리문답 135	8월 14일: 제6계명이 금지하는 죄 소요리문답 69; 대요리문답 136
8월 15일: 제7계명 소요리문답 70; 대요리문답 137	8월 16일: 제7계명이 요구하는 의무 소요리문답 71; 대요리문답 138	8월 17일: 제7계명이 금지하는 죄 소요리문답 72; 대요리문답 139
8월 18일: 제8계명 소요리문답 73; 대요리문답 140	8월 19일: 제8계명이 요구하는 의무 소요리문답 74; 대요리문답 141	8월 20일: 제8계명이 금지하는 죄 소요리문답 75; 대요리문답 142
8월 21일: 제9계명 소요리문답 76; 대요리문답 143	8월 22일: 제9계명이 요구하는 의무 소요리문답 77; 대요리문답 144	8월 23일: 제9계명이 금지하는 죄 소요리문답 78; 대요리문답 145
8월 24일: 제10계명 소요리문답 79; 대요리문답 146	8월 25일: 제10계명이 요구하는 의무 소요리문답 80; 대요리문답 147	8월 26일: 제10계명이 금지하는 죄 소요리문답 81; 대요리문답 148
8월 27일: 계명의 완전한 준수의 불가능성 소요리문답 82; 대요리문답 149	8월 28일: 계명을 어긴 범죄들 사이의 죄악 정도 차이 소요리문답 83; 대요리문답 150	8월 29일: 죄를 더 흉악하게 만드는 상황 대요리문답 151
8월 30일: 죄가 받아야 할 보응 소요리문답 84; 대요리문답 152	20장. 그리스도인의 자유와 양심의 자유 8월 31일: 죄가 받아야 할 보응 소요리문답 84; 대요리문답 152	

9월

	9월 1일: 양심의 자유의 의미 신앙고백서 20.2	9월 2일: 그리스도인의 자유의 목적과 왜곡 신앙고백서 20.3
9월 3일: 하나님께서 세우신 합법적 권세와 그리스도인의 자유와 양심 신앙고백서 20.4	21장. 경건한 예배와 안식일 9월 4일: 예배의 의무와 합당한 방식 신앙고백서 21.1	9월 5일: 오직 하나님께만 드려야 할 예배 신앙고백서 21.2
9월 6일: 기도의 의미 소요리문답 98; 대요리문답 178	9월 7일: 하나님께만 드려야 하는 기도 대요리문답 179	9월 8일: 기도하는 태도와 방식 대요리문답 185
9월 9일: 예배와 기도 신앙고백서 21.3	9월 10일: 그리스도의 이름으로 기도하는 의미 대요리문답 180	9월 11일: 그리스도의 이름으로 기도하는 이유 대요리문답 181
9월 12일: 기도와 성령 하나님의 도우심 대요리문답 182	9월 13일: 기도해야 할 대상과 하지 말아야 할 대상 대요리문답 183; 신앙고백서 21.4	9월 14일: 기도해야 할 일들 대요리문답 184; 신앙고백서 21.4
9월 15일: 기도의 의무에 대한 지침으로 주신 규범 소요리문답 99; 대요리문답 186	9월 16일: '주님께서 가르치신 기도'의 올바른 사용 대요리문답 187	9월 17일: '주님께서 가르치신 기도'의 구성 대요리문답 188
9월 18일: '주님께서 가르치신 기도'의 머리말 소요리문답 100; 대요리문답 189	9월 19일: 첫째 간구에서 구하는 기도 소요리문답 101; 대요리문답 190	9월 20일: 둘째 간구에서 구하는 기도 소요리문답 102; 대요리문답 191
9월 21일: 셋째 간구에서 구하는 기도 소요리문답 103; 대요리문답 192	9월 22일: 넷째 간구에서 구하는 기도 소요리문답 104; 대요리문답 193	9월 23일: 다섯째 간구에서 구하는 기도 소요리문답 105; 대요리문답 194
9월 24일: 여섯째 간구에서 구하는 기도 소요리문답 106; 대요리문답 195	9월 25일: '주님께서 가르치신 기도'의 결론 소요리문답 107; 대요리문답 196	9월 26일: 기도 이외의 여러 예배 요소들 신앙고백서 21.5
9월 27일: 예배의 장소와 자세 신앙고백서 21.6	9월 28일: 예배의 날 소요리문답 59; 신앙고백서 21.7	9월 29일: 예배 준비와 안식일 준수 소요리문답 60; 대요리문답 117; 신앙고백서 21.8
22장. 합법적 맹세와 서원 9월 30일: 합법적 맹세의 의미 신앙고백서 22.1		

10월

	10월 1일: 합법적 맹세의 근거 신앙고백서 22.2	10월 2일: 맹세의 한계 신앙고백서 22.3
10월 3일: 맹세로 인해 부과되는 의무 신앙고백서 22.4	10월 4일: 서원 신앙고백서 22.5	10월 5일: 합당한 서원의 목적과 요건 신앙고백서 22.6
10월 6일: 서원의 한계 신앙고백서 22.7	23장. 국가 통치자 10월 7일: 국가 통치자를 세우신 목적과 권세 신앙고백서 23.1	10월 8일: 통치자의 직무와 그리스도인 신앙고백서 23.2
10월 9일: 국가 통치자의 권세와 교회 신앙고백서 23.3	10월 10일: 국가 통치자의 권세에 대한 국민의 의무 신앙고백서 23.4	24장. 혼인과 이혼 10월 11일: 혼인의 의미 신앙고백서 24.1
10월 12일: 혼인의 목적 신앙고백서 24.2	10월 13일: 합법한 혼인의 요건과 개혁교회 교인의 혼인의 제한 신앙고백서 24.3	10월 14일: 혼인해서는 안 되는 범위 신앙고백서 24.4
10월 15일: 합법적 이혼과 재혼 신앙고백서 24.5	10월 16일: 이혼의 합당한 근거와 절차 신앙고백서 24.6	25장. 교회 10월 17일: 보이지 않는 보편교회의 의미 대요리문답 64; 신앙고백서 25.1
10월 18일: 보이지 않는 교회의 지체가 누리는 유익들 대요리문답 65	10월 19일: 보이는 보편교회의 의미 대요리문답 62; 신앙고백서 25.2	10월 20일: 보이는 교회의 목적과 이를 위한 수단 신앙고백서 25.3
10월 21일: 보이는 교회의 특권 대요리문답 63	10월 22일: 보이는 교회와 구원 대요리문답 61	10월 23일: 보이는 교회의 가시성과 순수성의 정도 신앙고백서 25.4
10월 24일: 보이는 교회의 혼합과 타락과 보존 신앙고백서 25.5	10월 25일: 교회의 머리 신앙고백서 25.6	26장. 성도의 교제 10월 26일: 그리스도와의 연합과 성도의 교제 대요리문답 69; 신앙고백서 26.1
10월 27일: 성도가 행하여할 교제의 의무 신앙고백서 26.2	10월 28일: 성도의 교제에 대한 오해 신앙고백서 26.3	10월 29일: 그리스도와 함께하는 영광의 교제 대요리문답 82
10월 30일: 현세에서 누리는 그리스도와 함께하는 영광의 교제 대요리문답 83	10월 31일: 신자가 죽을 때 그리스도로부터 받는 은택 소요리문답 37; 대요리문답 86	

11월

	27A장. 말씀과 성례 11월 1일: 진노와 저주를 피할 수 있도록 하나님께서 요구하시는 것 소요리문답 85; 대요리문답 153	11월 2일: 그리스도의 구속의 유익을 전달하는 외적 수단들 소요리문답 88; 대요리문답 154
11월 3일: 구원을 효과 있게 하는 말씀 소요리문답 89; 대요리문답 155	11월 4일: 모든 사람이 읽어야 하는 하나님의 말씀 대요리문답 156	11월 5일: 하나님의 말씀을 읽고 듣는 자세 소요리문답 90; 대요리문답 157
11월 6일: 하나님의 말씀의 설교자 대요리문답 158	11월 7일: 하나님의 말씀의 설교자에게 요구하는 의무 대요리문답 159	11월 8일: 하나님의 말씀을 듣는 자에게 요구하는 의무 대요리문답 160
27B장. 말씀과 성례 11월 9일: 성례의 의미 소요리문답 92; 대요리문답 162	11월 10일: 은혜언약의 거룩한 표지이며 인장인 성례 신앙고백서 27.1	11월 11일: 성례의 표지와 실체의 성례전적 연합 대요리문답 163; 신앙고백서 27.2
11월 12일: 구원의 효과 있는 수단인 성례 소요리문답 91; 대요리문답 161	11월 13일: 성례가 구원의 효과 있는 수단이 되는 근거 신앙고백서 27.3	11월 14일: 그리스도께서 제정하신 두 가지 성례 소요리문답 93; 대요리문답 164
11월 15일: 그리스도께서 제정하신 두 성례의 합법적 시행자 신앙고백서 27.4	11월 16일: 구약의 성례 신앙고백서 27.5	28장. 세례 11월 17일: 세례의 의미 소요리문답 94; 대요리문답 165
11월 18일: 세례의 의미와 의의 신앙고백서 28.1	11월 19일: 세례의 요소와 시행 신앙고백서 28.2	11월 20일: 세례의 방식 신앙고백서 28.3
11월 21일: 세례를 베풀기에 합당한 자 소요리문답 95; 대요리문답 166; 신앙고백서 28.4	11월 22일: 세례의 유익을 더욱 누리기 위해 해야할 일 대요리문답 167	11월 23일: 세례의 필요성 신앙고백서 28.5
11월 24일: 세례의 효력 신앙고백서 28.6	11월 25일: 세례의 횟수 신앙고백서 28.7	29장. 주의 만찬(성찬) 11월 26일: 주의 만찬의 의미 소요리문답 96; 대요리문답 168
11월 27일: 주의 만찬의 제정과 목적 신앙고백서 29.1	11월 28일: 희생제사가 아닌 주의 만찬 신앙고백서 29.2	11월 29일: 주의 만찬의 시행 대요리문답 169
11월 30일: 주의 만찬의 시행과 제한 신앙고백서 29.3		

12월

	12월 1일: 주의 만찬의 본질에 역행하는 행위들 신앙고백서 29.4	12월 2일: 외적 요소와 그것이 의미하는 것의 성례전적 관계 신앙고백서 29.5
12월 3일: 화체설의 오류 신앙고백서 29.6	12월 4일: 주의 만찬에 합당한 참여자가 그리스도의 몸과 피를 먹는 방식 대요리문답 170; 신앙고백서 29.7	12월 5일: 주의 만찬에 합당하게 참여하지 않는 죄의 위험성 신앙고백서 29.8
12월 6일: 주의 만찬에 합당하게 참여하기 위한 준비 소요리문답 97; 대요리문답 171	12월 7일: 주의 만찬에 합당한 준비가 되어 있는지를 의심하는 자의 참여 대요리문답 172	12월 8일: 주의 만찬에 참여를 금해야 하는 경우 대요리문답 173
12월 9일: 주의 만찬을 받는 사람에게 요구되는 일 대요리문답 174	12월 10일: 주의 만찬을 받은 후에 행하여야 할 일 대요리문답 175	12월 11일: 세례와 주의 만찬이 일치하는 점 대요리문답 176
12월 12일: 세례와 주의 만찬이 다른 점 대요리문답 177	**30장. 교회 권징** 12월 13일: 교회 정치와 교회 직원 신앙고백서 30.1	12월 14일: 천국 열쇠의 권세 신앙고백서 30.2
12월 15일: 교회 권징의 의도와 목표 신앙고백서 30.3	12월 16일: 교회 권징의 유형 신앙고백서 30.4	**31장. 대회와 공의회** 12월 17일: 대회와 공의회의 필요성 신앙고백서 31.1
12월 18일: 대회와 공의회의 합법적 소집 신앙고백서 31.2	12월 19일: 대회와 공의회의 결정과 그것의 기준 신앙고백서 31.3	12월 20일: 대회와 공의회의 결정과 오류 가능성 신앙고백서 31.4
12월 21일: 대회와 공의회의 관할권 신앙고백서 31.5	**32장. 사람의 사후 상태와 죽은 자의 부활** 12월 22일: 죽음의 필연성 대요리문답 84	12월 23일: 그리스도 안에서 죄 사함을 받은 자의 죽음의 의미 대요리문답 85
12월 24일: 죽음의 성질과 중간 상태 신앙고백서 32.1	12월 25일: 부활과 그로 인한 영광스러운 변화 대요리문답 87; 신앙고백서 32.2	12월 26일: 의인의 영광스러운 부활과 악인의 수치스러운 부활 신앙고백서 32.3
33장. 최후의 심판 12월 27일: 부활 직후에 일어날 일 대요리문답 88	12월 28일: 최후의 심판 신앙고백서 33.1	12월 29일: 심판 날에 악인이 당할 형벌과 의인이 누릴 복 소요리문답 38; 대요리문답 89, 90
12월 30일: 의인을 향한 궁휼의 영광과 악인을 향한 공의의 영광 신앙고백서 33.2	12월 31일: 최후의 심판과 신앙 실천을 위한 하나님의 뜻 신앙고백서 33.3	